# 日本都市圈
# 轨道既有线改造
# 与城市更新

贺鹏　许奇　刘贺　李妍
泽野嘉延　左近嘉正　◎著

人民交通出版社
北 京

## 内 容 提 要

本书以日本都市圈轨道交通为例,系统梳理了其轨道交通既有线改造与城市更新的互动发展过程,为城市更新背景下的既有线优化提供理论参考与实践借鉴。本书共分7章。第1章介绍了日本都市圈的概念、诞生与发展,分析了日本都市圈的人口规模、空间结构特征、经济社会特征以及交通需求。第2章分析了日本都市圈发展过程中轨道交通的作用,介绍了东京都市圈城市发展的四个阶段以及轨道交通线网的发展情况。第3章介绍了日本轨道交通线网在建设新线路的同时,如何开展既有线持续的线网调整和线路优化。第4章探讨了城市更新与轨道交通建设的关系,分析了城市更新中的多主体利益博弈及协调机制,以及城市更新背景下轨道交通沿线土地整备制度及实施路径。第5章介绍了日本城市更新的背景、既有线存量空间更新项目的投融资体系,以及投融资模式的分类研究。第6章分析了三种既有线存量空间更新模式,结合具体案例总结了实施这些模式的经验教训。第7章聚焦于中国实践需要,提出既有线优化支撑城市更新的发展策略。

本书可供城市轨道交通专业人员、高等院校师生参考使用。

**图书在版编目(CIP)数据**

日本都市圈轨道既有线改造与城市更新 / 贺鹏等著.
北京 : 人民交通出版社股份有限公司, 2024.12.
ISBN 978-7-114-19894-6

Ⅰ. U12;TU984.313

中国国家版本馆 CIP 数据核字第 2024QF6480 号

著作权合同登记号:图字 01-2025-0142

Riben Dushiquan Guidao Jiyouxian Gaizao yu Chengshi Gengxin

**书　　名**: 日本都市圈轨道既有线改造与城市更新
**著 作 者**: 贺　鹏　许　奇　刘　贺　李　妍　泽野嘉延　左近嘉正
**责任编辑**: 李　娜
**责任校对**: 赵媛媛　魏佳宁
**责任印制**: 张　凯
**出版发行**: 人民交通出版社
**地　　址**: (100011)北京市朝阳区安定门外外馆斜街3号
**网　　址**: http://www.ccpcl.com.cn
**销售电话**: (010)85285857
**总 经 销**: 人民交通出版社发行部
**经　　销**: 各地新华书店
**印　　刷**: 北京建宏印刷有限公司
**开　　本**: 787×1092　1/16
**印　　张**: 14.25
**字　　数**: 283千
**版　　次**: 2024年12月　第1版
**印　　次**: 2024年12月　第1次印刷
**书　　号**: ISBN 978-7-114-19894-6
**定　　价**: 128.00元

# 作者简介

**贺鹏**，教授级高级工程师，注册城乡规划师、注册咨询工程师，国际项目经理。现任北京城建设计发展集团股份有限公司轨道院副院长、第一设计院院长及党总支书记、公司专委会专家及线路专业召集人，兼任北京分院院长、雄安分院院长、第七设计所所长，北京城建交通设计研究院董事，北京轨道交通设计研究院董事。北京市工程咨询协会副会长，中国城市轨道交通协会专家学术委青年专家，中国土木工程协会轨道交通分会青年专家委员，中国国际科技促进会智慧城市轨道交通专业委员会副会长，北京交通大学专业学位硕士研究生企业导师。从事轨道交通规划设计工作20余年，工作经历涵盖规划设计咨询全过程。在轨道交通线网规划设计、建设实施、运营组织、既有线改造、市郊铁路、交通综合治理等方面经验丰富。在城市轨道交通规划与设计领域，对线网层次分析及衔接关系、区域快线（含市域快轨、市郊铁路）规划、既有线改造、对外枢纽衔接模式等方面有深入研究；带领团队探索轨道交通与城市融合发展问题，提出了“宏观、中观、微观”一体化理念；在国内率先提出线网运营组织规划的理论及方法，并成功应用到北京近期建设规划中；在系统制式选择方面，构建了城市轨道交通系统制式适应性评价体系，为政府部门选择轨道系统奠定了科学基础；带领团队作为北京市综合交通治理平台的依托单位，整合了城市规划数据、手机信令数据、交通运行数据等多源城市数据，形成了支持交通治理考评的多源数据体系，协助市里部署各项综治任务按计划落实。先后主持或参与城市轨道交通设计、咨询项目30余项；主持或参与国家发展和改革委员会、北京市科学技术委员会、北京市规划和自然资源委员会、北京市交通委员会以及企业科研项目40项。个人共获得技术奖项37项，其中国家优秀工程奖7项，省部级

状项30项。2012年被北京市轨道交通指挥部评为“北京市轨道交通建设先进个人”;2021年荣获北京市轨道交通学会“杰出青年人才”;2023年荣获中国工程建设标准化协会标准科技创新奖“优秀青年人才奖”;2024年带领项目团队荣获北京市总工委授予的“2023年度北京市工人先锋号”荣誉称号;2024年荣获北京市西城区委“西融计划”综合领域领军人才。先后发表学术论文10余篇;作为第一作者,著有《城市群交通与土地利用互动策略研究》学术专著1部,作为组织者、主要撰稿人,先后编著《北京地铁八通线——勘察设计·施工监理·建设管理》《大兴机场线综合规划与总体设计》《中国城市轨道交通行业发展报告2020》《城市轨道交通工程创新技术指南》《城市轨道交通技术发展纲要建议(2021—2025)》《砥砺奋进二十载,轨道引领新生活——北京市轨道交通规划建设发展二十年》《北京轨道交通11号线西段(冬奥支线)工程设计创新与实践》等学术著作7部,出版译著《法国有轨电车图集》1部;参与编写《市域(郊)轨道交通设计规范》《城市轨道交通工程设计规范》《站城一体化工程规划设计标准》《城市轨道交通项目建设管理规范》《市域快速轨道交通设计规范》《雄安轨道快线设计标准》等国家、地方及行业标准9项;拥有国家发明专利7项,实用新型专利1项,软件著作权6项。

**许奇**,男,北京交通大学副教授,北京市海淀区“街镇责任规划师”高校合伙人,曾在广州地铁集团运营总部以及美国内华达大学里诺分校工作与访问。主要从事城市轨道交通与土地利用一体化、城市轨道交通运营组织优化等领域的教学与研究工作。近3年来,主持承担政府和企业咨询项目10余项,出版专著1部,发表学术期刊论文30余篇,授权发明专利2项,获北京市科技进步奖二等奖1项,全国一级协会科技进步奖一等奖和二等奖共计5项。承担“城市轨道交通运营管理”“市郊运输技术”“轨道交通网络化运营组织理论与技术”“综合交通系统规划编制技术”等课程的教学工作。

**刘贺**，女，高级经济师，北京市工程咨询协会入库专家，现任职于北京城建设计发展集团股份有限公司，主要从事轨道交通线路投资控制以及全过程造价咨询工作。作为项目主要负责人和主要设计人，先后完成了10余项工程从立项至通车全过程的投资控制工作，包括建设规划、规划方案、可行性研究、总体设计等阶段各专业（土建专业、机电系统、弱电系统、车辆维修基地）投资估算的编制、审批等工作，以及统筹所有专业的初步设计概算编制、报审、核对等工作。参与撰写学术著作3部，参与编写国家、地方及行业标准2项，软件著作权1项。作为北京地铁17号线工程主要项目负责人，带领团队取得了优异成绩，相关成果获得2016年度全国及北京市优秀工程咨询成果一等奖。

**李妍**，女，正高级工程师，北京市工程咨询协会入库专家，现任职于北京城建设计发展集团股份有限公司，主要从事轨道交通线路规划与设计工作。作为项目负责人和主要设计人，先后完成10余项工程规划与设计工作，承担10余项科研课题，出版专著1部，参与撰写学术著作6部，参与编写国家、地方及行业标准7项，软件著作权1项。作为主研人员，参与东京都市圈轨道交通与城市发展关系、标准对标等研究，相关成果获北京市工程咨询优秀成果奖。

**泽野嘉延**(SAWANO YOSHINOBU),男,日本中央复建工程咨询株式会社专务董事、东京社社长、兼海外事业总部部长。京都大学工学部土木工学科毕业。APEC Engineer(Structural Engineering、Civil Engineering)、日本国家注册建设部门土质及基础/铁路专业工程师、日本国家注册综合技术监理部门建设专业工程师、日本国家注册铁道设计师、日本地铁协会地铁无人驾驶调查研究委员会委员(2014.4 至今)、日本地铁协会新一代直线电机系统研发会委员(2009.4—2012.3)、ISO/TC 268/SC 1 "Smart community infrastructures" WG3 "Best practice guidelines 交通 WG 干事长(2016.1—2021.12)。从业 35 年,主要从事新干线、铁路、城市轨道交通、单轨交通等各种轨道交通规划和设计工作,同时深入开展铁路结构的相关实验和解析等;积极投身于多项与铁路技术标准、地下铁路及车站的火灾对策、包括直线电机在内的新一代地铁系统等相关的日本国家级研究活动;发表学术论文多篇。此外,还多次参与中国北京、上海、重庆、广州、武汉、南京等地举办的学术论坛及演讲会,并发表演讲。

**左近嘉正**(SAKON YOSHIMASA),男,日本中央复建工程咨询株式会社铁道系部门东京铁道组组长。京都大学大学院工学研究科土木系统工学专攻毕业,硕士学位。日本国家注册工程师(建设部门隧道专业)、土木工程咨询师(RCCM)(道路部门)、一级土木施工管理技师。1998 年进入中央复建工程咨询株式会社后,从事日本国内的道路结构物(隧道、桥梁等)的规划和设计。2010 年起从事海外铁路咨询工作,主要以亚洲和非洲的发展中国家为中心,在实地开展与铁路技术相关的信息采集和调查、铁路技术支援和调研以及可行性研究等。目前,主要从事日本国内外地铁结构物的新建和改建项目的设计,以及日本国内铁路线延伸项目的规划等。参与撰写了《新干线与世界的高速铁路》等 5 部著作。

# 序言

2024年6月，为贯彻习近平总书记“构建综合、绿色、安全、智能的立体化现代化城市交通系统”[1]的重要指示，落实国务院关于印发《推动大规模设备更新和消费品以旧换新行动方案》的工作要求，适应城市轨道交通既有线改造的发展趋势，中国城市轨道交通协会印发《中国城市轨道交通既有线改造指导意见》。指导意见的印发在行业内引起了热烈的讨论和响应，相关单位就具体内容积极谋划和落实工作方案。

在城市化进程中，城市轨道交通既有线改造与城市更新是实现城市轨道交通高质量发展的重要途径，对进一步推动城市可持续发展具有重要的意义。新发展机遇下，轨道交通既有线改造与城市更新面临多方面的挑战，涉及技术、经济、社会、环境等多个领域，既包括技术更新与兼容性、运营与施工协调、乘客需求变化、安全与风险管理等技术性问题，也涵盖资金投入与融资、环境与社会影响、政策与法规制约、多利益主体协调等非技术性问题。另一方面，日本都市圈轨道交通既有线改造已持续数十年，积累了丰富的经验教训，总结了一套较为成熟的工作方法。《日本都市圈轨道既有线改造与城市更新》一书，深入探讨了日本都市圈轨道交通既有线改造与城市更新的理论与实践，为我国城市轨道交通的发展提供了宝贵的借鉴和启示。

本书共分为7章，第1章介绍了日本都市圈的发展历程，分析了人口规模、空间结构、经济社会特征及交通需求；第2章着重分析了轨道交通在都市圈发展中的作用，特别是东京都市圈的轨道交通线网发展情况；第3章讨论了轨道交通线网的调整与优化；第4章探讨了城市更新与轨道交通建设的关系；第5章介绍了城市更新的投融资体系；第6章分析了既有线存量空间更新模式；第7章则聚焦于中国实践，提出了既有线优化支撑城市更新的发展策略。

我国城市轨道交通建设虽然起步较晚，但发展迅速，已经成为全球最大的城市

[1] 《习近平出席投运仪式并宣布北京大兴国际机场正式投入运营》，《人民日报》2019年09月26日。

轨道交通市场。随着既有线路设施设备的逐渐老化，如何高效、安全地进行更新改造，提升既有线路的服务能力和运营效率，已经成为摆在我们面前的紧迫任务。本书的研究成果，将有助于我们更好地理解这一复杂过程，探索适合不同城市特点的轨道交通发展模式，以达到提升城市交通效率、改善居民生活质量、促进经济发展的多重目标。同时，我们也期待本书能够激发更多的讨论和研究，为城市轨道交通的发展贡献智慧和力量。

**中国城市轨道交通协会副会长**
**中国城市轨道交通协会专家和学术委员会执行副主任　　仲建华**

**2024 年 11 月**

# 前言

自20世纪60年代我国首条地铁线路建成以来，经过半个多世纪的发展，城市轨道交通已成为我国主要城市居民日常出行的主要交通方式。截至2023年底，我国已有59个城市开通了城市轨道交通，运营线路总数达338条，运营总里程达到11224.54km(统计数据不含港澳台地区)。在这些城市中，运营超过15年的线路有31条，而运营10~15年的线路数量为50条。这些线路的相关设施和设备正逐渐接近其设计使用年限。特别是那些运营超过15年的线路，以及即将进入设备更新周期的运营10年以上的线路，对更新改造的需求日益迫切。加之运营年限增长、外部环境变化、乘客需求演进以及早期规划建设的局限性，当前城市轨道交通在结构、功能、可靠性和服务等方面亟须升级。既有线路的改造不仅任务艰巨，而且所需资金也将逐年增加。因此，开展既有线路的改造升级，已经成为推动我国城市轨道交通可持续发展的重要且紧迫的任务。

既有线改造及城市更新是城市轨道交通服务的系统性优化提升，可进一步满足人民群众日益提高的美好出行需要，激发城市活力，对城市轨道交通可持续高质量发展具有重要意义。当前，我国城市轨道交通既有线改造实践还存在诸多难题，包括既有线改造缺乏明晰的政策指导与机制顶层设计、缺乏系统的运营组织规划路线图、缺乏有效的多主体协商机制与推进策略、缺乏可行的技术支持与标准规范、缺乏可持续的资金支持与投融资渠道，等等。这些问题已成为有效解决城市轨道交通既有线改造及城市更新的“卡脖子”难题。

日本都市圈轨道交通经过百余年的发展，轨道交通网络建设基本完善，客流结构相对稳定，网络化运营组织技术应用程度较高且具有鲜明的特点。以东京都市圈为例，职住分离引发通勤通学客流激增，部分线路的拥挤状况被称为“通勤地狱”，日本国有铁道在1965—1982年实施“五方面作战”即既有线改造的典型案例。私铁运营企业也与日本国有铁道一样积极采取措施提供运输供给，但其面临的更为棘手的难题是由于受外围新城住宅开发非政府开发商角色的约束，私铁企业无法仅依靠运输服务盈利支撑线路的建设成本。对此，一方面政府通过优惠政策支持私铁线路建设，另一方面私铁企业采用地面公交接驳以扩大车站服务范围，在二次吸引范围内统筹房地产开发,为轨道交通建设的资金筹措提供新的思路。此外,为实现外围区域快速直达东京都核心区域,1948—1955 年期间,东京急行电铁等多家大型私铁企业先后向当时的运输省申请线路延伸至东京都核心区域的新线建设计划。对此提议,1956 年都市交通审议会明确提出:东京地铁系统应实施有计划且统一的建设和运营,地铁与外围私铁实现互联互通。之后,东京都市圈进入大规模且长时间的以互联互通的直通运行为运营目标的既有线网调整和线路改造。我国城市轨道交通建设发展历经 50 多年,已取得举世瞩目的成绩,但相比发展百余年的轨道交通系统尚有较大提升空间。当前国内城市轨道交通发展正处于历史关键时期,系统梳理总结日本都市圈轨道交通既有线改造与城市更新的经验,将有助于我国既有线改造工作的顺利开展。

本书以日本都市圈轨道交通为案例,梳理了轨道交通既有线的改造与城市更新的互动发展过程,介绍总结了这一过程中所涉及的供给侧方案优化措施及相关支撑保障机制等核心问题。具体而言,首先介绍日本都市圈社会经济发展的基本情况,都市圈城市交通需求与供给演变的特点以及二者匹配的特征;其次,从两方面系统介绍了都市圈轨道交通系统的建设发展与优化调整,一是总结了都市圈轨道交通与城市融合发展的不同阶段线网建设的重点与特点,二是从改善运输服务及效率、交通环境、安全性等方面,系统梳理总结了轨道交通既有线网调整和线路优化的技术措施;然后,探讨了城市更新与轨道交通建设的互动机制,包括城市更新中的多主体利益博弈及协调机制,以及城市更新背景下轨道交通沿线土地整备制度及实施路径等;再次,介绍了日本都市圈既有线存量空间更新项目的投融资体系,以及引入社会资本参与轨道交通沿线存量空间更新项目的具体措施,总结了三种既有线存量空间更新模式;最后,聚焦于我国实践背景,提出轨道交通既有线改造升级的发展策略。

本书的相关研究工作得到了国家自然科学基金面上项目“客货共运下城市轨道交通货运服务网络设计优化方法研究(72471024)”的资助。本书由贺鹏负责全书的统稿工作,具体撰写工作如下:贺鹏负责第 6、7 章的撰写,许奇负责第 4 章的撰写,刘贺负责第 5 章的撰写,李妍负责第 1 章的撰写,泽野嘉延负责第 2 章的撰写,左近嘉正负责第 3 章的撰写。北京交通大学中国综合交通研究中心的部分博士、硕士研究生参加了本书资料收集及图表绘制等工作,作者在此一并表示衷心感谢。

由于作者水平有限,书中难免有错误和不足之处,敬请读者批评指正!

**贺　鹏**

**2024 年 8 月于北京**

# 目录

# 第 1 章
CHAPTER 1
# 日本的都市圈及其交通需求

## 1.1 日本都市圈的诞生与发展

### 1.1.1 基本概念

城市(City)是指人口集中地区处于政治、经济和文化中心地位的大城镇。城市的定义考虑了人口数量和密度、建成区面积和产业结构,这些因国家而异。城市通常具备完善的住房、交通、卫生、公用事业、土地利用、商品生产和通信系统。这种高密度环境促进了居民、政府和企业之间的互动,有时可以提升商品与服务分配的效率,从而使各方受益。

都市圈(Metropolitan Area)是指中心城市和受其影响的周边地区的集合体。在建立都市圈时,要考虑到通勤者的数量和比例、经济活动和生活区,不同国家和机构对都市圈的定义可能有所不同。都市圈这个词汇最初来自日本,但其概念的起源可以追溯到美国。都市圈是日本在美国的都市区(Metropolitan District)概念的基础上,结合其自身的城市特性而形成的。美国的"都市区"概念主要是为了统计目的而设立的,目的是客观地描绘城市间的相互联系,这是在美国以人口统计为基础的税收分配制度背景下提出的。而日本"都市圈"概念的形成则与其中央集权的制度背景有关。这个概念的出现主要是为了政府规划,是上级政府通过都市圈规划来控制中心城市的过度集中,以防止"大城市病"的出现并实现国家的均衡发展。

20 世纪 50 年代,日本行政管理厅定义都市圈为日常生活圈,其范围内的居民可日常往来接受城市服务,且中心城市人口须达到 10 万以上。到了 20 世纪 60 年代,该概念扩展至"大都市圈",特指以中央指定市或人口超过 100 万的城市为核心,周边至少有一座人口超 50 万的城市。此外,从外围地区到中心城市的通勤人口需占当地总人口的 1.5% 以上,而大都市间的货物运输量不应超过总运输量的 25% 。

除此之外,日本不同的机构部门对都市圈的定义也有着一定的差异,官方对城市圈的定义有总务省统计局的"大都市圈"和"城市圈"。这些定义限于以政令指定城市和人口

500 万以上的大城市为中心城市的大规模城市圈。1995 年的日本国情调查中，只设定了 7 个“大都市圈”和 4 个“城市圈”[日本总务省统计局(1999)]。因此，为了进行与美国 MA 类似水平的城市圈研究，研究者需要根据自己的标准来定义城市圈。例如，基于美国标准都市统计区(Standard Metropolitan Statistical Area，SMSA)的城市圈定义实例包括 Glickman 的地区经济群体(Regional Economic Cluster，REC)，Kawashima 等的功能性城市核(Functional Urban Core，FUC)。此外，山田・德冈参考了这些先行研究，提出了标准大都市就业区(Standard Metropolitan Employment Area，SMEA)。具体内容如表 1-1 所示。

日本的都市圈 表 1-1

| 都市圈 | | 总务省统计局 | | FUC | SMEA | 日经产业消费研究所 | 国土交通省 |
|---|---|---|---|---|---|---|---|
| | | 大都市圈 | 城市圈 | | | | |
| 中心都市 | 常住人口(夜间人口) | 东京特别区部及政令指定都市 | 不属于大都市圈的人口超过 50 万的城市 | 人口在 10 万以上的市 | 人口在 5 万人以上的市 | 有郊区的市(没有人口条件) | 人口在 10 万以上、昼夜人口比例在 1 以上 |
| | 流出比例 | — | — | — | (1)流向其他特定中心城市的就业者比例不超过 15%；(2)流向总就业者比例不超过 30% | — | — |
| | 非一次性就业者比例 | — | — | — | 75% 以上 | — | — |
| | 合并条件 | 中心城市相互靠近的情况下合并 | — | 20km 以内合并中心城市 | — | — | 20km 以内合并中心城市 |
| 郊外 | 流出比例 | 流向中心城市的上班、上学人口占常住人口比例达 1.5% 以上 | 流向中心城市的上班、上学人口占常住人口比例达 1.5% 以上 | 流向中心城市的就业者比例超过 5% 或超过 500 人 | 流向中心城市的就业者比例超过 10% | 流向中心城市的通勤、上学人数比例超过 10% | 流向中心城市的就业者比例超过 5% 或超过 500 人 |
| | 非一次性就业者比例 | — | — | — | 75% 以上 | — | — |
| | 选择中心城市的条件 | — | — | 外流就业者比例最高的中心城市郊区 | 外流就业者比例最高的中心城市郊区 | — | — |
| | 空间的连续性 | 中心城市和连续城市 | 中心城市和连续城市 | — | — | — | — |
| 都市圈规模 | | — | — | — | 总人口 10 万以上 | — | 总人口 10 万以上 |

根据国土交通省的分类，日本的都市圈被划分为两大类别：大都市圈和地方城市圈。这种划分反映了日本特有的城市结构和发展策略。

### 1)大都市圈

东京都市圈涵盖东京都及其周边的神奈川、千叶、埼玉、群马、栃木、茨城和山梨。大阪都市圈则主要包括大阪府、京都府、兵库县和奈良县,而名古屋都市圈则由爱知、三重和岐阜三县组成。这些区域在人口和产业上高度集中,成为日本经济、文化和政治活动的焦点。特别是东京都市圈,其巨大规模和全国性影响力使其成为国家城市体系的核心。

### 2)地方城市圈

地方城市圈包括在各自经济区中发挥核心作用的“地方中枢城市”,例如福冈市、广岛市、仙台市和札幌市;在各县发挥核心作用的“地方核心城市”,主要指各县县厅所在地和人口在30万以上的城市;在县内某地区发挥核心作用的“地方中心城市”,一般指人口在10万以上的城市。其余的城市为地方中小城市。地方城市圈虽规模不及三大都市圈,但对于维持日本国土平衡发展和地区多样性同样重要。这些城市圈在区域经济和社会发展中扮演着关键角色。

如图1-1所示,日本城市体系呈金字塔型结构,以东京为塔尖,三大都市圈构成顶层。东京的高度集中现象——“一极集中”,是日本城市化和区域发展的主要挑战之一。为应对此问题,国土开发规划强调促进地方城市的发展和自立,支持后进地区开发,促进经济增长,以实现更均衡的区域发展。这些措施旨在缓解东京的集中问题,推动形成平衡和可持续的国土利用模式,为地方城市圈提供发展的机遇,促进整体均衡发展。

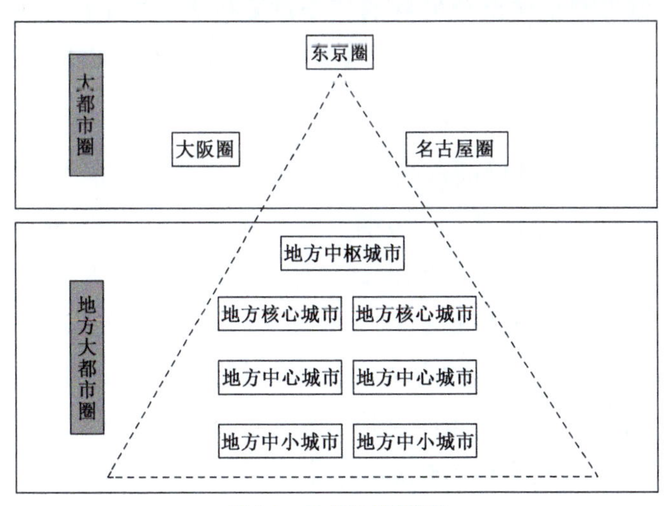


图1-1　日本都市圈情况

城市群(Megalopolis)是一种特定区域内的城市集合,通常围绕一个或多个超大城市,至少包括三个大城市。这些城市通过交通和通信基础设施网络密切连接,形成经济和空间上紧密一体的城市集群。城市群展现出高度的一体化,目标明确,通过互补的社会和经济发展要素,超越传统的行政界限,形成战略性的联盟。这样做旨在降低发展成本,共享区域资源,提高城市效率和整体竞争力。

城市群这一概念的形成源于20世纪初。1915年,帕特里克·格迪斯在《进化中的城市》一书中首次提到了"Megalopolis"这个词。紧接着,奥斯瓦尔德·斯宾格勒在1918年的著作《西方的没落》中也使用了这一术语。1938年,刘易斯·芒福德在《城市文化》中描述了Megalopolis作为城市过度发育和社会衰退的初期阶段。1961年,简·戈特曼在其研究《Megalopolis: The Urbanized Northeastern Seaboard of the United States》中,将这一术语应用于描述美国东北海岸的城市化地区。

在中国,这一概念在20世纪后期引入。1998年,《城市规划基本术语标准》(GB/T 50280—1998)将"城市群"定义为"一定地域内城市分布较为密集的地区"。在实际的应用中,城市群与都市圈等术语曾被混用,但实际上城市群的尺度大于都市圈。在中国的城市规划和区域发展中,城市群被视为推动区域经济协同发展的重要策略。2019年2月19日,国家发展改革委发布的《国家发展改革委关于培育发展现代化都市圈的指导意见》中提到:城市群是新型城镇化主体形态,是支撑全国经济增长、促进区域协调发展、参与国际竞争合作的重要平台;都市圈是城市群内部以超大特大城市或辐射带动功能强的大城市为中心、以1h通勤圈为基本范围的城镇化空间形态。都市圈在体量和层级上,要低于城市群。城市群是一个较为宏大的城市观,都市圈的着眼点更侧重于核心城市与周边辐射区域的协调发展,以及相邻城市在交通、服务、市场等方面的一体化运营。

城市、都市圈、城市群是城市化发展的三个重要概念,它们主要在空间范围、人口规模、空间结构特征、经济社会特征和交通需求等角度上有着明显的差异。

#### 1)空间范围不同

城市通常是一个市或市辖区的空间单元,例如上海市区或东京市区。都市圈则由一个中心城市及其周边地区组成,其空间范围主要由中心城市的人口规模和基础设施决定,人口超过千万的大城市辐射半径可达100km以上,使得都市圈直径通常超过200km。例如,东京都市圈包括东京都及其周边的神奈川、千叶、埼玉、群马、栃木、茨城和山梨等地,总面积约1.4万$km^2$,2018年人口约为3740万,辐射范围超过100km。相比之下,城市群的空间范围更广,通常包括多个都市圈及其他通过基础设施相互连接的城市,其延展性不受单一都市圈的限制,可以达到近1000km,除非受到地理环境的限制。日本的东京、大阪和名古屋三大都市圈构成了沿太平洋的城市群,这一区域是日本的经济、政治、文化和交通中心,总面积约3.5万$km^2$,占日本总土地面积的9%,人口约7000万,占全国总人口的56%,地区生产总值约为3.4万亿美元,占日本国内生产总值的70%。中国的城市群如长江三角洲城市群尽管发展较晚且水平较低,但是其已发展成为国内最成熟的城市群之一,半径范围不超过500km。

### 2)人口规模不同

城市是指一个具有一定人口规模和行政地位的居民点,通常是一个市级或以上的政区单位。城市的人口规模一般在几万到几千万之间,取决于城市的等级和发展水平。例如,东京是日本最大的城市,2018 年常住人口约为 1390 万。都市圈通常定义为以一个超大城市、特大城市或具有强大辐射带动功能的大城市为中心,并囊括与之存在广泛上下班通勤联系的邻近地区的一个区域。都市圈的人口规模一般在几百万到几千万之间,取决于中心城市的规模和其与周边地区的密切程度。例如,东京都市圈是以东京为中心,包括神奈川、千叶、埼玉等周边县组成的区域,2018 年常住人口约为 3740 万。城市群是指由数个相互联系、相互作用、相互竞争和协作的都市圈或城市圈构成的更广阔的区域。城市群的人口规模一般在几千万到几亿之间,取决于涵盖的都市圈或城市圈的数量和规模。例如,太平洋沿岸城市群是日本最大的城市群,包括东京都市圈和大阪都市圈等 7 个都市圈或城市圈,2018 年常住人口约为 1.02 亿。

### 3)空间结构特征不同

城市的空间结构特征主要体现在城市内部的功能分区、道路网络、建筑形态等方面,反映了城市的历史文化、经济发展、社会组织等因素的综合作用。都市圈通常以一个或多个大都市为中心,围绕其形成包括大小城市和小镇的多层结构。都市区,即都市圈的中心区域,可能由单个或多个核心城市组成,其结构和形状受自然地理和重要交通基础设施的影响,可能呈现为放射状、带状或扇状等多样形态。都市圈内部通常拥有合理的城市规模等级和完善的城市功能。进一步的区域都市化表现为城市群,这是一种更高级的空间组织形式,其空间尺度更大,经济和社会联系主要限于内部,界限较为模糊。城市群可能构成多核心或单核心的多层结构,形状多变,受地理条件限制,可能是三角、环状或“之”字形。例如,日本太平洋沿岸城市群由东京、大阪和名古屋都市圈组成,聚集了国内 80% 以上的金融、教育和研发机构,覆盖 3.5 万 $km^2$,约占日本国土面积的 6% ,人口近 7000 万,占总人口的 61% 。东京作为核心城市,是日本的政治、经济和文化中心。整个城市群内部城市等级结构合理,功能完善,可能存在多个规模体系。

### 4)经济社会特征不同

在经济社会特征上,城市呈现出显著的人口密集和经济活动集中的特点。根据其功能定位,城市可以划分为金融中心、制造业基地、高新技术中心等类型。每座城市的规模和市场影响力存在明显差异,导致它们在竞争和合作的逻辑上也各不相同。此外,城市普遍配备先进的基础设施和公共服务系统,如交通网络、通信设施、教育资源和医疗服务,这些都极大地方便了城市居民的生活。随着城市化的推进,城市的规模和数量持续增长,其功能和产业结构也在不断地调整和升级,从而形成了一批具有全球影响力的大城市,如纽约、东京、伦敦、巴黎、香港等。

然而,城市发展的同时也面临环境污染、交通拥堵、住房短缺等多种挑战,需要通过有效的城市规划和公共政策进行管理和调控。都市圈是一个城镇化水平较高的区域,包括多个大小不一的城市和广阔的乡村、农业地区。都市圈内的城市和乡村之间,以及城市之间,形成了较为合理的产业分工。一般而言,大都市通常聚焦于生产性服务业和高新技术制造业,而其他大小城市和小城镇则更多地依赖于一般技术和传统工业。都市圈内的城市能够依托完善的交通和通信基础设施,由大都市向周边城市提供高端制造产品和服务,而所有城市和乡村共同为整个区域甚至更广范围的居民提供消费品和生活服务,形成了紧密的经济社会联系网。这种结构不仅促使资源在更大范围内得到优化配置,还实现了资源的互补和共享,显著提高了资源利用效率。

城市群则代表一个更高级别的城镇化区域,其城市和乡村景观分布更为广泛和多样。城市群中的都市圈或城市之间几乎没有隔离的"空白"地带,它们之间的竞争和合作更为紧密。在这种环境下,大中小城市通过各自所属的都市圈或城市圈展开竞争和合作,实现了资源在极其广泛区域内的优化配置,从而进一步提升了资源的利用效率和区域的整体竞争力。城市群通常是国家和地区乃至全球的经济、政治、文化、科技创新的活动中心,成为连接全国各地以及世界各国的重要节点。

#### 5)交通需求不同

城市是一个相对独立的、具有一定人口规模和经济社会功能的地域单元。以东京为例,作为日本的首都,它具有庞大的人口和繁荣的经济。从交通需求的角度来看,东京内部的交通需求主要包括居民出行、货物运输和公共服务等方面。东京交通需求的特点是:空间范围有限,主要集中在城市内部;交通需求密度较高,尤其是在城市中心区域,如新宿、涩谷等;交通需求多样化,包括公共交通(如地铁、公交)、私家车、非机动车等多种出行方式;交通需求具有明显的早晚高峰特征,以及工作日与非工作日的差异。

都市圈是指一个中心城市及其周边经济社会联系紧密的城市和城镇组成的区域。以日本首都都市圈为例,它包括东京、横滨、千叶等城市。从交通需求的角度来看,首都都市圈的交通需求既包括城市内部的交通需求,也包括城市之间的交通需求。首都都市圈交通需求的特点是:空间范围较广,涵盖了东京及其周边城市和城镇;交通需求具有明显的城市间联系特征,如通勤、商务、旅游等;交通需求对基础设施的依赖性较强,如高速公路、铁路(如新干线)、航空等;交通需求对城市间协同发展和区域一体化的推动作用较大。

城市群是指在一定区域内,多个城市之间存在密切的经济、社会、文化联系,形成相对独立的城市网络体系。以日本太平洋沿岸城市群为例,它包括东京、名古屋、大阪等多个城市。从交通需求的角度来看,太平洋沿岸城市群的交通需求不仅包括城市内部和城市间的交通需求,还包括城市群整体的交通需求。太平洋沿岸城市群交通需求的特点是:空间范围更广，涵盖了多个城市和城市间的联系；交通需求具有明显的区域性特征，如城市群内部的通勤、商务、旅游等；交通需求对区域交通一体化的要求更高，如高速公路、铁路（如新干线）、航空等的互联互通；交通需求对城市群的协同发展和区域一体化战略的实施具有重要意义。

### 1.1.2　日本的都市圈

日本三大都市圈指的是东京都市圈、名古屋都市圈、大阪都市圈，它们是日本经济社会文化的中心，也是人口、产业、资源的聚集地。三大都市圈的空间开发围绕《国土形成计划》进行。《国土形成计划》又称为“全国综合开发规划”，简称“全综规划”，是日本区域开发规划体系中最上位的规划，是日本中央政府关于国土开发的基本政策，用于指导地方规划的编制。1950 年，日本出台了《国土开发法》，该法原本是一部针对特定区域开发的法律。第二次世界大战后，日本经济开始复苏，并于 1962 年制定了第一个全国综合开发计划。因此，在其宣布时，人们没把它当成政策，只把它视为文件。依据编制背景及开发目标的不同，至 20 世纪末，先后经历了五次全国综合开发计划（简称“全综规划”），对日本的经济社会发展产生了较大的影响（图 1-2）。

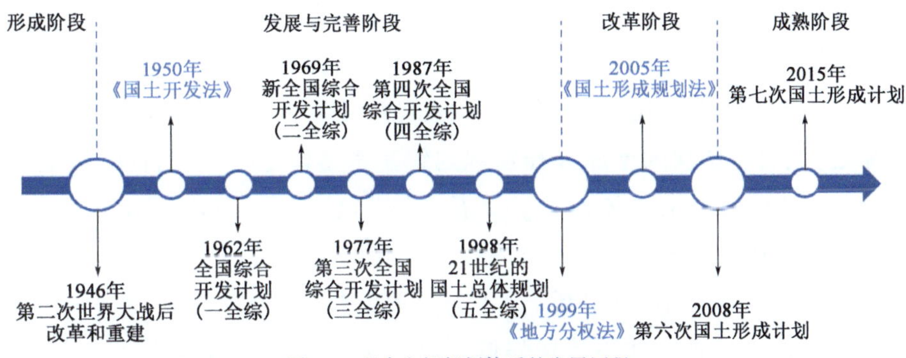

图 1-2　日本空间规划体系的发展历程

2005 年，日本将《国土开发法》修改为《国土形成规划法》。《国土形成规划法》是 2005 年对《国土开发法》进行根本性修订后制定的一部以提高国土质量为目标，综合推进国土利用、建设和保护的法律，它制定了国土形成计划和广域地方计划，主要通过尊重地方自主性、促进国家和地方协作、反映多元主体的意见等方式实现国土的成熟化。日本在将《国土开发法》修改为《国土形成规划法》后，更加强调了广域这一个词语。这是因为日本认为，要适应人口减少时代的国土形成，需要从全国和地方协调的角度出发，制定综合且基本的规划。广域地方计划是一种新的规划类型，它是按照跨越多个都道府县、需要作为一体推进综合性国土形成的区域（广域地方计划区域），由国家和都道府县等相互协作制定的规划。广域地方计划的目的是尊重地域的自律性，谋求实现国家和地方公共团体的合作，提高国土开发质量。

广域这一词语的强调，反映了日本国土规划理念的变化：从以中央政府为主导的开发型规划,转变为以地方分权和多元主体参与为主导的形成型规划。广域地方计划也反映了日本国土空间格局的特点,即在东京和太平洋工业带的单极单轴结构下,如何实现多轴多中心的均衡发展。广域地方计划也反映了日本与东亚经济圈的关系,即如何在保持和发展经济社会活力的同时,与东亚各国进行紧密协作。

1962 年的《全国综合开发规划》,提出了“地区间均衡发展”的目标和“据点开发方式”的实现路径,指定了 15 个“新产业城市”和 6 个“工业建设特别地区”作为产业开发的重点区域。1969 年的《新全国综合开发规划》,提出了“创造以人为本的理想环境”的目标和“大工程构想”的实现路径,包括新交通通信网络、产业开发工程、环境保护和修复工程等,同时提出了“广域生活圈构想”,以中心城市为核心建设交通体系和生活环境。1977 年的《第三次全国综合开发规划》,提出了“建设综合人居环境”的目标和“定居构想”的实现路径,即在全国形成 200 ~ 300 个定居圈,并指定了 44 个“示范定居圈”,强调人与自然的协调和地方特色的发挥。1987 年的《第四次全国综合开发规划》,提出了“构建多极分散型国土”的目标和“交流网络构想”的实现路径,即通过建设交通与信息通信体系、创造交流的机会,促进以地方为主导的地区发展,同时颁布了《多极分散型国土形成促进法》,提出了搬迁中央政府机构、实施振兴据点区域制度、建设业务核心城市等举措。1998 年的《21 世纪国土的宏伟蓝图》,提出了“建设富有魅力的国土”的目标和“多样化、协调、共生”的基本理念,强调在保护自然环境和文化遗产的同时,促进经济社会活力和国际竞争力。

2005 年之前,日本历次国土综合开发规划编制都是以 1950 年出台的《国土开发法》为依据。但《21 世纪的国土总体设计》(“五全综”)编制后,日本开始对以《国土开发法》为代表的国土规划法律体系进行了一系列修改,出台了《国土形成规划法》。依据《国土形成规划法》,2008 年,日本制定了《国土形成规划(全国规划)》。该计划可视为日本第六次全国国土计划。这一计划强调要警惕人口向东京圈的再次流入。2014 年,日本制定《日本 2050 国土构想》的长期规划。2015 年,日本制定了第七次全国国土计划,提出要形成国内与国外、城市与农村等的“对流促进型国土结构”,以此来改变“东京一极集中”的局面。日本历次国土计划见表 1-2。

日本历次国土计划的变化　　表 1-2

| 规划名称 | 全国综合开发计划 | 新全国综合开发计划 | 第三次全国综合开发计划 | 第四次全国综合开发计划 | 21 世纪的国土总体规划 | 国土形成计划 | 第二次国土形成计划 |
|---|---|---|---|---|---|---|---|
| 时间 | 1962 年 10 月 5 日 | 1969 年 5 月 30 日 | 1977 年 11 月 4 日 | 1987 年 6 月 30 日 | 1998 年 3 月 31 日 | 2008 年 7 月 4 日 | 2015 年 8 月 14 日 |
| 制定背景 | 高增长经济向的转变;巨大都市问题和收入差距扩大 | 经济高度增长;人口、产业向大都市集中 | 经济稳定增长;人口、产业有地方分散的迹象 | 人口、各种功能的东京一极集中;地方圈内的就业问题日益严重 | 地球环境问题、与亚洲国家的交流;人口减少和高龄化时代 | 经济社会形势的大转变;国民价值观的变化和多样化 | 国土随时代潮流而变化的问题;国民价值观的变化 |

续上表

| 目标年份 | 1970 | 1985 | 1977—1987 | 2000 | 2010—2015 | 2008—2018 | 2015—2025 |
|---|---|---|---|---|---|---|---|
| 规划目标 | 地区间均衡的发展 | 创造丰富的环境 | 完善人类居住的综合环境 | 多分散型国土的构建 | 构建多轴型国土结构的基础 | 在构建多样的广域地区自主发展的国土的同时，力求形成美丽、宜居的国土 | 形成促进对流的国土 |
| 开发方式 | 基地开发方式 | 大基建构想 | 定居构想 | 交流网络构想 | 参与和协作 | 五大战略目标：1. 与东亚地区的交流与协作；2. 形成可持续的地区；3. 形成优美的防灾国土；4. 美丽国土的管理与继承；5. 以“新公共”为支柱的地区建设 | 多层而强韧的“小焦点 + 大互联” |

在日本的城市空间开发法律体系中，以《国土形成规划法》（原《国土开发法》）为基础，形成了大都市圈开发、地方圈开发、特定地区开发等从中央、地方到特定地区的法律体系。在《国土形成计划》出现之前，日本首都圈规划包括：基本规划、建设规划和事业规划（开发规划）等内容，是针对城市公共设施的完善以及相关交通通信体系等广域设施的整治规划和实施建设规划的年度计划。《基本篇》从长期综合的视角出发，明确了今后首都圈建设的基本方针、目标以及为了实现该目标应采取的措施；《建设篇》则在现有街区道路、近郊建设地带以及城市开发区域等地区，兼顾主要广域建设的视点，制定了关于道路、铁路等各种设施的建设根本方向。《国土形成计划》诞生后，日本将全国作为一个整体来联系各地方的广域规划，原国土规划指导下的基本规划和建设规划被广域规划所取代，事业规划被废止。在广域规划指导下，首都圈、中部圈和近畿圈内的地方政府分别制定各自区域的城市规划。都道府县负责制定管区内城市规划区域的战略发展规划（即总体规划），市町村规划作为城市规划的主体，主要内容为城市的战略发展规划、土地用途分区规划及详细规划等，即设置城市规划区域、城市规划建设区域和城市规划建设控制区域。市町村按土地用途分区的规划法规和建筑基准法的控制指标进行方案审查，再通过开发许可制度对城市规划建设控制区域的开发进行管理。同时通过设定广域的行政区域范围，协同各层级区域，合作建设管理基础设施，为各地区提供更平等的社会公共服务。

地方圈开发法主要包括《东北开发促进法》《九州地区开发促进法》《四国地区开发促进法》《北陆地区开发促进法》《中国地区开发促进法》《北海道开发法》《冲绳振兴开发特

别措施法》等。这些法律都是在20世纪60—70年代制定的，目的是促进各地区的经济社会发展，提高人民生活水平，缩小地区差距。但是，由于这些法律的内容过于具体，难以适应经济社会发展的变化，也不利于发挥市场机制的作用，因此，在21世纪初期，日本政府陆续废止了这些法律。取而代之的是《地域活性化基本法》等一系列更加宏观、灵活、综合的法律和政策。这些法律和政策为各地区制定了相应的开发促进计划，包括《东北开发促进计划》《九州地区开发促进计划》《四国地区开发促进计划》《北陆地区开发促进计划》等。这些计划都是基于各地区的实际情况和比较优势，按照高质量发展的要求，综合考虑生态环境、基础设施、产业结构、社会事业等多方面因素，制定了具体的目标和措施。这些计划都是在21世纪初期制定或修订的，目前仍在执行中。国土形成计划与都市圈规划之间的关系如图1-3所示。

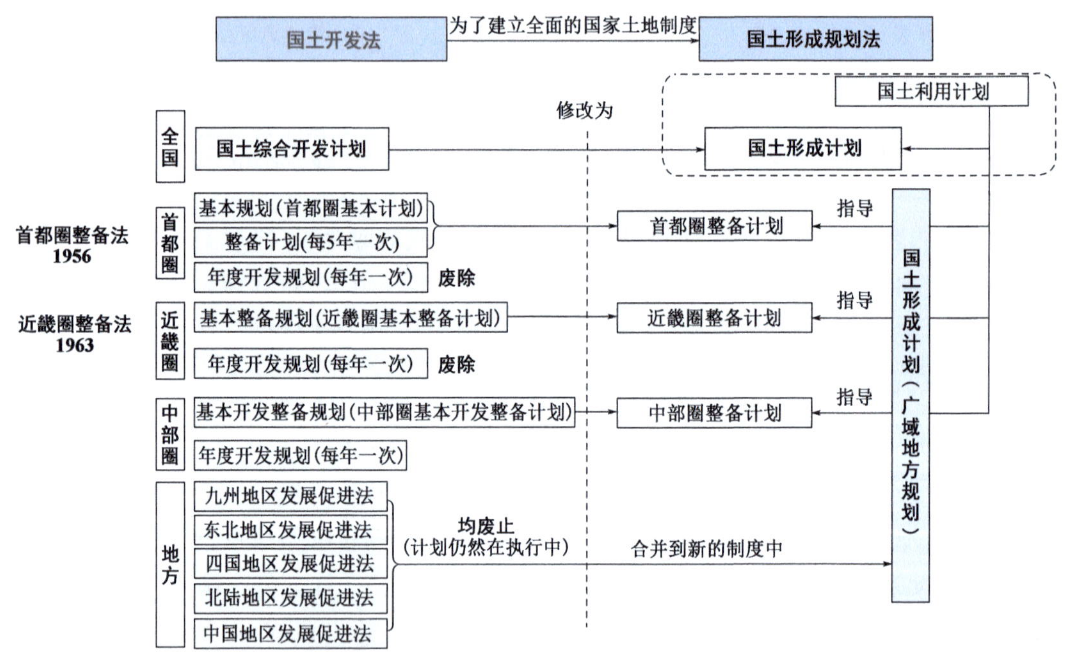


图1-3 国土形成计划与都市圈规划之间关系

(1)东京都市圈(首都圈)

东京都市圈也称东京圈或首都圈，在不同时期，东京都市圈的范围有着不同的定义，1958年颁布的《第一次首都圈整备计划》中将首都圈的范围定义为以东京市为中心，由东京都、埼玉县、千叶县、神奈川县共同组成，通常称作“1都+3县”；1968年执行的《第二次首都圈基本计划》中将首都圈定义为“1都+7县”，“7县”为埼玉县、千叶县、神奈川县及外围的山梨县、群马县、栃木县、茨城县，该定义一直沿用到21世纪初；随着2005年日本将《国土开发法》修改为《国土形成规划法》，首都圈的辐射范围被扩大到“1都+11县”，在“1都7县”基础上增加静冈县、长野县、新潟县、福岛县共4县。为了方便对通勤特征的分析,本书选择狭义的东京都市圈("一都三县")作为主要研究对象。作为全球人口密度最大的国际都市圈,东京都市圈("一都三县")总面积 13762.05$km^2$,占全日本国土面积的 3.6%;人口 3700 万人,占全日本总人口的 1/3 以上。东京都市圈还是全球最大的城市级经济圈,城市化水平超过 90%,地区生产总值为 1.6 万亿美元,占全日本国内生产总值(GDP)的 70%。其中东京也是全球最大的经济城市。

日本对东京都市圈的划分有 2 类,第一类是《首都圈基本计划》,另一类是自 2009 年替代《首都圈基本计划》的《首都圈广域地方规划》。自 1958 年起,《首都圈基本计划》先后编撰了 1958 年版、1968 年版、1976 年版、1986 年版、1999 年版,自 2009 年《首都圈基本计划》修改为《首都圈广域地方规划》后,依次编撰了《首都圈广域地方规划 2009》《首都圈广域地方规划 2016》(图 1-4)。

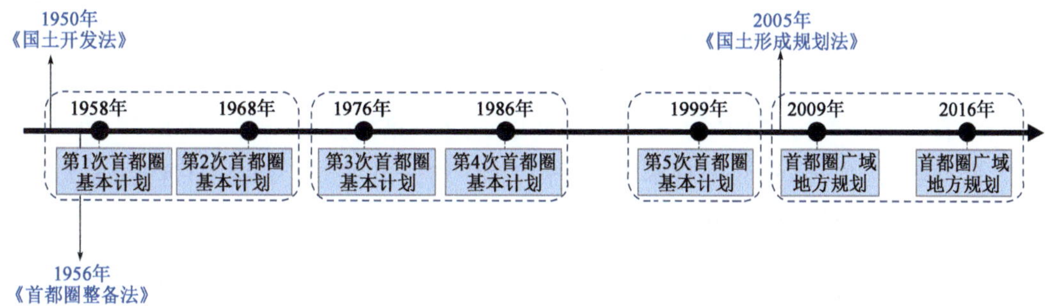


图 1-4　历次首都圈规划变化

1958 年首次制定的首都圈基本计划主要以建设管控为导向,试图应对产业与人口迅速向东京集中的问题,通过在建成区周围设置宽达 5～10km 的绿化带,并在市街开发区域规划卫星城。然而,这些措施遭到相关利益集团的反对,实施难度较大,成效并不理想。第 2 次至第 4 次首都圈基本计划处于日本经济高速发展和人口快速扩张的背景下,其核心目标是防止人口和产业功能向东京一极集中。1968 年的规划提出在东京都中心外 50km 处设立近郊整备地带,并在外围地区建立多功能卫星城镇,以促进工业和科研功能的向外迁移。1976 年的规划提出了建立区域多中心城市的广域城市复合体构想,以推动外围地区的多元功能开发,如港口、国际机场和大型公园等。1986 年的规划强调按圈层进行功能分工,构建外围自立型都市圈,推动政务管理、企业管理及生活服务等功能的外溢。然而,受日本经济泡沫破裂的影响,这些计划中的外围城市副中心和商务核心城市建设距离目标仍有较大差距。到了 1999 年,第 5 次首都圈基本计划在功能一极集中、自然灾害威胁、老龄化严重及空心化现象的背景下提出了"分散型网络结构"的均衡化空间布局模式。规划提出在 50km 内构建以都中心和业务核都市为主的环状节点都市群,50～100km 范围内构建整合区域的"环状大都市轴",并提出打造约 30 个业务核都市作为广域合作据点,形成五大自立型次区域(表 1-3)。

第1版～第5版《首都圈基本计划》相关内容梳理　　表1-3

| 规划名称 | 第1次基本计划 | 第2次基本计划 | 第3次基本计划 | 第4次基本计划 | 第5次基本计划 |
| --- | --- | --- | --- | --- | --- |
| 时间 | 1958年7月 | 1968年10月 | 1976年11月 | 1986年6月 | 1999年3月 |
| 目标年份 | 1975 | 1975 | 1976—1985 | 1986—2015 | 2015—2030 |
| 制定背景 | 日本在第二次世界大战后经济逐渐复苏，新兴工业逐步崛起 | 经济高速增长，基础设施建设逐渐完善 | 由于第一次石油冲击，经济增长速度略有下滑 | 经济泡沫不断增大，土地与股市价格爆发式增长 | 经济泡沫崩塌 |
| 对象地区 | 从东京市中心半径约100km范围内 | “1都7县” | 同左 | 同左 | 同左 |
| 规划目标 | 设立绿化带、建设卫星城 | 设立近郊整备区，设立多功能卫星城镇 | 打造区域多中心城市的广域城市复合体 | 构建自立型都市圈，推动管理功能外溢 | 围绕据点城市形成分散型网络格局 |

注：“1都”为东京都，“7县”为东京都邻近的埼玉县、神奈川县及千叶县，及外围的山梨县、群马县、枥木县、茨城县。

在21世纪初，随着国土大规模开发的结束，日本对形成于20世纪50年代的《国土开发法》和《国土利用规划法》进行了根本性修订，并在2005年公布了新的《国土形成规划法》，标志着政策从“开发”向“形成”的转变，以适应成熟社会的需求。2008年，新体系下的第一份《国土形成规划》获得日本内阁通过，其中划分出了包括首都圈在内的8大区域，明确了规划范围、现状特征、规划要求和全国协作的指引。2009年8月，《首都圈广域地方规划(2009版)》完成，其规划年限为10年，并展望至21世纪中叶。该规划首先分析了东京首都圈面临的全球化、老龄化、防灾安全等挑战，随后提出东京首都圈应扮演的角色和目标，最终明确了有效推进的保障机制。2015年和2016年，随着《国土形成规划》的新编制和《首都圈广域地方规划》的最新修订通过，这些计划得到了更新和实施，特别突出了空间布局的理念和具体计划的支撑。在地方分权意识高涨的背景下，地方政府的积极参与为后续规划的实施提供了中央和地方政府的联合支持，从而增强了规划的实施力度(表1-4)。

2009版及2016版《首都圈广域地方规划》相关内容梳理　　表1-4

| 规划名称 | 第1次首都圈广域地方规划 | 第2次首都圈广域地方规划 |
| --- | --- | --- |
| 时间 | 2009 | 2016 |
| 目标年份 | 2020—2050 | 2025—2050 |
| 制定背景 | 相比中国等东亚地区经济快速增长，日本经济增长温和，首都圈经济、就业也在恶化 | 日本经济下滑，广域首都圈创造了日本80%以上增量，日本经济中心功能向东京集聚 |
| 对象地区 | “1都+11县” | “1都+11县” |
| 规划目标 | 5大目标引领：提升国际竞争力、4200万人区域的美丽发展、强有力的抗灾地区、保护和创造良好的环境、形成积极交流与合作更加活跃的地区 | 3大目标引领：成为人口与文化聚集的创意区域，建设高品质、高效率、精细化的“精品都市圈”，打造共生包容、面向对流的地区；空间理念：构建“对流型”广域首都圈 |

注：“1都11县”是“1都7县”基础上增加静冈县、长野县、新潟县、福岛县4县。

东京都市圈可以根据人口的变化情况划分为两个发展阶段，分别是1950—1980年和1980年至今。1950—1980年是日本经济高速增长的阶段，也被称为“经济奇迹”时期，东京都市圈的人口增长速度也相应快速上升。这个阶段的人口快速增长是由于诸多因素的共同作用,包括农村人口的大规模迁往城市、外来移民的大量涌入,以及生育率的提高等。然而,到了1980年左右,随着日本经济增速的放缓,以及社会化进程的深入,东京都市圈的人口增长速度也开始缓慢下降。这个阶段,虽然城市人口依然在增长,但增速已经明显慢于之前。此外,低生育率(东京尤为突出)和人口老龄化现象也日益凸显,都影响着都市圈内的人口增长速度(图1-5)。

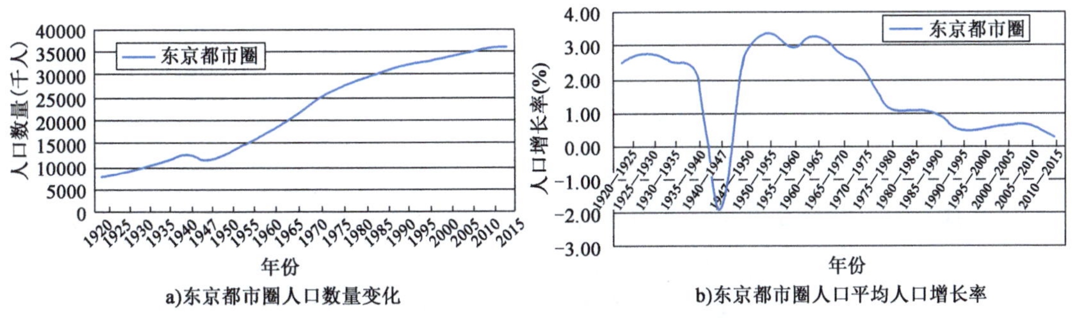


图1-5 东京都市人口数量及增长率变化情况

在第一个阶段中,东京都市圈的发展特点主要表现为:

①郊区化扩张。从1950年开始,东京都市圈的人口增加,聚集区域也快速扩张。直到20世纪70年代末,东京都市圈一直处于郊区化扩张的阶段,中心城市人口密度虽然在初期有所增加,但是之后开始下降,向周边郊区疏解。

②政府规划引导。日本政府自20世纪50年代制订首都圈规划开始,到20世纪末完成5次规划,其间东京都市圈区域空间结构经历了多次调整。

③城市化进程加速。随着城镇化率的上升,东京都市圈城市面貌变化速度加快。然而,随着日本经济的持续不景气,东京都市圈城市面貌变化速度在20世纪80年代开始大幅度放缓。综上所述,在第一个阶段中,东京都市圈的发展特点主要是郊区化扩张、政府规划引导、产业集聚与重构以及城市化进程加速。

在第二个阶段(1980年至今),东京都市圈的发展特点主要包括:

①人口增长放缓。随着日本经济增速的放缓和社会化进程的深入,东京都市圈的人口增长速度开始缓慢下降。尽管城市人口依然在增长,但增速已经明显慢于之前。

②人口老龄化与低生育率。这个阶段,东京都市圈面临着人口老龄化和低生育率的问题,尤其在东京地区更为明显。这些现象都影响着都市圈内的人口增长速度。

③功能疏解与空间结构优化。为解决东京都严重的单极化问题,日本政府在20世纪80年代提出在东京周边地区建立若干业务核都市,以疏导部分首都功能,促进东京都市圈的空间结构优化和区域协调。

④新城发展与都市圈治理。在功能疏解的过程中,东京都市圈的治理与新城发展关

系日益紧密。借鉴发达国家的治理经验,东京都市圈在新城发展方面取得了一定的成果,如城市传统街道更新等。

⑤国际竞争力提升。都市圈作为国家或区域参与全球竞争与国际分工的地域单元,对国家的国际竞争力和全球地位产生深刻影响。在这个阶段,东京都市圈在国际竞争力方面取得了显著提升。综上所述,在第二个阶段中,东京都市圈的发展特点主要是人口增长放缓、人口老龄化与低生育率、功能疏解与空间结构优化、新城发展与都市圈治理以及国际竞争力提升。

(2)名古屋都市圈(中部圈)

名古屋都市圈,也被称为中京圈或中部圈,是围绕名古屋市发展的一个重要的日本都市圈。名古屋的地理位置处于日本历史上两大都市——东京和京都(别称“西京”)之间,因此得名“中京”。相较于其他日本大都市圈,名古屋都市圈在政治、经济和文化方面更加集中于名古屋市本身,这一特点使得该都市圈在结构和功能上显示出较强的中心性。这种集中趋势对于区域发展有其特定的优势和挑战,尤其在推动区域经济一体化和文化传承方面表现突出。《中部圈开发整备法》将中部圈的范围定义为包括富山县、石川县、福井县、长野县、岐阜县、静冈县、爱知县、三重县、滋贺县在内的9个县。本书认为名古屋都市圈的覆盖范围包括爱知县、岐阜县和三重县三县。作为全球人口第七大的国际都市圈,名古屋都市圈总面积10000km$^2$,占全日本国土面积的2.6%;人口为1000多万人,占全日本人口的8%左右。名古屋都市圈还是全球最大的汽车制造基地,城市化水平超过80%,地区生产总值为6000亿美元,占全日本GDP的20%。

1966年,日本政府颁布了《中部圈开发整备法》,提出为增进东海地方、北陆地方等地区的经济、社会联系的紧密程度,提高其在首都圈和近畿圈之间的地位,均衡发展本土经济,将富山县、石川县、福井县、长野县、岐阜县、静冈县、爱知县、三重县以及滋贺县划为中部圈。依据《中部圈开发整备法》,中部圈制订了4次整备计划。2005年日本公布新的《国土形成规划法》后,为了应对中部圈面临的各种挑战和机遇,提高中部圈的魅力和活力,促进中部圈与其他地区的协作和交流,《中部圈开发整备计划》在2016年3月与《首都圈整备计划》《近畿圈整备计划》一起颁布,《中部圈开发整备计划》代替了原先的整备计划,对中部圈的开发建设进行指导(图1-6)。

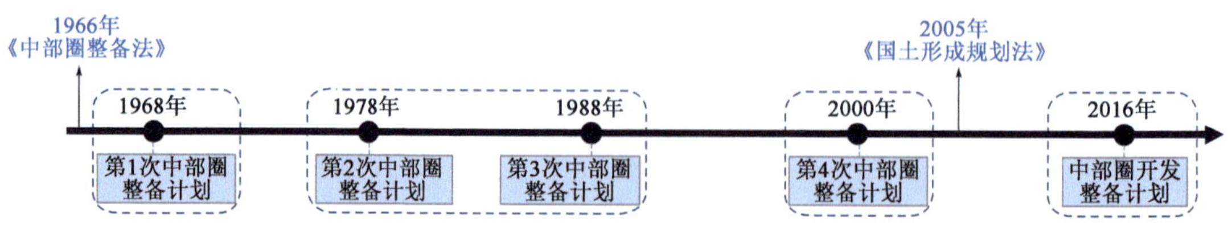


图1-6 中部圈计划历程

1968 年的第 1 次中部圈整备计划期限至 1985 年，对象区域为以名古屋为中心的 9 县。以纠正首都圈、近畿圈的产业与人口过度集中为目标，努力缩小区域经济发展差距，改变过密与过疏问题，加强交通通信等基础设施建设，促进土地的合理开发利用。1978 年的第 2 次计划期限至 1987 年，以实现圈域均衡发展为目标，创建一体化圈域，进行居住环境整治，促进地区产业振兴，强化圈域的全国性与国际性功能。1988 年的第 3 次计划期限为 15 年，针对中部圈高层次功能聚集迟缓等问题，努力培育高层次机能，提高中枢性水平，以形成多样性、创造性的产业和技术中枢性圈域结构，促进多核协作型圈域的形成。2000 年的第 4 次计划期限为 15 年，以促进圈域内新的交流和协作为出发点，努力建设国际化产业和技术创新圈域，创建“美丽中部圈”，最终形成“国际化多轴协作圈域结构”。

2016 年颁布的《中部圈开发整备计划》是在中部圈第 4 次整备计划后最新的关于中部圈的计划，也可以看作是第 5 次整备计划。这个计划是为了应对中部圈面临的各种挑战和机遇，提高中部圈的魅力和活力，促进中部圈与其他地区的协作和交流而形成的（表 1-5）。

**中部圈规划历程**　　表 1-5

| 规划名称 | 第 1 次整备计划 | 第 2 次整备计划 | 第 3 次整备计划 | 第 4 次整备计划 | 中部圈开发整备计划 |
|---|---|---|---|---|---|
| 时间 | 1968 年 6 月 | 1978 年 12 月 | 1988 年 7 月 | 2000 年 3 月 | 2016 年 3 月 |
| 目标年份 | 1968—1985 | 1978—1987 | 1988—2003 | 2000—2015 | 2016—2030 |
| 制订背景 | 太平洋地区和日本内陆地区的综合发展；纠正工业和人口过度集中在东京和近畿地区的情况 | 第　次石油危机等导致的经济和社会状况的变化 | 中部地区各类高级功能积累滞后；科技创新、计算机化、国际交流取得进展；长寿社会的来临 | 区域内和国内外新的联系和交流的发展；关于国家综合发展计划“21 世纪的大设计”的决定 | 中部圈面临人口减少、地方活力下降、灾害风险增加的问题 |
| 对象地区 | 九县 | 九县 | 九县 | 九县 | 九县 |
| 规划目标 | 解决地区差异、人口过剩和人口减少问题 | 纠正土地利用分布不均的问题 | 促进区域发展，提高中心化程度；形成一个多元化的、协调一致的区域 | 创造一个多轴土地形成的新趋势，形成一个属于全球网络的区域 | 建设一个具有国际竞争力和创新力的产业区域；建设一个充满魅力和多样性的文化区域 |

根据人口的变化情况，名古屋都市圈的发展可以划分为两个阶段，分别是 1950—1975 年和 1975 年至今。

1950—1975 年：这一阶段是日本的高速经济增长期，名古屋城市的发展特点显著。首先，作为日本的工业中心之一，名古屋在这一阶段承担了大量的工业生产任务，侧重于汽车、航空、机械等重要的工业领域。其次，由于大规模工业化的需求，这个阶段的名古屋吸引大量的内地和农村人口迁入，人口快速增长，形成了大规模的劳动力市场。这也带动了城市基础设施的建设和改善,如住房、交通等。

1975 年至今:在日本经济增速下滑,进入成熟期的背景下,名古屋也进入了新的发展阶段。首先,随着人口增长速度的减缓,名古屋开始面临老龄化和生育率下降的挑战,这对社会福利体系提出了新的要求(图 1-7)。其次,名古屋的发展焦点开始从数量扩张转向质量提升,重视可持续发展,加强环保政策的实施,提高公共服务和居民生活质量。如今的名古屋,把重心放在发展高科技产业上,例如航空和汽车工业,以及推动各类新兴产业的发展。同时,名古屋也开始注重城市品质和文化的培养,全面提升城市的整体吸引力。

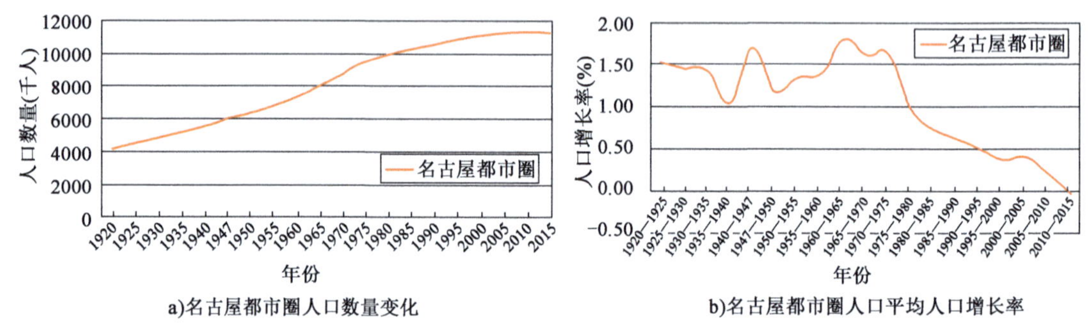


a)名古屋都市圈人口数量变化　　b)名古屋都市圈人口平均人口增长率

图 1-7　名古屋都市圈人口数量及增长率变化情况

(3)大阪都市圈(近畿圈)

大阪都市圈是以大阪为中心发展的大都市圈,它也被称为近畿圈、关西圈或者京阪神大都市圈。大阪一带位于古代防卫京都周边地区（称为“畿内”）的铃鹿关、不破关、爱发关以西(一说位于逢坂关以西),因此得名“关西”。与其他都市圈相比,近畿圈政治、经济和文化在多个城市之间更为分散。根据《近畿圈开发整备法》,近畿圈是指包含福井县、三重县、滋贺县、京都府、大阪府、兵库县、奈良县和歌山县的区域。在本书中,大阪都市圈的范围被定义为京都府、大阪府、兵库县和奈良县(二府二县)。大阪都市圈是全球人口第九大的国际都市圈,总面积为 1 万 $km^2$,占日本全国总面积的 2.6%。人口约为 2000 万人,占日本总人口的约 16%。近畿圈是世界著名的电子、化学、食品、金融和服务业的中心之一,城市化率超过 90%,地区生产总值达 1 万亿美元,占日本全国 GDP 的 40%。

近畿圈整备计划至今也已制订 5 次,1965 年的第 1 次计划期限至 1980 年,对象区域为二府六县。针对产业和人口集中所带来的交通难、住房难,经济发展差距加大,以及城市无序扩张等问题,以防止城市过密化、纠正经济发展不平衡为目标,在产业发展、产业升级、产业间收益平衡、区域经济平衡等方面做出努力。1971 年的第 2 次计划期限至 1985 年,针对产业与人口过密过疏、基础设施整治滞后、环境污染突出等问题,以有计划地利用土地为突破口,逐步改善居住及生活环境,力争在基础设施建设、生态保护、产业结构调整、城市功能完善、交通通信网络建设等方面取得明显进展。1978 年的第 3 次计划期限为

10 年，针对经济增长钝化、国际化与信息化迟缓等问题，以建设西日本经济、教育、文化中心为目标，实现近畿圈在居住、历史、环境、国际化和信息化等方面的全面发展。1988 年的第 4 次计划期限为 15 年，为改变近畿圈相对下降的地位，以向拉动内需转变、开拓新机能、建设具有国际功能的都市圈为目标，促进多极化分散型结构发展、国际经济文化圈的形成，以及多核协作型圈域结构建设。2000 年的第 5 次计划期限为 15 年，为扭转大都市产业活力与中枢功能低下、南北近畿活力较低的局面，以建设世界城市为目标，强化产业经济圈域、情报信息圈域、文化学术中枢圈域的形成，最终实现“多核网格状圈域体系”（表 1-6）。

近畿圈规划历程　　表 1-6

| 规划名称 | 第 1 次基本计划 | 第 2 次基本计划 | 第 3 次基本计划 | 第 4 次基本计划 | 第 5 次基本计划 | 近畿圈整备计划 |
|---|---|---|---|---|---|---|
| 时间 | 1965 年 | 1971 年 7 月 | 1978 年 11 月 | 1988 年 2 月 | 2000 年 3 月 | 2016 年 3 月 |
| 目标年份 | 1965—1980 | 1971—1985 | 1978—1988 | 1988—2002 | 2000—2015 | 2016—2026 |
| 制定背景 | 京阪神地区与其他地区的经济发展差距扩大；京阪神地区城区的无序扩张 | 过度拥挤和人口的加剧减少；社会基础设施建设滞后；第二次国家综合发展规划的确定 | 人口趋势的变化；经济增速放缓；第三次国家综合发展规划的确定 | 转向以内需为核心的经济稳定增长；第四次国家综合发展规划的确定 | 大城市产业活力和中心地位下降；第五次国家综合发展规划的确定 | 应对近畿圈的人口减少、高龄化、交通等问题，提升生活品质和地区竞争力 |
| 对象地区 | 二府六县 | 二府六县 | 二府六县 | 二府六县 | 二府六县 | 二府六县 |
| 规划目标 | 通过人口、资源的合理布局、产业的合理布局，防止城市拥堵，缩小地区差距 | 以规划用地为前提，改善居民生活和人居环境，在最大限度发挥区域特色的同时，实现区域均衡发展 | 改革东京中心功能向一处集中的趋势，将近畿地区发展成为与首都圈同等重要的国内外活动场所，同时成为日本西部经济、教育的中心 | 促进发挥与东京都一样的独特的国家和全球中心功能，并实现创造性和个人自由活动得以发展的社会 | 充分利用近畿地区的历史、学术等优良资源，旨在打造一个安全、舒适、轻松的近畿地区，堪称“世界城市” | 建设“历史与创新相结合的亚洲交流中心”的关西地区 |

2016 年 3 月根据《国土形成规划法》所制订的《近畿圈整备计划》根据新时代近畿圈所面临的问题做出了新的规划。该计划旨在应对近畿圈人口减少和高龄化时代，以及日益激烈的国际竞争，追求能够自主发展的“以知识和文化为自豪的有活力的关西地区”。目标是使得近畿圈成为兼具历史性和创新性的亚洲交流中心，实现产业、文化和生活等的高度协调、均衡和融合，打造一个“世界都市”。最终目的是加强近畿圈与亚洲主要城市的

交流与合作，应对国际城市间的竞争。

大阪都市圈的发展阶段可根据人口状况的变化划分为不同的阶段。一般来说，城市发展阶段可分为四类：城市化、郊区化、反城市化和再城市化（图1-8）。

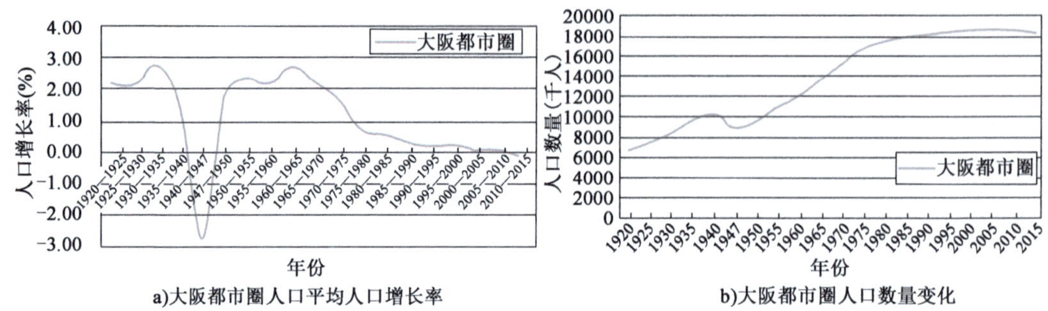


图1-8　大阪都市圈人口数量及增长率变化情况

城市化阶段：20世纪50—60年代，随着经济的快速增长，以大阪市为中心的工业区得到发展，人口迅速增长。在此期间，大量人口从内陆和农村地区涌入，大阪市的人口从1950年的约260万增加到1970年的330万。

郊区化时期：从20世纪70—80年代，环境和住房短缺等城市问题日趋严重，许多人迁往郊区和邻近城市。在此期间，大阪市人口大量外流，市区人口从1970年的约330万下降到1990年的260万。

反城市化时期：20世纪90年代和21世纪00年代，泡沫经济破灭和经济衰退削弱了城市地区的活力，许多人迁移到偏远和自然环境丰富的地区。在这一时期，大阪都市圈的人口增长率整体下降，年轻人和抚养子女的人口外流尤为明显。

再城市化时期：从21世纪初至今，市中心的再开发和交通基础设施的改善增加了市中心的吸引力，许多人开始迁回市中心。在此期间，大阪和堺市等中心城市的人口增长速度加快，形成了一种被称为“回归市中心”的现象。

### 1.1.3　日本都市圈发展概要

都市圈是由一个或多个大城市为中心，与周边的城镇、农村等地区形成紧密的经济、社会和文化联系的区域。都市圈的发展是城市化进程的重要表现，也是国家和地区经济社会发展的重要动力。本书将从以下四个方面阐述日本都市圈不同阶段的发展情况与基本特征：空间布局与城市功能、土地资源与开发、人口分布及结构、经济与产业结构。这些方面体现出了日本都市圈在不同发展阶段的特点和变化。

（1）空间布局与城市功能

根据《首都圈发展法》（1956年第83号法案）、《近畿地区发展法》（1963年第129号法案）和《中部地区发展法》（1966年第102号法案），在三个都市圈指定了政策区，并制订了三个地区计划(首都圈发展计划、近畿地区发展计划和中部地区发展计划),这三个地区计划为每个地区提供了基本的发展方向。

根据《首都圈整备法》(1956 年第 83 号法),日本以自上而下的方式将首都圈设置成多个政策区域(表 1-7),即建成区(市街地)、近郊整备地带、近郊绿地保护区和都市开发区。建成区是指已经形成了高度集中的都市功能和人口的区域;近郊整备地带是规划城区并且限制开发从而保护绿地的区域;近郊绿地保护区是指在郊区中的绿地;都市开发区是指在建成区和近郊绿地保护区之外的新兴城市化地区。

首都圈政策区情况　表 1-7

| 政策区名 | 数量 | 面积($km^2$) | 相关市镇 | 区域特点 |
|---|---|---|---|---|
| 建成区 | 1 | 959 | 东京都特别区、武藏野市、三鹰市、横滨市、川崎市、川口市(23 个特别区、5 个城市) | 防止产业和人口过度集中,维持和增强城市功能的区域 |
| 近郊整备地带 | 1 | 6734 | 八王子市、川越市、千叶市、横须贺市、龙崎市等(111 个城市和 28 个城镇) | 为了防止现有城区附近无序的城市化,有必要将其开发为规划城区并保护绿地 |
| 近郊绿地保护区 | 19 | 159 | 横须贺市、八王子市、上尾市、千叶市等(34 个城市和 5 个镇) | 郊区中的绿地,旨在维护和促进首都区居民身心健康等的地区 |
| 都市开发区 | 19 | 5518 | 熊谷市、土浦市、甲府市、大田市、大田原市等(41 个市、17 个镇、1 个村) | 拟开发地区为工业城市、居住城市等 |

中部圈政策领域是根据中部地区开发维护法指定的。中部地区政策区分为三个区域:城市开发区、都市开发区和保护区(表 1-8)。城市开发区是规划基础设施建设的地区;都市开发区是指在建成区和近郊绿地保护区之外的新兴城市化地区;保护区是指应限制城市化进程以保护自然环境和乡村景观的地区。

中部圈政策区情况　表 1-8

| 政策区名 | 数量 | 面积($km^2$) | 相关市镇 | 区域特点 |
|---|---|---|---|---|
| 城市开发区 | 1 | 2990 | 名古屋市、冈崎市、四日市等(36 个市、16 个镇、1 个村) | 工业发展程度高、经济增长预期高、规划基础设施建设的地区 |
| 都市开发区 | 13 | 11127 | 富山市、金泽市、福井市、长野市、岐阜市、沼津市、津市、彦根市等(72 个城市、33 个镇、2 个村) | 拟发展为工业城市等的地区 |
| 保护区 | 18 | 12443 | 鱼津市、大町市、小野市、热海市、乌羽市、七尾市、敦贺市、瑞浪市、犬山市等(89 个城市、58 个镇、27 个村) | 保护或开发旅游资源的地区 |

根据《近畿圈发展法》(1963 年第 129 号法),近畿圈设置成多个政策区域,即建成区、近郊整备地带、都市开发区、保护区和近郊绿地保护区(表 1-9)。建成区是指人口密度已经较高、城市功能较为完善的地区;近郊整备地带是指围绕现有城市地区系统规划城镇化

的区域;都市开发区是指现有城区和郊区开发区以外,适合开发工业、住房等不同用途的区域;保护区是为了保护自然环境和乡村景观而应限制城市化的地区;近郊绿地保护区是近郊整备地带中的绿地区域。

近畿圈政策区情况　表 1-9

| 政策区名 | 数量 | 面积($km^2$) | 相关市镇 | 区域特点 |
|---|---|---|---|---|
| 建成区 | 1 | 433 | 京都市、大阪市、守口市、东大阪市、堺市、神户市、尼崎市、西宫市、芦屋市(9 市) | 防止产业和人口过度集中,维持和增强城市功能的区域 |
| 近郊整备地带 | 4 | 3820 | 宇治市、岸和田市、伊丹市、奈良市等(62 个市、29 个镇、2 个村) | 为防止现有城市面积无序扩张而开发为城市规划区的地区 |
| 都市开发区 | 6 | 6458 | 福井市、大津市、福知山市、姬路市、和歌山市、伊贺市等(44 个城市、22 个城镇) | 拟开发地区为工业城市、居住城市等 |
| 保护区 | 21 | 5046 | 敦贺市、舞鹤市、四日市市、樱井市、新宫市、大津市、丰冈市等(87 个城市、42 个镇、12 个村) | 保护或开发旅游资源的区域 |
| 近郊绿地保护区 | 6 | 815 | 高槻市、宝冢市、五条市、桥本市等(40 个市、13 个镇、1 个村) | 保护区内的绿地中,旨在维持和促进现有城市地区居民身心健康的区域等 |

(2)土地资源与开发

日本三大都市圈的土地利用政策是根据三个基本法制定的,分别是首都圈整备法、近畿圈整备法和中部圈开发整备法。这些法律的目的是促进三大都市圈的发展和整备,提高其国际竞争力和吸引力,构建多样化和均衡的空间结构,保护和利用自然环境和文化资源,改善居民生活质量等。根据这些法律,三大都市圈内的各个地区被指定为政策区域,并制订了首都圈整备计划、近畿圈整备计划和中部圈开发整备计划(三圈计划),以规划和协调各项政策措施。

根据《东京土地利用》报告,日本的土地利用大概包括以下几类:宅地,室外用地(包括临时建筑用地),公园、运动场地等,未利用用地,道路,农用地,水面、河川、水路,森林,原野等。具体内容如图 1-9 所示。

在 2016 年,东京都的总面积达到了 2122.9$km^2$。其中,宅地占据了最大的比例,面积为 670.4$km^2$,占总面积的 31.6%。这部分主要涵盖了公共用地、商业用地、住宅用地、工业用地和农业用地。接下来,道路用地也占据了相当的比例,为 245.2$km^2$,占总面积的 11.6%。如果将宅地、其他用地、公园、未利用地和道路等归类为建设用地,那么 2016 年东京都的建设用地总面积为 1112.2$km^2$,占总面积的 52.4%,表明东京都的土地开发强度为 52.4%。在这部分建设用地中,住宅和工业用地分别占 37.5% 和 4.9%,具体见表 1-10 和表 1-11。

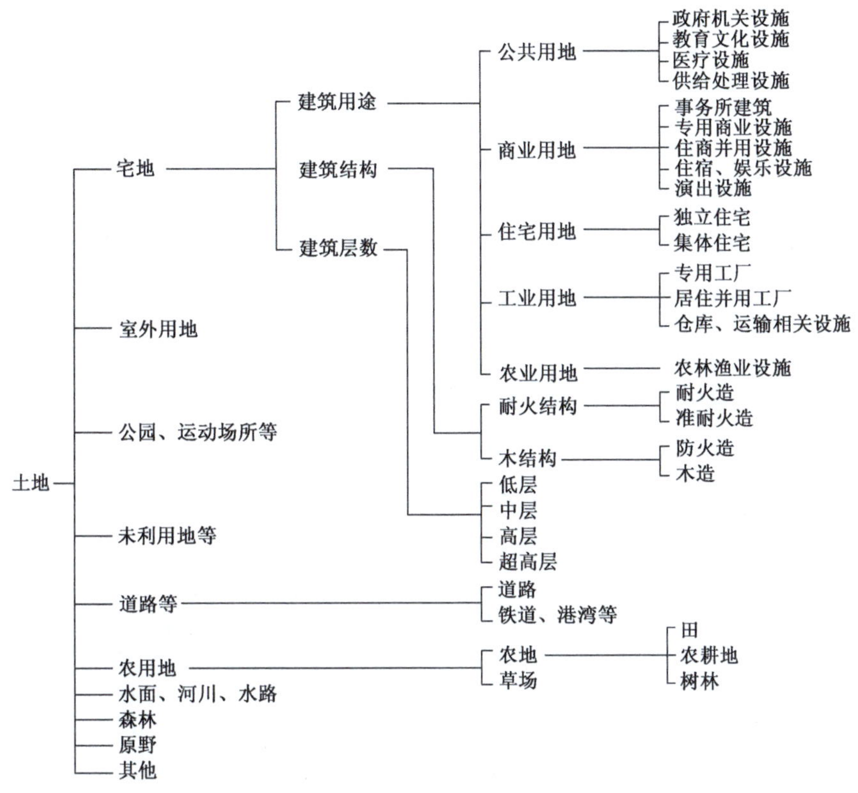


图 1-9 日本土地利用分类情况

东京都土地利用情况(原分类) 表 1-10

| 年份 | 总面积(km²) | 宅地 | | | | | | 其他用地(km²) | 公园运动场等(km²) | 未利用地等(km²) | 道路等(km²) | 农用地(km²) | 水面、河川、水路(km²) | 森林(km²) | 原野(km²) |
|---|---|---|---|---|---|---|---|---|---|---|---|---|---|---|---|
| | | 小计(km²) | 公共用地(km²) | 商业用地(km²) | 住宅用地(km²) | 工业用地(km²) | 农业用地(km²) | | | | | | | | |
| 2011 | 2121.6 | 662.4 | 104.9 | 88.9 | 406.7 | 58.0 | 3.8 | 73.7 | 86.0 | 38.4 | 241.3 | 89.9 | 48.5 | 803.4 | 78.1 |
| 2016 | 2122.9 | 670.4 | 106.7 | 88.5 | 417.1 | 54.4 | 3.6 | 72.1 | 87.4 | 37.2 | 245.2 | 83.2 | 48.5 | 782.3 | 96.7 |

东京都土地利用情况(归并后) 表 1-11

| 年份 | 总计(%) | 建设用地 | | | | | | | | | | 农用地(km²) | 水面、河川、水路(km²) | 森林(km²) | 原野(km²) |
|---|---|---|---|---|---|---|---|---|---|---|---|---|---|---|---|
| | | 小计(km²) | 公共用地(km²) | 商业用地(km²) | 住宅用地(km²) | 工业用地(km²) | 农业用地(km²) | 其他用地(km²) | 公园运动场等(km²) | 未利用地等(km²) | 道路等(km²) | | | | |
| 2011 | 100 | 51.9 | 9.5 | 8.1 | 36.9 | 5.3 | 0.3 | 6.7 | 7.8 | 3.5 | 21.9 | 4.2 | 2.3 | 37.9 | 3.7 |
| 2016 | 100 | 52.4 | 9.6 | 8 | 37.5 | 4.9 | 0.3 | 6.5 | 7.9 | 3.3 | 22 | 3.9 | 2.3 | 36.8 | 4.6 |

在神奈川县,川崎市、横滨市和相模原市是三个重要的政令指定都市,分别占据了县域面积的6.0%、18.1%和13.6%。具体来说,川崎市的面积为143.00km$^2$,横滨市为437.56km$^2$,而相模原市则为328.66km$^2$。川崎市和横滨市的主要特色是宅地,分别占到了各自总面积的58.8%和52.2%,而相模原市则以森林为主,占其总面积的57.3%。

在横滨市和相模原市,建设用地主要以住宅用地为主,而在川崎市,工业用地的比例相对较高。当按照建设用地要求进行归并时,川崎、横滨、相模原三个城市的土地开发强度分别为72.4%、66.4%和21.5%。在建设用地中,横滨和相模原的住宅用地占比超过50%,分别为53.4%和50.7%;川崎市的工业用地占比则为16%。

近年来,这三个城市的工业用地增长较快。与2011年相比,住宅和工业用地都有所增加,且工业用地的增长幅度超过了住宅用地。具体来看,川崎市、横滨市和相模原市的住宅用地分别增长了3.40%、2.12%和2.89%,而工业用地的增长分别为4.92%、11.08%和8.51%,具体见表1-12和表1-13。

神奈川县大都市土地利用情况(原分类) 表1-12

| 城市 | 总面积(km$^2$) | 宅地 | | | | 道路(km$^2$) | 农用地(km$^2$) | 森林(km$^2$) | 水面、河川、水路(km$^2$) | 其他用地(km$^2$) |
|---|---|---|---|---|---|---|---|---|---|---|
| | | 小计(km$^2$) | 住宅地(km$^2$) | 工业用地(km$^2$) | 其他宅地(km$^2$) | | | | | |
| 川崎 | 143.0 | 84.1 | 47.3 | 16.5 | 20.3 | 19.4 | 5.7 | 7.7 | 7.8 | 18.3 |
| 横滨 | 437.6 | 228.6 | 155.0 | 13.3 | 60.3 | 61.8 | 28.2 | 37.4 | 9.1 | 72.6 |
| 相模原 | 328.7 | 51.6 | 35.8 | 3.4 | 12.4 | 19.0 | 15.8 | 188.3 | 18.7 | 35.2 |

神奈川县大都市土地利用情况(归并后) 表1-13

| 城市 | 合计(%) | 建设用地 | | | | 道路(%) | 农用地(%) | 森林(%) | 水面、河川、水路(%) | 其他用地(%) |
|---|---|---|---|---|---|---|---|---|---|---|
| | | 小计(%) | 住宅地(%) | 工业用地(%) | 其他宅地(%) | | | | | |
| 川崎 | 100 | 72.4 | 45.7 | 16 | 19.6 | 18.7 | 4 | 5.4 | 5.4 | 12.8 |
| 横滨 | 100 | 66.4 | 53.4 | 4.6 | 20.8 | 21.3 | 6.4 | 8.5 | 2.1 | 16.6 |
| 相模原 | 100 | 21.5 | 50.7 | 4.9 | 17.5 | 26.9 | 4.8 | 57.3 | 5.7 | 10.7 |

(3)人口分布及结构

日本都市圈人口变化与众多因素密切相关。随着日本工业化和现代化的推进,大量就业机会和经济活动集中于都市圈,吸引了大量农村人口涌入城市。此外,都市圈内的企业和产业集群效应进一步吸引了人口和资本。日本的交通基础设施,如高速公路、铁路和地铁等,便利了人们在都市圈及其周边地区之间的通勤,促进了人口在都市圈内的流动和分布。同时,日本政府的土地利用规划、住房政策和税收政策等影响了人们在都市圈内的居住选择和人口分布。都市圈拥有丰富的教育和医疗资源,吸引了大量家庭和个人。高等院校、研究机构和医疗设施的集中使都市圈成为人才和知识的聚集地。此外,都市圈通常具有较高的生活品质和丰富的文化氛围，购物中心、餐饮、娱乐设施和公共服务等为居民提供了便利的生活条件。日本的人口老龄化也对都市圈人口变化产生了影响。随着老年人口比例上升，养老、医疗和社会福利等方面的需求增加，这可能促使部分老年人从农村地区迁移到都市圈，以获得更好的生活和服务条件(图1-10)。

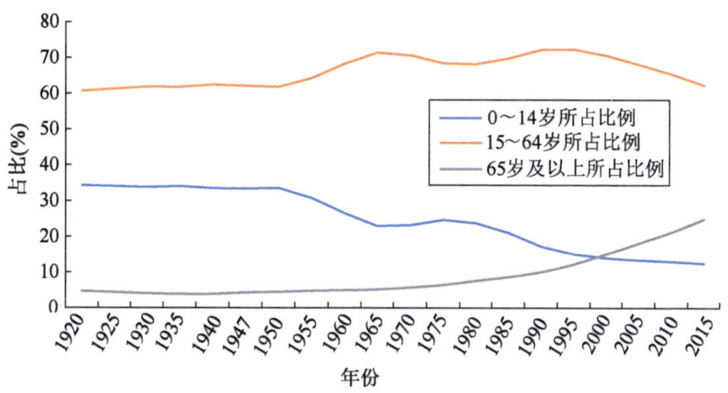


图1-10　日本都市圈年龄结构变化情况

第二次世界大战(1939—1945年)：战争期间，日本遭受严重的人口损失，特别是在15～64岁的劳动年龄人口中。战后，日本经历了一段高速的经济增长，被称为“日本经济奇迹”。这一时期，生育率上升，导致0～14岁人口比例在1947年达到顶峰。

经济高速增长时期(1950—1970年)：在这个时期，日本的经济实现了快速增长，人们的生活水平得到显著提高。这一时期，劳动年龄人口比例逐渐上升，而少儿人口比例开始下降。

人口老龄化(1970年至今)：随着生育率的持续下降和人均寿命的延长，日本逐渐进入老龄化社会。从20世纪70年代开始，65岁及以上人口比例持续上升，劳动年龄人口比例在1995年达到顶峰后逐渐下降。

1989—2019年：在这个时期，日本经济增长放缓，失业率上升，年轻人面临更多的就业压力。这可能导致生育率进一步下降，加剧了人口老龄化的趋势。

21世纪初至今：日本政府采取了一系列政策措施，试图应对人口老龄化和劳动力短缺问题，如提高女性劳动力参与率、推动长者继续工作、引入外国劳动力等。

三大都市圈人口数量变化情况如图1-11所示。东京都市圈的人口持续增长，从1920年的7678千人增加到2015年的36131千人。东京作为日本的首都和政治、经济、文化中心，吸引了大量人口迁入。随着日本经济的发展，尤其是第二次世界大战后的经济高速增长时期，东京都市圈的人口增长迅速。此外，东京都市圈的交通、教育和医疗等基础设施完善，为居民提供了高品质的生活环境。东京都市圈的国际化程度也较高，吸引了大量外国人才和企业。在21世纪初的全球化浪潮中，东京都市圈继续保持其作为全球重要城市的地位。

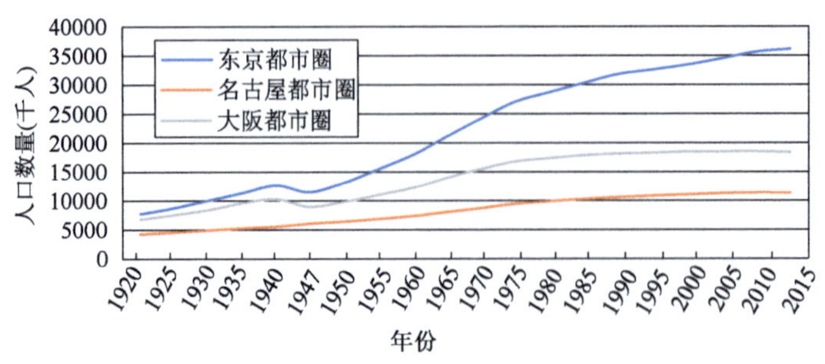


图 1-11　三大都市圈人口数量变化情况

名古屋都市圈的人口也呈现出持续增长的趋势，从 1920 年的 4229 千人增加到 2015 年的 11331 千人。名古屋作为日本的重要工业城市，拥有丰富的就业机会，特别是在汽车和航空等制造业领域。名古屋都市圈的经济发展和产业集群效应吸引了大量人口。同时，名古屋都市圈的基础设施建设和生活品质也对人口增长产生了积极影响。名古屋都市圈在第二次世界大战后经济增长时期，受益于其地理位置和交通优势，成为日本中部地区的经济引擎。此外，名古屋都市圈在科技创新和研发方面具有一定的竞争力，为其未来发展提供了支持。

大阪都市圈的人口增长相对较为缓慢，从 1920 年的 6742 千人增加到 2015 年的 18348 千人。大阪作为日本的第二大城市，拥有发达的商业和金融业，吸引了大量人口。然而，与东京和名古屋相比，大阪都市圈的人口增长速度较慢，这可能与大阪在经济发展和产业结构上的差异有关。尽管如此，大阪都市圈依然具有良好的基础设施和生活品质，对人口具有一定的吸引力。大阪都市圈在第二次世界大战后经济增长时期，作为日本西部地区的商业和金融中心发挥了重要作用。近年来，大阪都市圈在旅游业和会展业方面取得了一定的成绩，为其经济发展注入了新的活力。

(4)经济与产业结构

东京都市圈是日本最大的都市圈，拥有全球最大的地区生产总值。东京都市圈主要发展金融、商业和服务业，吸引了众多国内外企业和机构的总部和分支机构。此外，知识创造产业如信息、通信和媒体，以及公共功能如政治、外交和文化等也得到充实发展。然而，制造业已逐渐从都市中心转移到郊区和地方，其占比有所降低(图 1-12)。

大阪都市圈是日本第二大的都市圈，拥有全球第 7 位的地区生产总值。大阪都市圈主要发展以大阪市为中心的商业和服务业，以及以神户市为中心的港口、物流和制造业。京都市和奈良市等地拥有丰富的历史和文化资源，旅游业也非常活跃。大阪都市圈还致力于发展先进技术产业(如汽车、电子等)，以及新兴产业(如生物技术)，其已经成为创新的重要基地(图 1-13)。

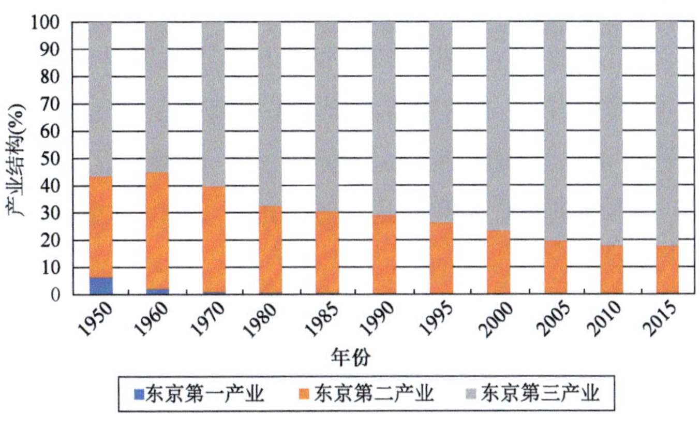


图 1-12　东京产业结构变化情况

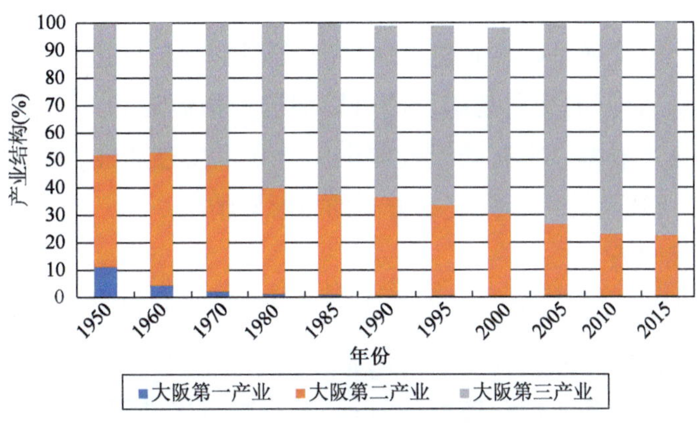


图 1-13　大阪产业结构变化情况

名古屋都市圈是日本第三大的都市圈,拥有全球第 22 位的地区生产总值。名古屋都市圈主要发展以名古屋市为中心的制造业,特别是以丰田汽车为代表的汽车产业集聚于此。此外,航天产业如航空器和火箭,以及工业机械如机器人等产业也非常繁荣。与此同时,商业、服务业和旅游业也在不断多元化,形成了经济活动的平衡(图 1-14)。

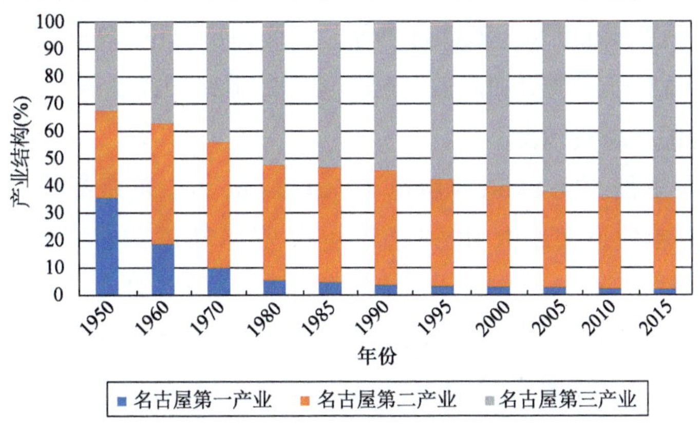


图 1-14　名古屋产业结构变化情况

日本产业的一大特征是资源从海外进口而来。日本的主要工业中心,如横滨、大阪和名古屋,都位于靠近港口的地区。这些港口不仅是日本进口原材料的关键节点,也是其制成品出口的主要通道。海运在日本的物流和贸易中占有举足轻重的地位,据统计,进出日本都市圈的货物中约有40% 是通过船舶运输的。这一数据凸显了海运对日本经济的重要性,也解释了为何日本在港口设施和航运服务上进行了如此大量的投资。

## 1.2 都市圈的交通基础设施建设

### 1.2.1 交通基础设施的投融资

随着城市的发展,交通基础设施建设成为确保交通顺畅、促进经济增长和提高居民生活质量的重要举措。良好的交通基础设施可以促进货物流通和人员流动,降低运输成本和时间成本,提高生产效率。它有助于改善供应链和市场连通性,促进贸易和投资,推动区域经济一体化。下面将介绍不同交通方式的投融资情况。

(1)道路的投资情况

从图 1-15 中可以看出,日本都市圈道路(包含街道)的建设经历了 20 世纪 90 年代的高峰期,从 21 世纪开始,道路基础建设费用整体呈现下降态势。这是由于日本经历了从农业社会向工业社会、服务业社会转型的过程,随着城市化进程的逐渐减缓,新建道路的需求也相应降低。同时日本政府面临着财政预算的压力,需要在有限的预算内平衡各项支出。在这种情况下,政府需要精打细算,选择更具效益的投资领域。另外,在当今社会,环境保护和可持续发展成为全球的共识。日本政府也在积极推动可持续交通的发展,例如通过发展公共交通、促进自行车通勤等方式来减少道路交通对环境的影响。综合以上因素,日本都市圈道路建设费用整体呈现下降态势。但是,在特定的情况下,还是会有新的道路建设需求,例如城市扩张、交通拥堵等。在这种情况下,政府和企业需要根据具体情况进行投资和规划,以实现更加高效、安全、便捷的道路交通系统。

(2)轨道交通的投融资情况

日本地铁营业里程 524.8km,有轨电车 264.1km,其中东京都市圈人口 3700 万,地铁里程 271km。日本轨道交通由 JR 铁路和公营、私营轨道交通组成。其中,JR 公司是原国铁(日本国有铁道公司)分割民营化以后重新组建的铁路公司。东京地铁的建设资金主要由政府补偿金和企业自筹资金组成,其中,政府补偿金一般占项目建设总预算的 50%,由于轨道交通建设需要大量的投资,日本政府对其提供了多种分类的补助措施,具体包括:

①政府补助。东京政府对地铁的建设补偿金是以法律形式确定的，由于地铁的公益性特征，政府承诺无论是公营还是私营企业投资修建地铁，补偿金都由政府无偿拨付。为此，日本制定了铁道建设补助费用的交付规则及相关程序，以铁道建设费的一定比例为额度，在建设当年一次性补贴。

②发行债券。在东京地铁建设中，共发行了多次东京交通债券。建设债券是为了筹集公营地铁建设费用，以及城市之间连接轨道交通建设费用而发行的企业债券。滚动债券是过去债券的新发行，目的是应对过去债券到期而面临的还本付息压力，从而发行的地区债券。

③利用者负担。为了缓解大城市交通压力，大力发展轨道交通等公共设施建设，日本于1985年开始实行制度化的建设资金积累制度。该条款约定可以把地铁的一部分建设费用加入地铁票价中，目的是通过这种途径来缓解地铁建设的巨大资金需求，减轻政府财政支出压力。

④受益者负担。日本城市轨道交通建设的综合开发工作给沿线土地利用者带来了巨额的回报，为了减轻地铁建设资金压力，日本政府设立了受益者负担制度，目的是多元化地铁建设资金来源，推动地铁建设项目。

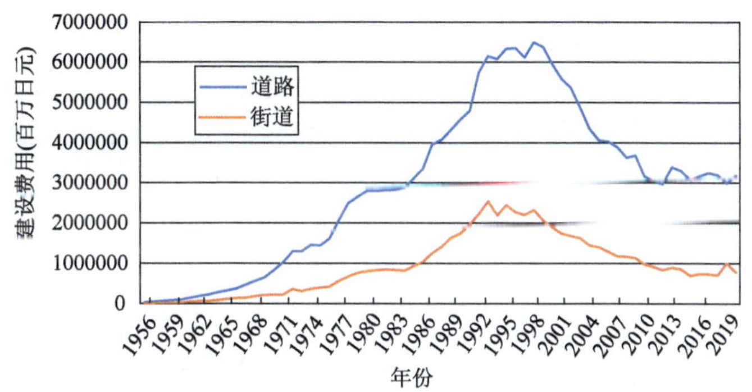


图1-15　大阪都市圈人口数量及增长率变化情况

数据来源：国土交通省《道路统计年报》《道路事业概要》。

## 1.2.2　交通基础设施的建设

(1)都市圈轨道交通的建设历程

东京都市圈轨道交通系统已经成为世界上最为发达和繁忙的城市轨道交通系统之一，极大地方便了居民和游客的出行。日本东京都市圈轨道交通的建设历程可以概括如下：1882—1910年，最早的有轨电车系统开始在东京都市圈内运营，满足了城市内部的交通需求。1927年东京地铁银座线开始运营，成为东京都市圈的第一条地铁线路。1930—1940年，地铁系统得到进一步扩展，但由于战争的影响，建设进程受到了一定的限制。第二次世界大战结束后，东京都市圈轨道交通的重建和发展工作开始启动。1960—1970 年，地铁网络快速扩张，东京都开始参与地铁系统的建设。东京都市圈的地铁线路逐渐增多，形成了较为完善的地铁网。到了 1985 年，东北新干线延伸至上野站，实现了东京市区与南北两方向各大城市的高速铁路连接。1990 年至今，东京都市圈轨道交通系统不断发展和完善，新的地铁线路、私营铁路线路以及高速铁路线路相继开通，形成了庞大而复杂的轨道交通网络。具体来说，可以用表 1-14 来对东京都市圈的轨道交通建设历程进行描述。

东京都市圈的轨道交通建设历程　　表 1-14

| 年份 | 线路图 | 建设历程 |
| --- | --- | --- |
| 1961—1965 年 |   | 除了营团日比谷线和都营浅草线等地下铁线路的建设，还开始实行与民营铁路线路的相互直通运营。此外，东京单轨列车开通以及国铁根岸线的延伸也正在进行中 |
| 1966—1970 年 |   | 在都心地区，地铁网络的建设不断推进，例如营团东西线和都营三田线。同时，东西线—国铁中央本线—总武线之间也开始实行相互直通运营。此外，在郊外地区进行了新的路线建设和延伸，例如东急田园都市线、西武拜岛线、京王高尾线等 |
| 1971—1975 年 |   | 郊外地区建设了国铁武藏野线作为环状系统线路。此外，为了方便前往多摩新城，建设了小田急多摩线和京王相模原线作为进入东京市中心的铁路。而在城市中心，营团有乐町线开通，都营三田线的延伸等地下铁路建设也在进行中 |
| 1976—1980 年 |   | 随着千代田线与小田急线、半藏门线与东急新玉川线、都营新宿线与京王线等线路的新建和延伸，地下铁路与民营铁路之间的相互直通运营不断实行 |

续上表

| 年份 | 线路图 | 建设历程 |
| --- | --- | --- |
| 1981—1985 年 |  | 营团有乐町线、营团半藏门线、东急田园都市线等既有线路进行了延伸。同时,随着东北新干线延伸至上野站,国铁埼京线(从大宫到赤羽)也得到了完善。此外,在郊外地区,埼玉新交通伊奈线和山万尤卡利之丘线也已投入运营 |
| 1986—1990 年 | 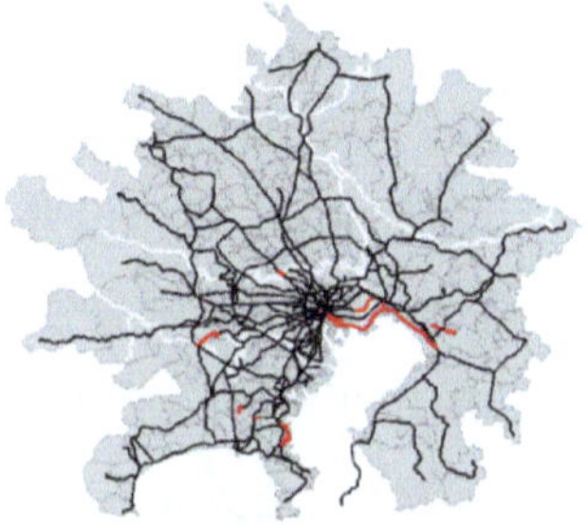 | 随着营团有乐町线延伸,东武东上线与其实现了相互直通运营。同时,JR 京叶线也在此时全线通车。此外,在郊区,千叶都市单轨 2 号线和横滨新都市交通金泽海滨线也已开始运营 |
| 1990—1995 年 |  | 通过成田机场快速铁路的建设,铁路可直达成田机场航站楼,使得前往成田机场的铁路交通得到了改善。此外,为适应羽田机场的海上拓展,京急机场线和东京单轨也进行了延伸。另外,在市中心地区,营团南北线、都营大江户线以及横滨新都市交通的东京临海新交通临海线也已经投入运营 |
| 1996—2000 年 |  | 通过都营大江户线(环状部)和营团南北线的建设,使得市中心地区的地铁网络更加完善。营团南北线和都营三田线与东急目黑线也开始了相互直通运营。此外,在郊外地区,东叶高速线的开通使得东西线也开始了相互直通运营,多摩都市单轨线也开始了运营 |
| 2001—2005 年 |  | 作为通往大规模开发区域的交通要道,已经建设了临海副都心线和港未来线。这使得 JR 埼京线与临海副都心线,以及东急东横线与港未来线之间实现了相互直通运营。另外,通过埼玉高速铁路和筑波快线的建设,埼玉县的东南部和茨城县方向到达市中心地区的便捷性得到了提升 |

表中图片来源:国土交通省《平成 19 年大都市交通普查》。

(2)日本铁路改革历程

①官设官营,铁路国有化(1872—1906 年)

在 19 世纪中叶的明治维新初期,尽管新政府面临着财政困境,但仍将铁路建设置于首要位置。最初,明治政府实行了“官办官营”的原则,然而,由于铁路建设需要巨额资金和长期时间,国家财政无法承担,导致建设进展缓慢,仅完成了 161.55km 的铁路建设。1881 年,民间资本获准参与铁路建设,首家私营铁路公司——日本铁路公司成立,标志着铁路建设进入到官民合作的阶段。民间资本的介入加速了铁路建设的步伐,截至 1905 年,日本铁路总里程已达 8520km,其中国有铁路仅占 30%。

②政府直接管理下的铁路(1906—1949 年)

自从日本对铁路进行国有化以来,铁路管理进入了一个全新的阶段。1908 年 12 月,铁道院正式成立,标志着铁路管理的新篇章。此后,新铁路线的建设蓬勃发展,直至 1913 年,日本铁路网络初具规模。随着第一次世界大战的结束,日本国家铁路进入了一段调整与充实的时期。政府根据修改后的《铁路敷设法》,提出了 149 条线路,总长度达 10221km 的新建方案。这一举措推动了国家铁路网络的迅速发展,尤其是在 1921 年之后的 10 年间,日本国家铁路的运营里程增加了 4156km。在铁路国有化至 1919 年期间,客货运量增加了约 3.5 倍,而铁路的里程仅增加了 40%。因此,日本政府于 1920 年明确了铁路电气化的发展方向,并开始对现有线路进行改造。特别是在第二次世界大战后,国家铁路投入了大量资金用于战后基础设施的修复和更新工作。

③公共企业体“国铁”的时代(1949—1987 年)

国铁 1949 年颁布《日本国有铁道法》后成为国有企业,与运输省分离。国铁采取了全国统一的经营管理体制,但这种体制过于僵化,导致经营自主权受到限制,重大决策需受国会制约。1948 年开始制订的《国铁 5 年复兴计划》旨在通过长期投资进行设备扩张,其中包括 1957—1961 年和 1961—1965 年两次五年计划。这期间,国铁投资巨额资金用于旧线改造、新线建设以及购置新车等。然而,由于投资巨大且效果不佳,两次计划均未达预期,导致国铁出现运营亏损。尽管政府试图通过扩大国铁建设规模解决重化工业生产过剩问题,但由于财政赤字迅速增长,计划最终失败。到 1987 年,国铁累计债务已达 37.5 万亿日元,无力还本付息,迫切需要改革。1986 年通过的《日本国有铁路改革法案》标志着国铁迎来新的时代。

④分割民营化后的 JR 集团(1987 年至今)

1987 年 4 月 1 日,日本国铁(JNR)实行了 JR 体制,将铁路事业分割为 7 家 JR 公司,同时设立了新干线保有机构、铁路通信、铁路情报系统和铁路综合技术研究所等机构。这 7 家 JR 公司包括 1 家全国性货运公司和 6 家区域性客运公司,分别是 JR 东日本、JR 西日本、JR 东海、JR 九州、JR 四国和 JR 北海道。这些新公司最初由国家全额出资,但随后要求尽早出售股份，向民营化公司转型。新的铁路经营公司拥有经营自主权和明确的经营责任，不再受国家限制经营范围，运费和票价只需经过运输大臣的认可。在 JR 体制下，铁路行业获得了更大的自主经营权，可以开展与地方密切相关、充满活力的经营事业。由于全国的路网基本形成，铁路建设进度相对缓慢。

(3) 日本新干线建设历程

JR 既有线是普速铁路网络，负责城际、地方和郊区的铁路运输；而新干线是高速铁路网络，采用先进的技术标准，连接各大城市，提供高速、高效的交通服务。两者在技术水平、运营范围和运行速度方面存在差异。从图 1-16 可以看出，JR 铁路和新干线在历年建设里程上也有很大差异。1956 年，日本国铁开始调查研究连接东京与大阪的东海道新干线的可行性。东海道新干线于 1958 年获批，1959 年开工，1964 年正式开通运营。这条线路成为世界上第一条商业运营的高速铁路。之后，日本陆续建设了其他新干线路段，包括山阳新干线、东北新干线等，不断完善新干线网络。到了 21 世纪，随着技术的发展，政府将重点放在性能提升上，包括新干线列车时速、舒适度、节能环保等方面，但是建设里程总体还是在稳步上升。新型的新干线列车不断投入使用，为乘客提供更为高效便捷的出行体验。与此形成对比的是，JR 既有线的建设里程逐年下降并最终趋于稳定，这可能是日本 JR 既有线的大部分线路已经相对完善，满足了大部分铁路交通需求。此外，由于城市化程度高，城市内部交通压力大，政府和企业更多地向城市轨道交通等公共交通领域倾斜，以缓解城市内部的交通拥堵。

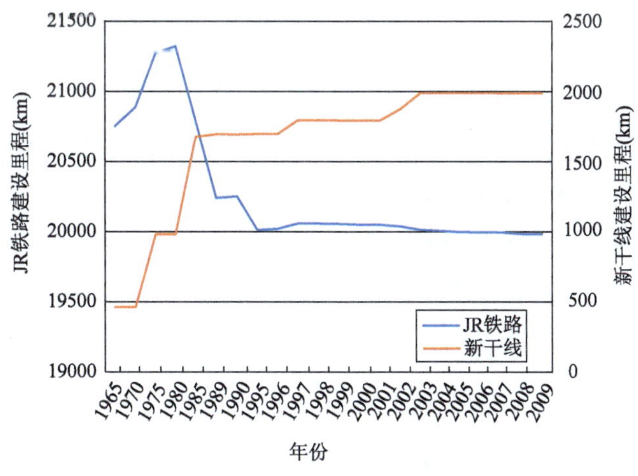


图 1-16　JR 铁路与新干线建设里程

数据来源：日本铁道局《铁道要览》《铁道统计年报》《数字铁道》。

(4) 道路交通(收费道路)的建立历程

日本拥有许多收费道路，这些收费道路是日本交通网络的重要组成部分，为车辆提供快速、高效的交通服务。日本的收费道路系统由日本国土交通省管理，包括高速公路和一些城市的城市快速路(都市快速道路)等。这些道路通常采取电子收费系统,车辆在进入道路时会被扫描车牌或使用ETC(电子不停车收费)设备,根据行驶距离和车型收取相应的费用。日本收费道路新增里程如图1-17所示。

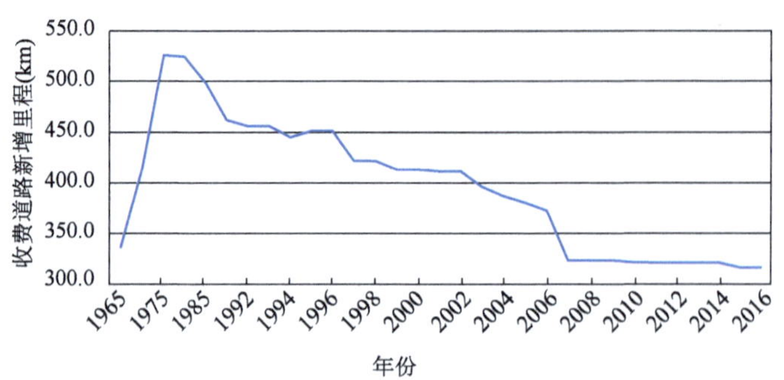


图1-17 收费道路新增里程

数据来源:汽车局总务科企划室、道路局高速公路科。

日本收费道路的发展历程可以概括为以下几个阶段。

初期阶段(20世纪50—60年代):日本收费道路的建设始于20世纪50年代。在这个时期,日本政府推动了一系列基础设施建设计划,其中包括收费道路的兴建。首条收费道路是于1953年开通的参宫收费道路,连接三重县松阪市与伊势市。在接下来的几年里,随着经济的快速发展和交通需求的增加,日本陆续开通了多条收费道路。

持续扩展阶段(20世纪70—80年代):从1970年到20世纪70—80年代,日本进一步扩展了收费道路网络。政府继续投资兴建新的收费道路,并对现有道路进行扩容和改善,以满足日益增长的交通需求。这个阶段,一些重要的收费道路如中央高速道路、关越自动车道等相继建成,此时高速道路进入飞速发展阶段,新增里程增速达到顶峰。

高度发展阶段(20世纪90年代—21世纪初):进入20世纪90年代,日本的收费道路网络进一步扩大和完善,但是增速明显下降,政府将重点从建设转移到了升级改造已有道路网络上,例如为了提高收费的效率和便利性,日本引入了智能收费系统和电子收费技术。

现代化阶段(2010年至今):在当前的现代化阶段,日本的收费道路不断进行升级和改进。政府致力于推动交通系统的现代化,包括提高道路的安全性、环保性和可持续性。同时,随着科技的发展,日本也在积极探索更智能、更绿色的收费道路建设和运营方式。

### 1.2.3 城市更新与交通基础设施

日本的城市规划以公共交通为中心,实施综合开发模式,其中公共交通的规划建设对城市空间的合理布局和土地开发利用起着重要的指导作用[TOD(Transit-Oriented development)模式]。日本的TOD模式具有独特特点,即同一主体负责轨道建设和城市开发,在轨道开发中融入城市开发效益,实现了公共交通与用地的紧密结合,促进了土地的高效利用、功能的合理配置、交通的便捷舒适以及各种交通方式之间的无缝衔接，市场驱动下实现交通一体化。东京的成功建立在公共交通系统的基础上，而公共交通的成功又依赖于东京的繁荣。

实现交通与土地使用一体化的保证和前提是前瞻性的规划和政策引导。东京在轨道交通建设之初就注重服务用地，并深度结合土地使用，实现了轨道交通系统与土地使用的完美结合。在东京，乘客可以毫不费力地乘坐公共交通到达城区内任何目的地，其地铁出入口设置在办公大楼、商业中心、大型公共设施内。例如，新宿站综合交通枢纽在约 2km 范围内拥有 100 多个地铁出入口，轨道交通的末端交通 88% 为步行，90% 以上的居民和上班族分布在轨道交通和地面公交系统车站 400m 服务范围内，这是实现门到门快捷高效出行的关键。

东京的地铁线网覆盖范围非常广泛，由东南海滨的城市中心向北、向西扇形发展，呈放射状布局，与市郊铁路衔接联运。目前，“东京地下铁”与“东京都交通局”两家主体共同运营 13 条地铁线路，拥有 285 个车站，线路总长达 312.6km，日平均客流量达 1100 万人次，是全球客流量最大的地铁系统之一，每平方公里地铁站的数量为 1.66 个。居民可以步行至最近的地铁站，平均只需要 9min 即可到达。这种密集的地铁线网形成了一个高密度、高覆盖率的轨道交通网络，覆盖东京的每个角落，是东京公共交通的主力军，也是在东京工作和生活的人们主要的出行工具。

日本已经建立了一系列集交通与商业于一体的交通枢纽。这些公共交通换乘枢纽通过合理的用地规划和交通组织，将轨道交通、公共汽车、出租汽车、自行车停车和商店布局合理整合，提高了交通的运营效率，减少了乘客的换乘时间，同时也促进了周边物业的发展。这些枢纽不仅解决了换乘效率低下的问题，还形成了独特的 TOD 交通枢纽商业区，充分发挥了城市交通枢纽的综合功能，成为城市各区域的主要公共活动中心。在东京市的 32 个大型综合交通枢纽站中，著名的有位于山手环线上的新宿、涩谷、池袋、东京和上野五个大型综合交通枢纽站。

## 1.3　都市圈的交通需求特征演变

### 1.3.1　人口结构及特征

(1) 日本总人口变化情况

总体来看，日本总人口在 2011 年前保持增长态势，但增速逐渐变缓(图 1-18)。2011 年开始总人口持续进入负增长状态，且从自然增长率的变化趋势上看，2011 年后日本总人口下降速度不断加快(图 1-19)，日本面临的人口问题日趋严重，首先带来的就是日本人口的老龄化。从不同年龄段的人口比例变化图来看(图 1-20)，65 岁以上的人口比例不断上升，伴随着0～14岁的人口比例的逐年下降；从日本劳动力数量与劳动力率变化图可以看出（图1-21），日本的劳动力人口从1995年后逐年下降。劳动力率更是从1920至今始终保持下降趋势，并且在1995年后下降速度加快。这说明严重的人口老龄化问题使得社会福利负担加重，更加剧了劳动力短缺，这对日本经济的长期发展产生了不利影响。同时随着老年人口的增加，日本的传统家庭结构开始发生变化，越来越多的老人需要依赖社会福利机构而非家庭来解决生活问题，这可能会对日本传统的家庭道德和社会关系产生影响。

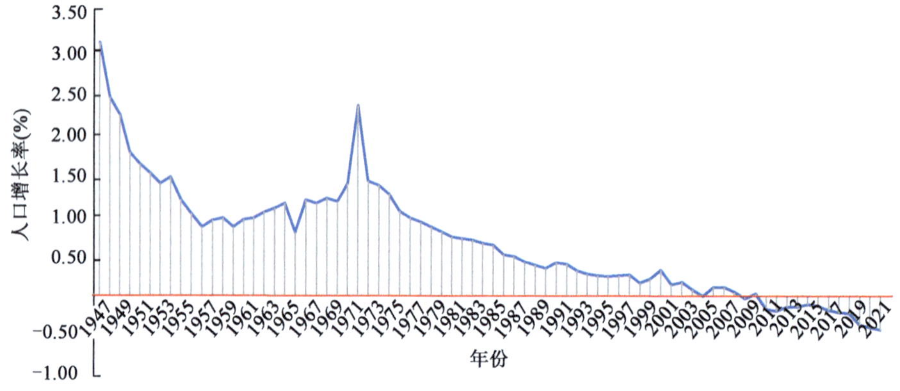


图1-18　日本总人口增长率变化

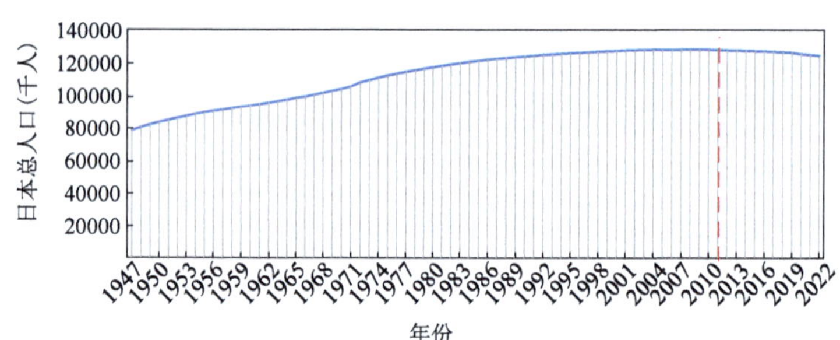


图1-19　日本总人口变化

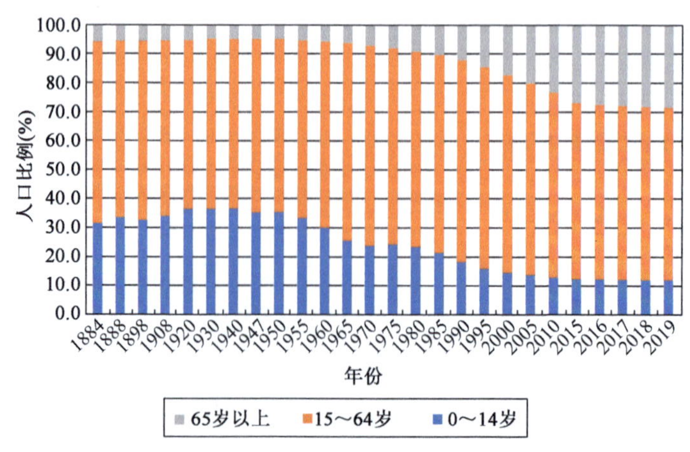


图1-20　日本不同年龄段人口比例变化

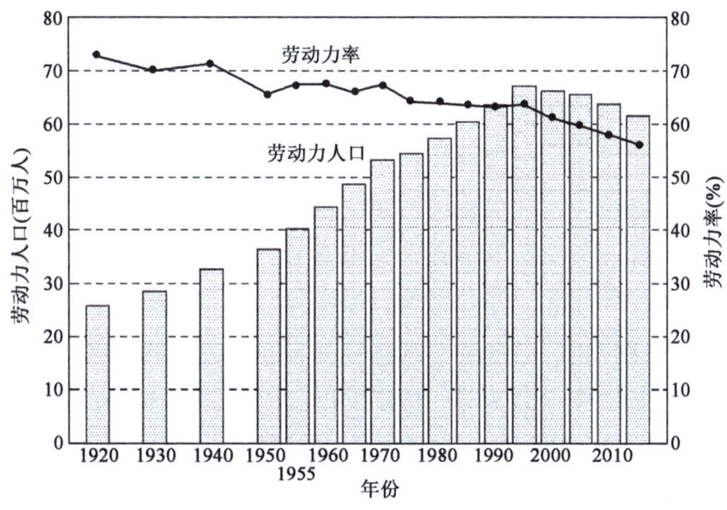


图 1-21　日本劳动力人口变化

(2)日本三大都市圈总人口变化情况

相比于日本总人口在2011年进入负增长的状态,三大都市圈1960—2015年呈现总体增长且增速渐缓的态势,并没有出现人口减少情况。截至2015年,三大都市圈人口数量已经占据日本总人口的46.3%。1960年三大都市圈总人口为3150.3万人,占日本全国总人口的33.4%,而1970年三大都市圈总人口达到了4236.7万人,较1960年增长了34.5%,此阶段人口增速最快,接着20世纪70年代与80年代都市圈总人口也出现较快增长。20世纪90年代以来,日本经济出现低迷,三大都市圈总人口的增长模式从快速增长过渡到缓慢增长,增长态势趋于平稳,截至2015年,三大都市圈总人口占比较1990年仅增长了9.3个百分点(图1-22)。

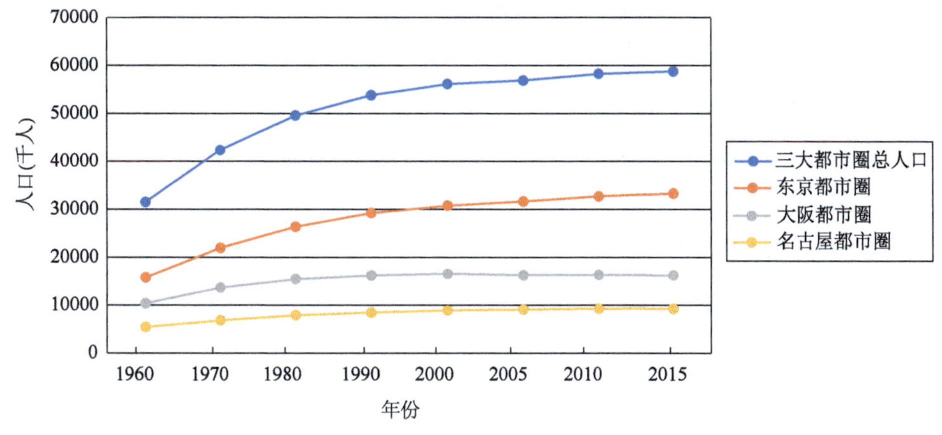


图 1-22　三大都市圈人口变化

(3)都市圈人口净流入变化情况

从图1-23中可以看出,从1955年到2020年,日本人口向三大都市圈集中的趋势基本持续,只有在20世纪70年代和90年代有短暂的人口从都市圈净流出现象出现。20世纪70年代前,东京都市圈、名古屋都市圈、大阪都市圈三大都市圈人口均呈现大规模净流入特征。之后,人口流入趋势逐渐“分化”。大阪都市圈人口长期处于净流出状态,名古屋都市圈人口基本稳定,迁入与迁出保持相对平衡,东京都市圈则依旧保持人口净流入态势。可以看出,三大都市圈净流入人口经历了三次高峰:日本第二次世界大战后重工业发展带来了20世纪60年代第一次都市圈净流入人口高峰,之后城市化进程又受到尼克松冲击与第一次石油危机的双重打击,而第二次都市圈净流入人口高峰出现在1985年前后日本泡沫经济顶峰时期,随着1990年泡沫经济崩溃,日本进入“低欲望世界”,都市圈人口向农村迁移现象加剧,20世纪90年代末期,针对核心城市出现“空心化”现象,日本政府提出都市再生战略,都市圈人口净流入在2008年左右达到第三次高峰,此后日本都市圈高度聚集城市化特征日益明显。

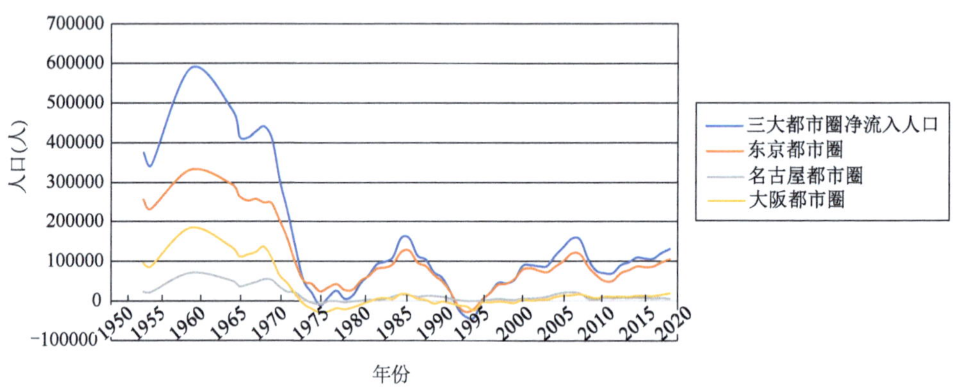


图1-23 三大都市圈人口净流入变化

(4)都市圈与非都市圈人口流动情况

从图1-24中可以看出,20世纪60年代中期之前,非大都市圈向大都市圈人口流动占据主体,大都市圈内部人口流动次之;之后,情况发生变化,大都市圈内部人口流动占据主体,从非大都市圈向大都市圈的人口流动开始放缓。截至2019年,大都市圈内部人口流动占比39%,非大都市圈向大都市圈流动占比23%,大都市圈向非大都市圈流动占比18%,非大都市圈内部流动占比20%。总体来看,非大都市圈向大都市圈人口流动先强后弱,而大都市圈间及大都市圈内部流动成为中后期人口流动主体形态。

## 1.3.2 居民出行特征

(1)都市圈不同交通方式分担率

不考虑出行目的,按照出行时间为工作日/休息日进行划分可以看出,三大都市圈在所有时段最常使用的交通工具都是汽车,同时汽车作为高灵活度的交通方式在休息日的使用比例远高于其他交通方式，但在工作日通勤的背景下，汽车的优势在铁路或是步行面前始终不甚明显（图1-25、图1-26）。可以看出，汽车作为一种个人交通工具，具有高度的便利性和灵活性，可以根据个人需求和行程安排来选择路线和出行时间。尤其在休息日，人们可能需要进行更多的个人活动和旅行，而汽车可以提供更大的自由度和灵活性。在工作日，由于大量人口涌入城市中心，造成了交通拥堵和通勤压力。相比之下，铁路系统通常可以提供更高效、快速和可靠的通勤，特别是在交通高峰期。步行则可能适用于较短的通勤距离或城市中心的繁忙区域，因为步行不受交通拥堵的影响。

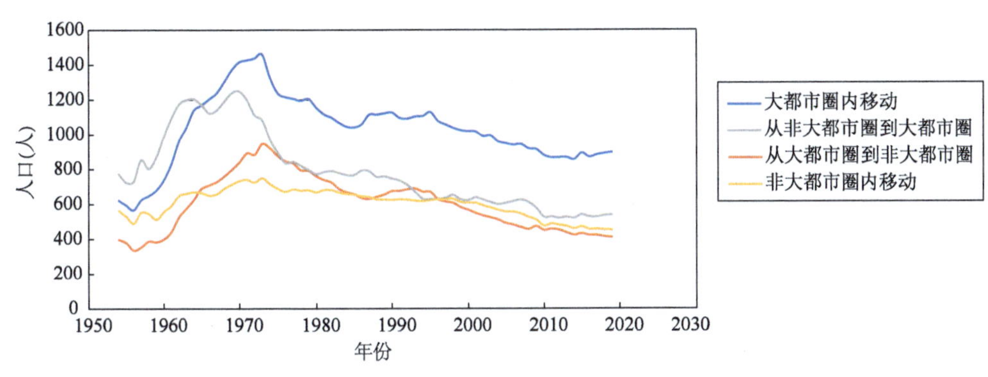


图1-24　都市圈人口流动情况变化

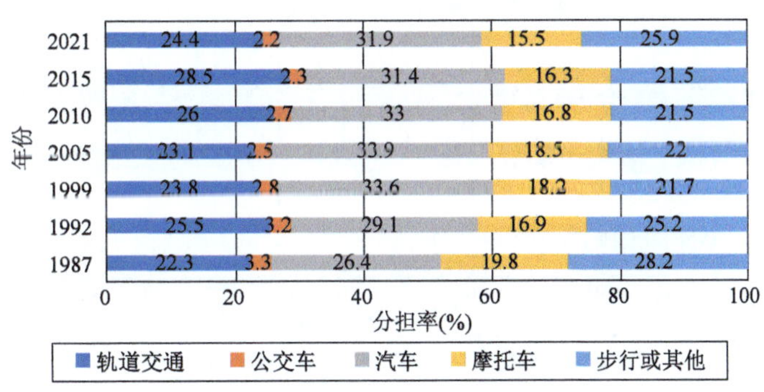


图1-25　都市圈工作日交通方式分担率

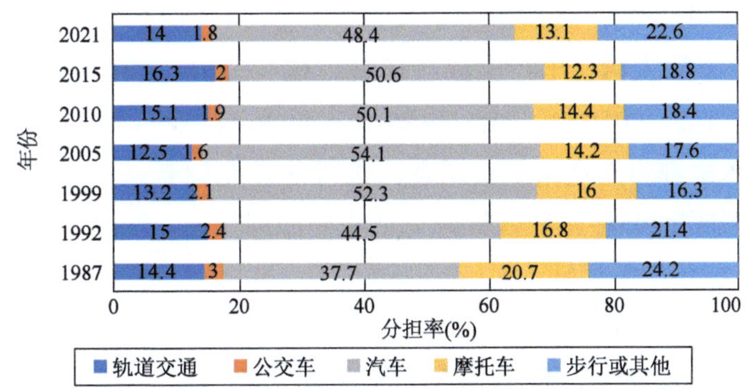


图1-26　都市圈休息日交通方式分担率

(2)东京都市圈不同出行目的下交通方式分担率

考虑东京都市圈通勤和业务目的下的交通方式分担率,可以明显看出铁路分担率逐年上升,在考虑工作准时性的要求下,铁路的优势逐渐明显,同时其在通勤目的下的主导地位越来越强,但是由于业务出行的需求,大部分的业务出行还是由汽车来完成,但汽车出行的占比已经较前几次调查有大幅度的降低(图1-27、图1-28)。

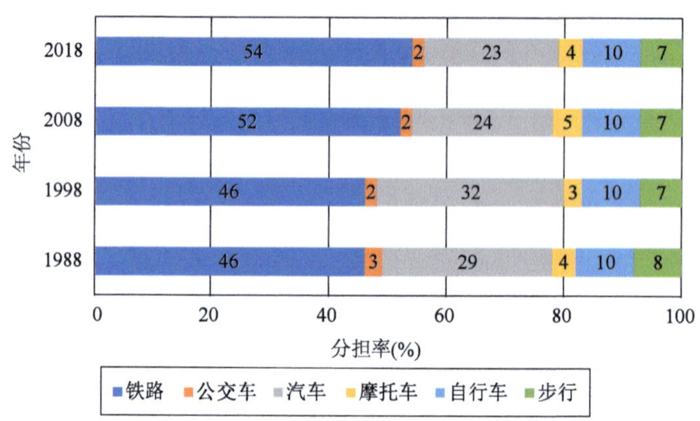


图1-27　东京都市圈通勤目的下交通方式分担率

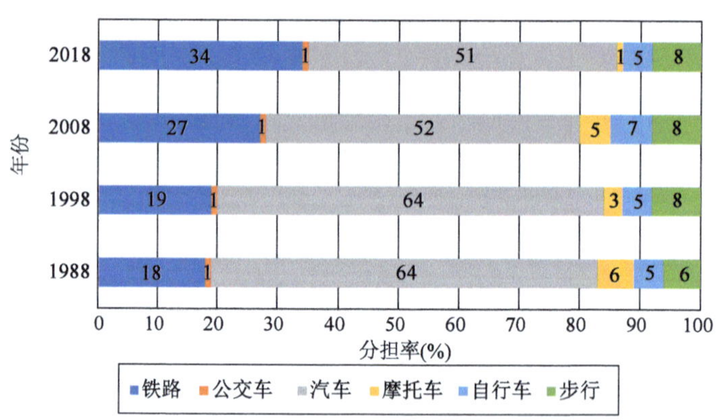


图1-28　东京都市圈业务目的下交通方式分担率

(3)不同出行目的日均出行次数

不同出行目的下的人均日出行次数整体呈现减少态势,尤其是回家目的的出行下降趋势最为明显,同时从2010年开始,购物或其他私事、业务的出行次数大幅度减少(图1-29)。根据东京都市圈在第6次调查后进行的补充调查,线上办公的流行和电子商务的发展是业务、购物或私事出行次数降低的主要原因。

(4)都市圈人均汽车保有量

都市圈人均汽车保有量在1970—2000年保持快速增长的态势,从人均不到0.1辆到人均约0.4辆,然而2000年后,日本私人交通发展缓慢,2000—2015年,三大都市圈的人均汽车保有量仅仅增长了大约0.03辆(图1-30)。可以看出,现如今在日本的三大都市圈,城市规划更加注重公共交通的发展和利用。由于土地资源有限,城市规划者更倾向于建设高效的公共交通系统,以减少对私人汽车的需求,这包括地铁、轻轨、公交车等公共交通工具的不断扩建和改进。在日本的城市中心地区,停车位稀缺且费用昂贵,使得私人汽车的使用变得更加不便和昂贵。此外,私人汽车还需要支付燃油费、保险费以及维护费用等,增加了私人交通的经济负担。另外,日本在环境保护和可持续发展方面有着较高的要求。私人汽车的增加可能导致交通拥堵、空气污染和能源消耗等问题,这促使政府和社会倡导节能减排、推广低碳出行方式,如公共交通、步行和自行车等。需要注意的是,尽管人均汽车保有量增长速度放缓,但日本仍然是一个高度汽车化的国家,拥有大量的私人汽车。对于一些特定的地区或个人而言,私人汽车可能仍然是出行的首选,特别是在乡村地区或需要频繁携带物品的情况下。此外,随着电动汽车和共享出行的兴起,未来私人交通模式可能会发生更多变化。

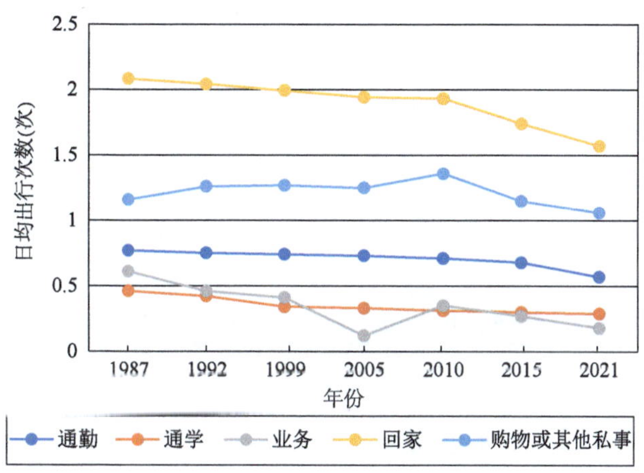


图 1-29　不同出行目的的日均出行次数

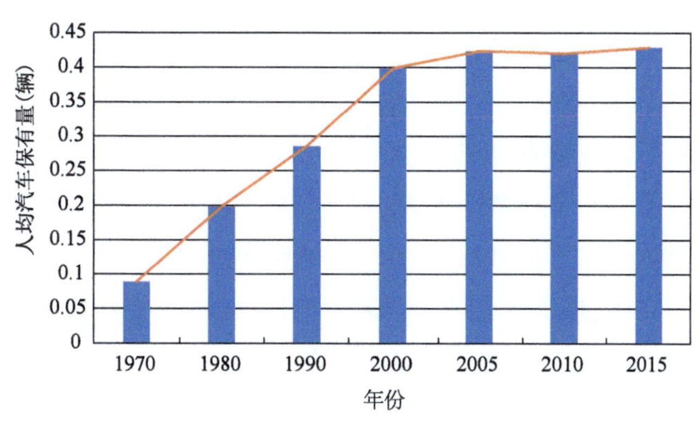


图 1-30　都市圈人均汽车保有量变化

(5)三大都市圈居民总出行率

三大都市圈居民工作日出行率整体呈现下降趋势,这与不同出行目的的人均日出行次数呈现集体减少的情况类似。同样是在2010年后，不管是工作日还是休息日的出行率都出现大幅下降(图1-31)。这可能是由于日本面临着严重的老龄化问题，随着人口年龄结构的改变，工作人口数量减少，导致工作日出行需求相对减少。许多老年人已经退休，不再需要每天通勤上班，因此工作日出行率下降。同时近年来，随着灵活工作制度的普及，越来越多的人选择在家办公或选择弹性工作时间。这种工作模式减少了对工作地点的依赖，也降低了工作日出行的需求。随着互联网和通信技术的进步，远程会议、在线协作工具等软件技术的应用越来越广泛。人们可以通过视频会议和远程协作工具进行远程工作，减少了工作日的实际出行需求。

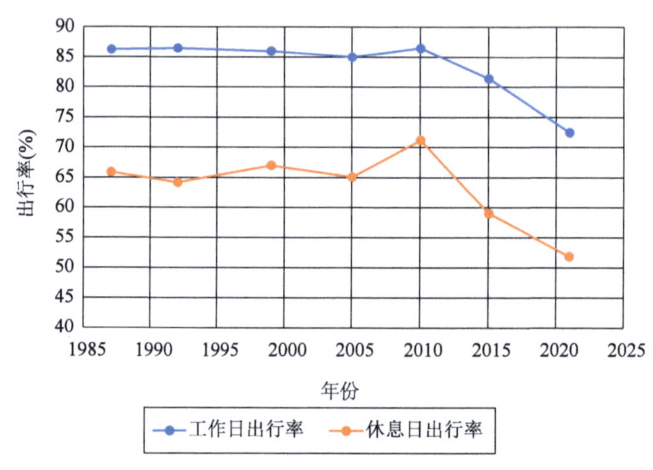


图1-31　都市圈居民总出行率

(6)东京都市圈不同目的与不同交通方式下的出行时耗变化

从图1-32和图1-33中可以看出，东京都市圈不同目的的平均出行时间和不同交通方式的平均出行时间均呈上升趋势。作为人口密集的大都市，东京地区常常面临交通拥堵的问题。随着城市人口和汽车数量的增加，通勤、购物和娱乐等出行活动所需的时间可能会增加，导致平均出行时间上升。同时随着城市的不断扩张和郊区化发展，人们需要花费更多的时间在城市各处之间进行出行。这可能导致外围地区居民的平均出行时间增加，特别是那些需要前往市中心工作或上学的人群。东京都市圈的城市规划和土地利用也可能对出行时间产生影响。如果商业区与居住区的距离增加，或者就业机会分散，人们需要在不同区域之间来回穿梭，从而增加平均出行时间。从不同交通方式的出行时间上看，铁路的出行时间远远大过其他交通方式的出行时间。

(7)都市圈轨道交通出行需求变化

从图1-34中可以看出，JR铁路和民铁从2012年到2019年客流量均呈现上升态势，2019—2020年间客流量骤降，2020年新冠肺炎疫情的爆发对全球范围内的交通运输行业造成了巨大冲击。由于疫情控制措施和旅行限制，人们的出行需求急剧下降，导致铁路客流量骤降。许多人取消了原本计划的旅行和通勤，这直接影响了 JR 铁路和民铁的客流量。随着疫情得到控制、经济逐渐恢复以及人们出行需求的逐渐增加，铁路客流量逐步恢复到正常水平。

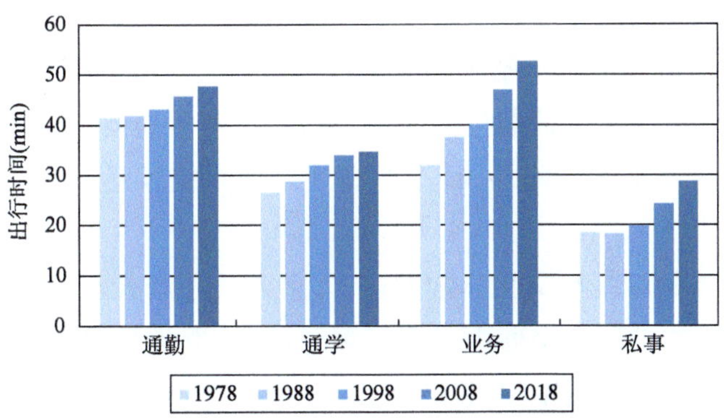


图 1-32　东京都市圈不同目的平均出行时间变化

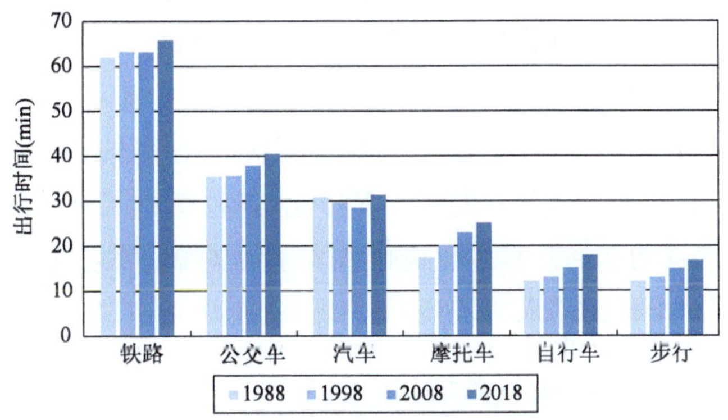


图 1-33　东京都市圈不同交通方式平均出行时间变化

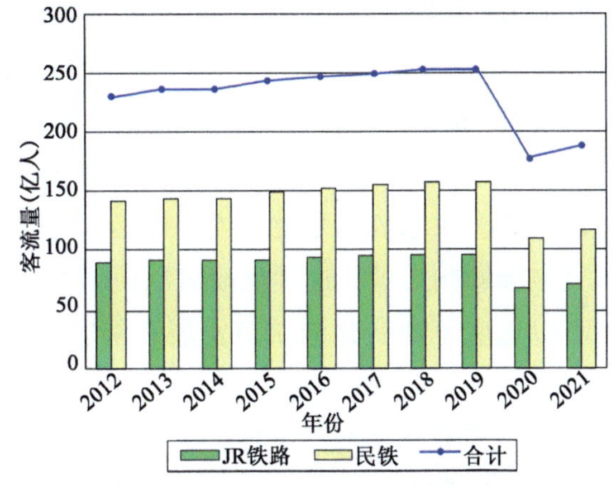


图 1-34　都市圈轨道交通旅客输送变化情况

### 1.3.3 机动化出行需求与公共交通

日本的私人交通主要包括汽车、摩托车和自行车等交通工具,这些交通工具在日本的交通出行中扮演着重要的角色。以下是日本私人交通发展的基本情况与特点。

(1)汽车:日本是世界上汽车制造业最发达的国家之一,汽车在日本的私人交通中占据了重要地位。日本的汽车制造商包括丰田、本田、日产等全球知名品牌,日本的汽车制造技术也处于世界领先水平。此外,日本的高速公路系统发达,为私人汽车出行提供了便利。

(2)摩托车:日本的摩托车文化非常发达,许多人使用摩托车代替汽车作为私人出行的工具。摩托车在日本的城市交通中占据了重要地位,也是日本年轻人出行的首选工具之一。日本的摩托车品牌包括本田、雅马哈、铃木等。

(3)自行车:在日本,自行车也是非常受欢迎的私人交通工具之一。自行车不仅可以代替汽车或公共交通工具进行短距离出行,还可以作为锻炼身体的运动方式。日本的城市中建有许多自行车道和停车场,为自行车出行提供了便利。

(4)高速铁路:虽然高速铁路是公共交通工具,但在日本却是私人交通中不可或缺的一部分。高速铁路的开通为日本的私人出行提供了快捷、便利的选择。

总的来说,日本的私人交通非常发达和多样化,各种交通工具之间互相补充,为日本居民的出行提供了丰富的选择。日本政府也致力于促进低污染、高效率的私人交通工具的发展,以满足人们对出行的需求。

### 1.3.4 都市圈交通需求演变的基本特征

东京都市圈的轨道交通需求在过去几十年中发生了显著的演变。这使得政府和运营商需要根据需求变化来规划和建设新的地铁、铁路以及高速铁路线路,以满足人们的出行需求。需求的增加可以激发供给的发展,推动轨道交通系统的扩容和改善。同时供给的改变可以影响乘客的出行行为和需求模式,例如,如果增加了新的地铁线路或铁路线路,使得某些地区更容易到达或减少了通勤时间,那么可能会有更多的人选择使用轨道交通工具出行,从而增加相应的需求。供给和需求之间存在着反馈机制。需求的变化会促使供给的调整,而供给的改变也会影响需求。这种反馈机制使得供给和需求能够相互作用,形成一个动态的调整过程,以适应不断变化的城市发展和乘客出行需求。对于东京都市圈轨道交通需求的演变,以下将进行更为详细的解释。

(1)增长的人口和城市化。东京都市圈是世界上最大的城市之一,人口不断增长并且持续城市化,导致了对轨道交通的需求不断增加,需要更多的线路和更高的运输能力来满足日益增长的乘客需求。

(2)跨区域通勤需求。随着城市的扩张和郊区的发展,越来越多的人需要跨越不同区域进行通勤。因此,人们对于连接不同区域的轨道交通线路的需求日益增加,例如新建的地铁线路、新干线和私营铁路的扩展等。

(3)转移至公共交通的需求也日益增加。由于市中心交通拥堵问题的日益突出,越来越多的人开始转向使用公共交通工具出行。这促使政府和运营商增加轨道交通线路的数量和运行频率,以吸引更多的私家车用户转移到轨道交通上。

(4)随着生活水平的提高,人们对于轨道交通服务水平的期望也在上升。他们希望有更多的座位、更好的车厢设施、更准时的列车运行等。因此,运营商不断努力改善服务质量,以满足乘客对于便利和舒适出行的需求。

(5)可持续出行的需求。随着环境问题的日益严重,人们对于可持续出行解决方案的需求也在增加。因此,政府和运营商开始推动蓄电池列车、能源节约等可持续发展的轨道交通解决方案。

总之,东京都市圈的轨道交通需求在人口增长、城市化、跨区域通勤、促进公共交通利用、提供便利舒适的运输服务以及可持续出行等方面发生了显著的演变。政府和运营商会根据这些需求变化来规划和改进轨道交通系统,以满足日益增长的乘客需求。

## 1.4　都市圈的交通供需匹配特征

### 1.4.1　综合交通结构

日本的综合交通结构是一个多层次、多模式的体系,旨在满足不同出行需求并实现可持续的城市发展。其中主要包括以下几种交通方式:轨道交通、公交车、私人汽车、自行车、步行以及其他交通方式,各种交通方式的定义如下。

(1)轨道交通:轨道交通是日本综合交通结构的重要组成部分,包括新干线、城际铁路、地铁和轻轨等。轨道交通具有高速、大容量、准点率高和环保等优点,是城市和城际出行的主要方式。

(2)公交车:公交车在日本的城市和乡村地区广泛分布,为居民提供便捷的出行服务。公交车可以灵活调整线路和班次,适应不同地区和时间段的出行需求。

(3)私人汽车:随着日本经济的发展和家庭收入的提高,私人汽车在日本综合交通结构中占据了一定的份额。私人汽车为居民提供了个性化、灵活的出行方式,但也带来了交通拥堵、环境污染等问题。

(4)自行车:自行车在日本城市和乡村地区都非常普及,尤其是在学生和上班族中。自行车作为一种环保、健康的出行方式,受到了日本政府和民众的重视和推广。

(5)步行:步行是日本综合交通结构中最基本的出行方式。在日本的城市规划中,往往注重提高步行的便利性和舒适度,如设置人行道、步行街和过街天桥等。

(6)其他交通方式:除了以上提到的交通方式,日本还有其他交通方式,如出租汽车、摩托车、水上交通等。这些交通方式为居民提供了多样化的出行选择。

日本工作日、休息日的交通结构变化如图 1-35、图 1-36 所示。

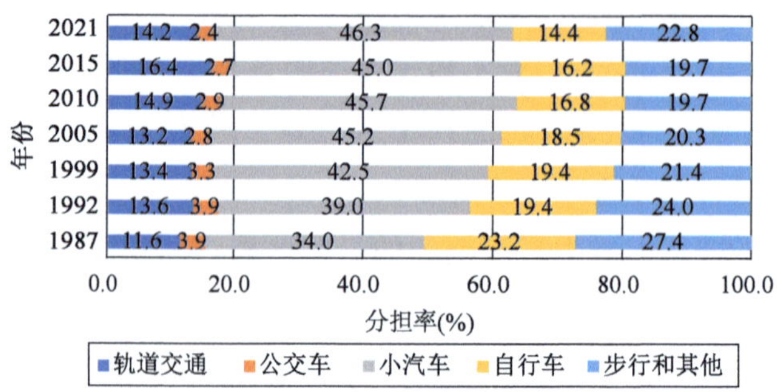


图 1-35 工作日交通结构变化情况

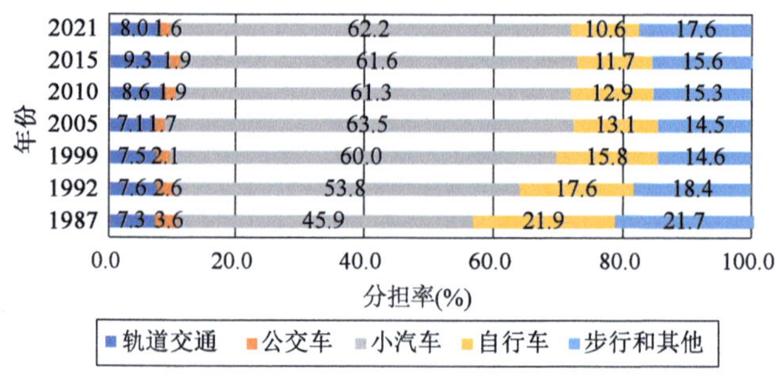


图 1-36 休息日交通结构变化情况

1987—2015 年:在这个时期,轨道交通在工作日的交通分担率逐渐上升,从 11.6% 增加到 16.4%。在休息日,轨道交通的交通分担率波动较小,从 7.3% 增加到 9.3%。这一阶段,日本的城市化进程加速,城市人口密度增加,对公共交通的需求增加。同时,日本政府加大了对轨道交通基础设施的投资,如新干线、地铁和城市轨道交通等,提高了轨道交通的覆盖范围和服务质量。

2015—2021 年:在这个时期,轨道交通在工作日的交通分担率略有下降,从 16.4% 降至 14.2%。在休息日,轨道交通的交通分担率波动较小,从9.3% 降至 8.0%。这一阶段,日本的经济增长放缓,人口老龄化加剧,可能导致对轨道交通的需求减弱。此外,随着私人汽车的普及和道路基础设施的改善,部分人可能选择使用私人汽车出行。总体来看,轨道交通在日本综合交通体系中的地位在不同时期有所波动。在城市化和基础设施建设的推动下,轨道交通的交通分担率曾经逐渐上升。然而,近年来,经济增长放缓和人口老龄化等因素可能导致轨道交通的交通分担率略有下降。

根据1975—2003年的数据，可以观察到日本全国交通分担率在这段时间内发生了一些显著的变化（图1-37）。首先，国铁（JR）的分担率从1975年的16%下降到2003年的13%，表明其在整体交通中的地位有所减弱。与此同时，民铁的分担率也呈现出类似的下降趋势，从1975年的17%降至2003年的12%。这可能意味着随着其他交通方式的发展，铁路交通在国内交通中的占比逐渐减少。

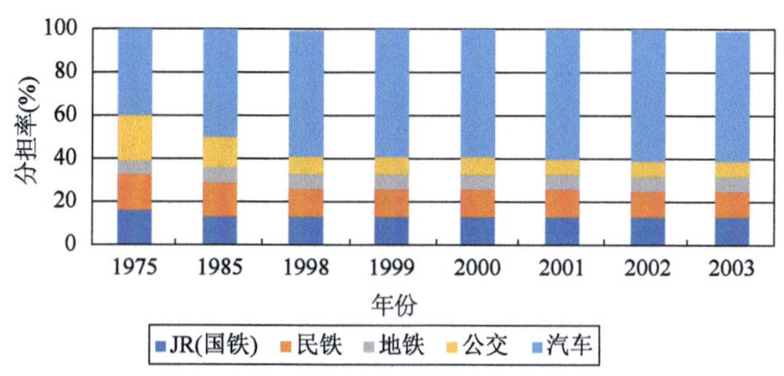


图1-37　全国交通结构变化情况

地铁的分担率在这段时间内相对稳定，从1975年的6%略微上升至2003年的7%，表明地铁在城市交通中的地位相对稳固。值得注意的是，公交的分担率在1985年达到了最高点，占比为21%，但随后逐年下降，到2003年降至7%。这可能与私人汽车和其他交通方式的普及有关，导致公交在交通分担中的地位逐渐减弱。

最后，汽车的分担率在这段时间内持续上升，从1975年的40%增长至2003年的60%，几乎占据了整体交通方式的一半以上。这表明汽车已成为日本国内最主要的交通工具，其普及程度和使用率不断提高。总体来看，日本交通分担率的特点是铁路交通逐渐降低，地铁保持稳定，公交下降，而汽车持续增长，成为交通主力。

东京都市圈交通工具运输分担率的变化如图1-38所示。

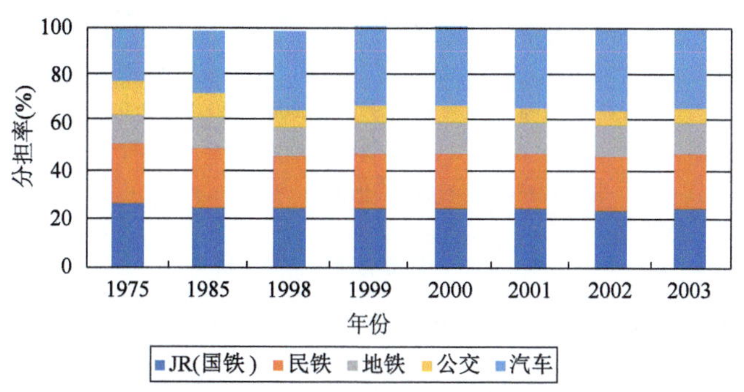


图1-38　东京圈交通结构变化情况

轨道交通[包括JR（国铁）、民铁和地铁]在东京都市圈的交通结构率相对稳定，从1975年的64%略微下降至2003年的61%。这表明轨道交通在东京都市圈仍然是主要的出行方式。公交分担率从1975年的14%下降至2003年的6%，显示出公交在东京都市圈的交通结构中地位逐渐减弱。汽车交通分担率从1975年的22%上升至2003年的33%，表明私人汽车在东京都市圈的交通结构中地位逐渐上升。

大阪都市圈交通工具运输分担率的变化如图1-39所示。

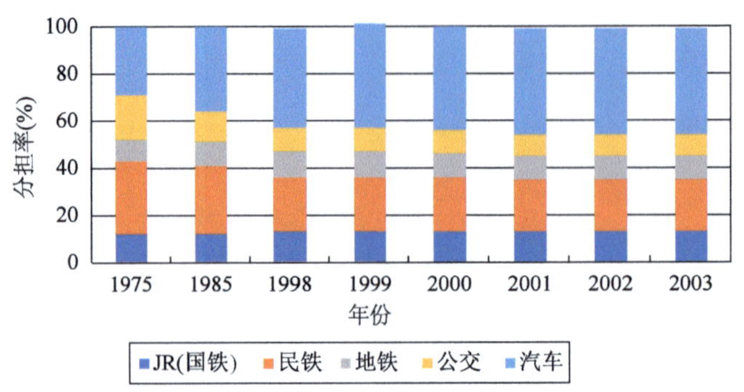


图1-39 大阪圈交通结构变化情况

轨道交通[包括JR(国铁)、民铁和地铁]在大阪都市圈的交通分担率从1975年的52%下降至2003年的45%。尽管轨道交通在大阪都市圈的交通分担中地位有所下降，但仍然是重要的出行方式。公交分担率从1975年的19%下降至2003年的9%，显示出公交在大阪都市圈的交通结构中地位逐渐减弱。汽车交通分担率从1975年的29%上升至2003年的45%，表明私人汽车在大阪都市圈的交通结构中地位逐渐上升。

名古屋都市圈交通工具运输分担率的变化如图1-40所示。

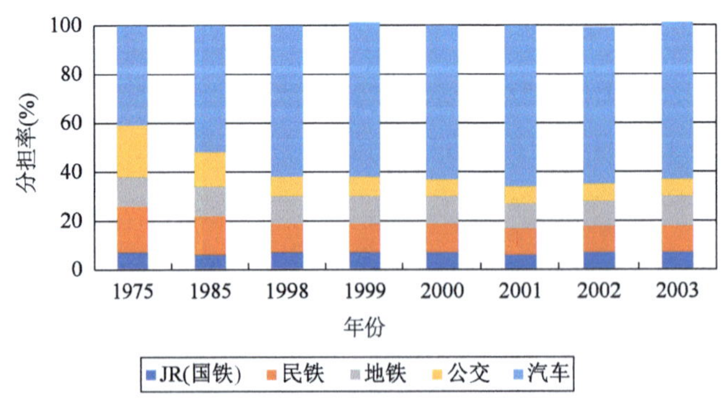


图1-40 中部圈交通结构变化情况

轨道交通[包括JR(国铁)、民铁和地铁]在名古屋都市圈的交通分担率从1975年的38%下降至2003年的30%。这表明轨道交通在名古屋都市圈的交通分担中地位有所下降。公交分担率从1975年的21%下降至2003年的7%，显示出公交在名古屋都市圈的交通结构中地位逐渐减弱。汽车交通分担率从1975年的41%上升至2003年的64%，表明私人汽车在名古屋都市圈的交通结构中地位逐渐上升。

总结来说，从1975年至2003年，轨道交通在日本三大都市圈的交通结构中地位有所下降，但仍然是重要的出行方式。与此同时，私人汽车的交通分担率逐渐上升，而公交的交通分担率逐渐减弱。这些变化可能与城市化进程、基础设施建设、私家车普及等因素有关。为了实现可持续的城市交通发展，日本需要在城市规划、基础设施建设、交通政策等方面进行相应的调整和改革。

从铁路运输人员的变化情况来看（图1-41），20世纪90年代后半期明显出现了减少，相比高峰时期减少了约20%，而在随后的21世纪00年代则保持平稳，到21世纪10年代略微增加。据推测，20世纪90年代日本全国范围内地方铁路的废止急剧增加，因此运输人员数量减少。大都市周边地区的地方铁路运输密度高，经营者的经常性收益也较高，但超过70%的地方铁路出现亏损。考虑到未来的人口减少，预计地方铁路线的进一步废止和班次减少等严峻情况将持续下去。

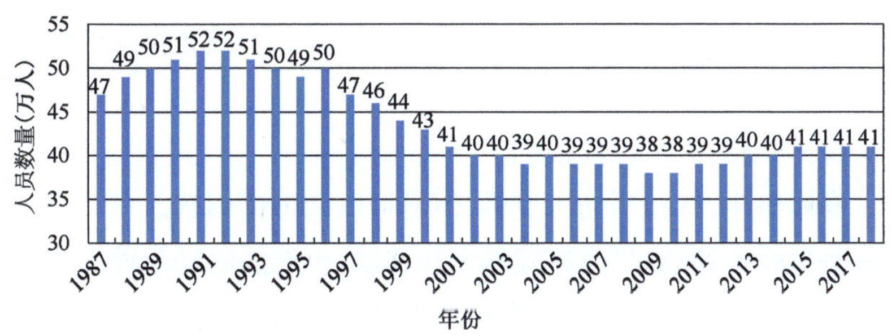


图1-41　轨道交通运输人员数量变化情况

## 1.4.2　轨道交通的满载率

日本轨道交通的满载率是指用“运输人员 ÷ 运输力”计算出的拥挤度指标，通常以百分比形式表示。都市铁路的主要路线拥挤率每年以“最拥挤区间每小时平均满载率”的形式公开。减轻早晚高峰时段的拥挤是大都市铁路面临的最重要问题之一，也是日本多年来的目标。大型民营铁路公司通过长期的巨额设施投资，如扩建轨道、增加车辆、增加连挂车辆、缩短列车间隔、延长站台、增设变电所等，稳步推进设施的建设以减轻拥挤。

目前，日本都市铁路的设施建设水平以减轻拥挤为目标，早晚高峰时段主要区间的平均满载率目标为150%。该目标由运输政策审议会（现国土交通大臣的咨询机构）在1992年6月19日提出的答申第13号中提出。值得一提的是，平均满载率150%意味着“肩膀相碰，可以轻松读报纸”（表1-15）。

满载率定义　　表1-15

| 满载率 | 100% | 150% | 180% | 200% | 250% |
|---|---|---|---|---|---|
| 车厢情况 | | | | | |
| 描述 | 额定容量乘客(可以坐在座位上、抓着拉手吊带或抓着车门附近的柱子) | 摊开报纸,轻松阅读 | 如果您强行阅读报纸,可以将其折叠并阅读 | 人们的身体会承受相当大的压力,但可以勉强阅读一本周刊 | 每当晃动时,人的身体就会倾斜,不能动弹,手也不能动 |

各个满载率的参考标准如下:

[100%]=定员乘车。可以坐在座位上,抓住拉手吊带,或者抓住门附近的柱子。

[150%]=肩膀相碰,可以轻松读报纸。

[180%]=身体相碰,但可以读报纸。

[200%]=身体相碰,有相当的压迫感,但是可以勉强读周刊。

[250%]=每次列车晃动时,身体倾斜无法移动,也无法活动手臂。

2020年,东京、大阪和名古屋三大都市圈的铁路满载率上升了5~15个百分点。然而,与疫情前(2019年)相比,铁路乘坐空间仍然相对宽松。疫情前的满载率在东京23条线路平均达到181%,大阪11条线路平均达到164%,名古屋5条线路平均达到143%。这意味着部分乘客需要站着乘车。

日本的铁路交通满载率具有以下特点:城市地区在早晚高峰时段容易拥挤。特别是东京,许多上班族和学生使用铁路通勤和上学,因此,一些线路的满载率曾经超过200%;农村地区由于人口减少和汽车普及等影响,铁路利用者逐渐减少,因此,许多地方铁路运营亏损,需要采取废止或重建等对策;铁路运营商为提高满载率采取了各种措施,例如改善票价和服务,引入新型车辆和新线路,以及针对观光客等的服务。

东京都市圈轨道交通指标如图1-42所示。

东京都市圈的满载率自1975年达到最高的221%后开始下降。这归因于铁路运营商采取了增强运送力、开设新线或绕行线、改善运输时间和费用等措施。然而,直到2019年,东京都市圈铁路满载率仍然保持在163%的较高水平。2020年和2021年,由于新冠病毒感染的扩散,居家办公和网上授课等增加,铁路使用者大幅减少。因此,铁路满载率降至107%和108%。

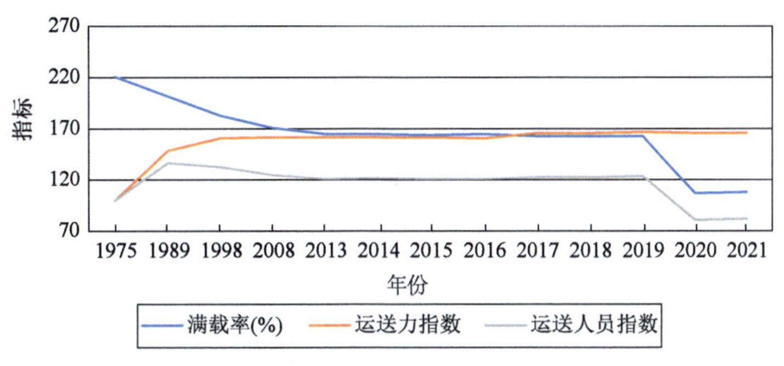


图 1-42　东京都市圈轨道交通指标

运送力指数是以 1975 年为基准,表示运送力变化率的指标。运送力是铁路每小时能够运输的最大乘客数量。东京都市圈的运送力指数自 1975 年至 1989 年增加了 49%。这是铁路运营商增加车辆数量和列车班次,推进高速化和自动化等措施的结果。此后,运送力指数基本保持稳定。这是因为铁路网络的建设和扩展接近极限,铁路使用者增加趋于饱和。

运送人员指数是以 1975 年为基准,表示运送人员变化率的指标。运送人员是铁路每小时实际运输的乘客数量。东京都市圈的运送人员指数自 1975 年至 1989 年增加了 37%。这反映了东京都市圈的人口和经济活动扩大,铁路使用者增加的情况。此后,运送人员指数呈现下降趋势。这是由于泡沫经济崩溃、少子高龄化等社会因素,以及与汽车、公交等其他交通方式竞争等市场因素的影响。

大阪都市圈轨道交通指标如图 1-43 所示。

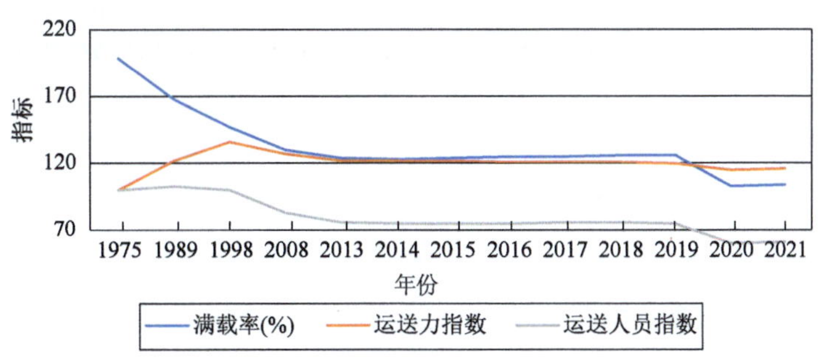


图 1-43　大阪都市圈轨道交通指标

大阪都市圈的满载率在 1975 年达到最高的 199% 后开始下降。这是铁路运营商采取了增强运送力、开通新线路或绕行线路、改善运输时间和费用等措施的结果。然而,截至 2019 年,大阪都市圈铁路满载率仍然高达 126%。2020 年和 2021 年,由于新冠病毒感染扩散,远程办公和在线学习等增加,铁路用户大幅减少。因此,铁路满载率下降到 103% 和 104%。

运送力指数是以 1975 年为基准,表示运送力变化率的指标。运送力是铁路每小时能够运送的最大乘客数。大阪都市圈的运送力指数从1975年到1989年增加了22%。这是由于铁路运营商采取了增加车辆数或列车数、提高速度和自动化等措施的结果。之后,运送力指数开始下降。这是因为铁路网的建设和扩展接近极限,以及铁路用户增长趋势达到瓶颈等。

运送人员指数是以1975年为基准,表示运送人员变化率的指标。运送人员是铁路实际每小时运送的乘客数。大阪都市圈的运送人员指数从1975年到1989年增加了3%。这反映了大阪都市圈的人口和经济活动的扩大,以及铁路用户的增加。之后,运送人员指数开始下降。这是由于泡沫经济破裂、少子高龄化等社会因素,以及与汽车、公交等其他交通方式竞争等市场因素的影响。

与东京都市圈相比,大阪都市圈的运送力增长较慢,并且运送人员数量较早地出现了下降。这是因为大阪都市圈的人口和经济活动没有像东京都市圈那样迅速扩大,同时铁路运营商的投资和创新也没有像东京那样快速推进。1975—1989年期间,大阪都市圈轨道交通供给和需求几乎以相同的速度增长。然而,之后供给超过了需求。这可能是因为铁路使用者数量减少,但铁路运营商未能适当调整运送力,也未能满足铁路使用者的需求,例如提供符合需求的服务和价格设定。

名古屋都市圈轨道交通指标如图1-44所示。

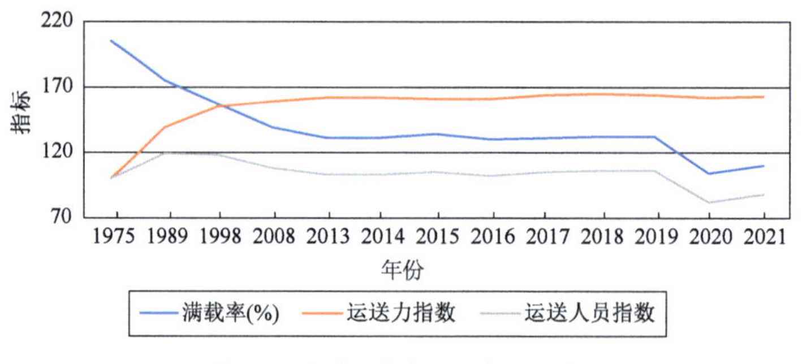


图1-44　名古屋都市圈轨道交通指标

名古屋都市圈的满载率在1975年达到最高的205%后开始下降。这是因为铁路运营商采取了增强运送力、开通新线路或绕行线路、改善运输时间和费用等措施的结果。然而,截至2019年,名古屋都市圈铁路满载率仍然高达132%。2020年和2021年,由于新冠病毒感染扩散,远程办公和在线学习等增加,铁路使用者大幅减少。因此,铁路满载率下降到104%和110%。

运送力指数以1975年为基准,表示运送力变化率的指标。运送力是铁路每小时能够运送的最大乘客数。名古屋都市圈的运送力指数从1975年到1989年增加了39%。这是由于铁路运营商采取了增加车辆数或列车数、提高速度和自动化等措施的结果。之后,运送力指数基本保持稳定,这是因为铁路网络的建设和扩展接近极限,以及铁路使用者的增加趋势达到瓶颈等。

运送人员指数以 1975 年为基准，表示运送人员变化率的指标。运送人员是铁路实际每小时运送的乘客数。名古屋都市圈的运送人员指数从 1975 年到 1989 年增加了 19%。这反映了名古屋都市圈的人口和经济活动的扩大，以及铁路使用者的增加。之后，运送人员指数开始下降。这是由于泡沫经济破裂、少子高龄化等社会因素，以及与汽车、公交等其他交通方式竞争等市场因素的影响。

名古屋都市圈相对于东京都市圈和大阪都市圈来说规模较小，铁路网络的发展程度也较低。这导致铁路运营商的投资和创新水平不及东京和大阪。名古屋都市圈的人口和经济活动也没有像东京和大阪那样迅速扩大。这些因素导致名古屋都市圈的铁路供给和需求的匹配程度较差。

### 1.4.3　都市圈供需匹配演变的基本特征

日本三大都市圈（东京、大阪、名古屋）轨道交通供需特点及演变可按发展阶段总结提炼如下。

第一阶段（19 世纪中叶至第二次世界大战结束）：这一时期，铁路的发展对城市的发展起到了带动作用。国家铁路和私营铁路将线路扩展到城市和郊区，促进了人口和产业的集中。特别是在东京都市圈，山手线、中央线等干线建成，连接市中心与郊区的通勤交通发达。此外，在大阪都市圈，阪神和京阪神等城市之间的交通也开始普及。在名古屋都市圈，以名古屋市中心为中心形成放射状路线。这一阶段的轨道交通主要以客运为主，货运较少，车站设施简单，票价较低，运营效率较高。这一阶段的轨道交通发展也反映了日本的近代化进程，铁路不仅为工业化和都市化提供了便利，也为文化和教育的传播起到了重要作用。

第二阶段（第二次世界大战后至经济高速增长时期）：这一时期，铁路的发展跟随城市的发展。为应对经济快速增长带来的人口和工业的快速集中，国家铁路和私营铁路采取了延长线路、增加运力等措施。特别是在东京都市圈，地铁、新干线等线路的开通，改善了与市区和偏远地区的连通性。大阪都市圈内，大阪环状线、近铁奈良线等实现了复线和高架形式，提高了交通效率。在名古屋都市圈，名古屋市营地铁和名铁名古屋本线均采用地下和高架形式。这一阶段的轨道交通主要以通勤为主，旅游较少，车站设施复杂，票价较高，运营效率较低。这一阶段的轨道交通发展也反映了日本的经济奇迹和社会变迁，铁路不仅为经济增长和产业结构调整提供了支撑，也为人们的生活方式和消费观念带来了影响。

第三阶段（从泡沫破灭到现在）：这一时期，铁路的发展对城市的发展起到了促进作用。为了应对少子化、人口老龄化和社会需求多样化，JR 和私营铁路在 JNR 私有化后采取了改善服务和便利性的措施。特别是在东京都市圈,努力改善连通性并缓解拥堵,例如相互直通动转和机场联络路线。此外,在大阪都市圈,根据近畿地区理想的交通报告,推进了北大阪急行铁路延长线等新线路的开发。在名古屋都市圈,为了准备磁浮中央新干线的开通,实施了名古屋站地区开发项目等再开发项目。这一阶段的轨道交通主要以旅游为主,通勤较少,车站设施现代化,票价较低,运营效率较高。这一阶段的轨道交通发展也反映了日本的社会转型和国际竞争力,铁路不仅为环境保护和地域活性化作出了贡献,也为科技创新和文化交流提供了平台。

## 1.5 本章小结

本章探讨了日本的都市圈及其交通需求的历史和发展,着重分析了东京、名古屋和大阪这三大都市圈。首先界定了城市、都市圈和城市群等相关概念,并梳理了这些都市圈的发展历程,特别是它们的空间布局、土地资源开发、人口分布及其结构,以及经济与产业结构的演变。在交通基础设施建设方面,回顾了日本都市圈在不同发展阶段的重要投资和建设项目,包括轨道交通、地面公交、公路与城市道路的发展。此外,本章也探讨了在城市更新的背景下,交通基础设施建设的特点和重点内容,强调了这些设施在支持城市发展中的核心作用。交通需求特征的演变部分则聚焦于日本都市圈中居民出行的变化,分析了人口结构的变动、机动化出行需求的增长,以及公共交通的应用和发展。特别是在老龄化社会背景下,居民出行特征的变化为都市交通政策提供了新的视角。最后,本章对都市圈的交通供需匹配特征进行了详细的分析,重点讨论了轨道交通在综合交通体系中的地位,以及随着时间推移轨道交通的满载率变化情况。通过这些分析,展示了日本都市圈在不断变化的社会经济条件下,如何适应和发展其交通系统以满足日益增长的交通需求。

# 第2章
CHAPTER 2
# 轨道交通线网的建设与发展

## 2.1 日本东京都市圈轨道交通线网的发展史

本章以东京都市圈为例,分析都市圈的发展以及在其发展过程中铁路、轨道交通所发挥的作用。

### 2.1.1 东京都市圈城市发展所经历的四个阶段

东京都市圈的城市发展过程可划分为如图2-1所示的四个阶段。产业结构和社会结构的变化是促进这些城市发展的主要因素。伴随产业结构的更新升级、产业向城市集聚、人口由农村向城市集中,城市化进展不断推进,城市不断发展。

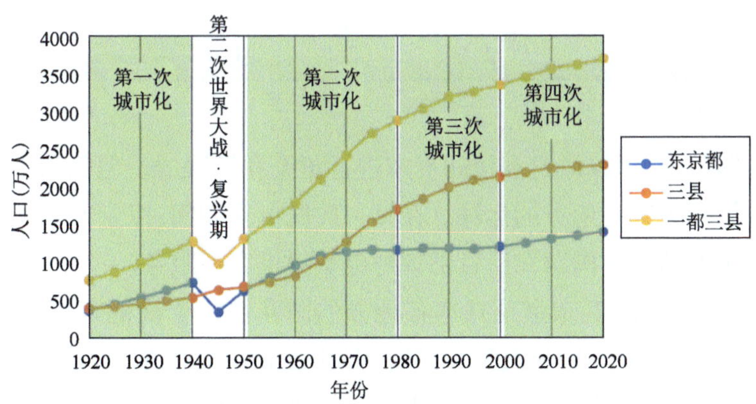


图2-1 东京都市圈的人口变化

东京都市圈:东京都、神奈川县、埼玉县、千叶县的一都三县。

(1)第一次城市化(1920—1940年):轻工业化、人口增加。

(2)第二次城市化(1950—1980年):重工业化、人口增加。

(3)第三次城市化(1980—2000年):高新技术服务产业化、人口增加。

(4)第四次城市化(2000 年至今):数字化、智能化,人口减少、低出生率、老龄化。

### 2.1.2 第一次城市化期间(1920—1940 年)轨道交通线网的发展

(1)城市的发展与需求的变化

甲午战争、日俄战争后,日本经济快速发展,之后虽然一度萧条,但在第一次世界大战(1914—1918 年)后又恢复了繁荣。日本距离欧洲战场远,通过向列国出口物资,产业、经济得以发展。尤其是纺织、造纸、棉布等轻工业的产量大增。

随着经济的增长,大量的人口不断涌入东京,这使东京都内的人口进一步集中,与此同时,周边农村的城市化进程不断加快。1923 年日本发生了关东大地震,之后实施的大规模震灾复兴工程推进了城区的土地区划调整,同时提供了优良住宅,并推动城市持续发展。伴随城市的扩大,通勤、通学需求逐渐增大。在此之前,铁路的主要目的是运输货物,但城市的通勤、通学需求不断增加,导致铁路客运量上升。从第一次城市化期间东京都市圈的人口增长率(表 2-1)可以看出,东京都的人口增长幅度大于其郊外的三县,可认为这是因城市化进展虽快,但仅限于东京都内,尚未波及郊外所致。

第一次城市化期间东京都市圈的人口增长情况　　表 2-1

| 类别 | | 东京都市圈(一都三县) | 东京都 | 三县(神奈川县、埼玉县、千叶县) |
|---|---|---|---|---|
| 第一次城市化 | 1920 年 | 768 万人 | 370 万人 | 398 万人 |
| | 1940 年 | 1129 万人 | 637 万人 | 492 万人 |
| | 增长率(%) | 1.47 | 1.72 | 1.24 |

(2)轨道交通的建设

日本的铁路早先是依靠政府和民间资本进行建设和发展的。但民营企业的铁路仅限于作为地方铁路,服务某一地方的运输。在第一次城市化期间,东京都内的轨道交通以有轨电车为主,郊外铁路则由国营和民营的郊外电车提供客运服务。

19 世纪末至 20 世纪初,东京至日本各地方的国营铁路干线框架基本形成(表 2-2)。最初,这些国营铁路开行的是蒸汽机车,线网是由在城区外围按方向分别设置的终点站(新桥站、上野站、新宿站等)等构成。且串连这些终点站的山手线环线也开始建设,在 1919 年除了上野—东京段之外,其他均完工,已形成 C 字形线路,1925 年整条环线开通运营。此外,为了增强东海道线、中央线的运能,在东京近郊,从 1920 年前就开始推进车辆的电气化。诸如此类,可以说在日本第一次城市化全面开始之前,以国营铁路为骨架的铁路线网已基本建成。这也是东京都市圈城市化的一个特征。

骨架线路的主要建成及电气化时期 表2-2

| 线路名 | 建成时期 | 电气化时期 |
|---|---|---|
| 国营铁路东海道线 | 1872年:新桥站—横滨站<br>1887年:横滨站—国府津站 | 1909年:新桥站—品川站段<br>1914年:品川站—横滨站段 |
| 国营铁路中央线 | 1889年:新宿站—立川站—八王子站<br>1894—1895年:新宿站—牛込站—饭田町站 | 1904年:御茶水站—中野站段<br>1919年:中野站—吉祥寺站 |
| 国营铁路东北线 | 1883年:上野站—大宫站(—熊谷站)<br>1885—1886年:大宫站—宇都宫站 | 1909年:上野站—田端站段<br>1928年:田端站—赤羽站 |
| 国营铁路总武线 | 1884年:锦糸町站—市川站—佐仓站<br>1904年:两国站—锦糸町站<br>1932年:御茶水站—两国站 | 1932年:御茶水站—两国站<br>1933年:两国站—市川站 |

注:一部分名称等为现在所用站名。

由山手线各站呈放射状向郊外延伸的民营铁路线,是在第一次城市化时期开发建设的线路,其带动了东京中心城区周边的城市化发展(表2-3)。具体为:铁路企业与农田等的地主合作,结合修建铁路,重新调整农田的区划,并向地主收购土地开发住宅,通过出售住宅获取利润的同时,为铁路提供出行需求,从而降低铁路经营的风险。当时,东京市中心周边还有可供开发的农田,由民间主导,通过实施与铁路建设一体化的沿线开发,来确保铁路建设费用,可以说此时的铁路还是可以经营的(图2-2)。

主要的民营铁路终点站的设置时期(山手线上) 表2-3

| 站名 | 民营铁路线① | 建设年份 | 备注 |
|---|---|---|---|
| 品川站 | 京急本线 | 1933 | |
| 涩谷站 | 东急东横线 | 1927 | |
| 涩谷站 | 玉川电气铁道② | 1907 | |
| 新宿站 | 京王本线 | 1945 | |
| 新宿站 | 小田急本线 | 1915 | |
| 高田马场站 | 西武新宿线 | 1928 | 1952年延伸至西武新宿站 |
| 池袋站 | 西武池袋线 | 1915 | |
| 池袋站 | 东武东上线 | 1914 | |
| 日暮里站 | 京成上野线 | 1931 | 1933年延伸至京成上野站 |

注:①一部分名称等为现在所用站名。

②1969年废止,1977年开通现田园都市线,终点站仍设于涩谷。

第一次城市化时代,即机动化出现之前,汽车还没有在普通大众中普及,有轨电车是市中心的主要交通工具。尽管拥挤是其常态,但它充分发挥了作为市内主干交通工具的作用。在城市化的第一阶段,地铁刚刚起步,仅开通了一条线路,尚未成为城市内交通系统的主力(表2-4)。

图 2-2　民间主导的沿线开发案例(东急田园都市线的田园调布站)

市中心主要铁路线的建成时间　　表 2-4

| 轨道交通 | 建成时间 |
| --- | --- |
| 有轨电车 | 1903—1904 年,马车铁路电气化,多家民营企业开发了有轨电车;<br>1911 年,东京市收购,成立东京市电,营业里程大约 99km;<br>1914 年,线网扩大,总营业里程大约 130km |
| 地铁 | <银座线><br>1927 年,浅草站—上野站段建成;<br>1930—1934 年,上野站—万代桥站—神田站—银座站—新桥站依次建成 |

## 2.1.3　第二次城市化期间(1950—1980 年)轨道交通线网的发展

(1)城市的发展与需求的变化

第二次城市化时期,正值第二次世界大战后日本经济高速发展,以重化学工业为主导,日本实现了年均 10% 的经济增长。大量的人口从农村、地方城市涌入正在进行战后大规模重建的东京都市圈。东京都市圈的人口增长率(表 2-5)显示,在第一次城市化期间,东京都的人口增长速度大于郊外的三县,但在第二次城市化期间,郊外三县的人口增长速度更快,这表明郊外三县的城市化速度加快。

第二次城市化期间东京都市圈的人口增长情况　　表 2-5

| 类别 | | 东京都市圈(一都三县) | 东京都 | 三县(神奈川县、埼玉县、千叶县) |
| --- | --- | --- | --- | --- |
| 第二次城市化 | 1950 年 | 1543 万人 | 804 万人 | 739 万人 |
| | 1980 年 | 2412 万人 | 1141 万人 | 1271 万人 |
| | 增长率(%) | 1.56 | 1.42 | 1.72 |
| 第一次城市化 | 增长率(%) | 1.47 | 1.72 | 1.24 |

注:第一次城市化的增长指 1920—1940 年 20 年间的增长情况。

此外,东京都23区内日间人口和夜间人口的变化(表2-6)显示,相比夜间人口,日间人口的增长幅度更大。在第二次城市化期间,职住分离渗透,由郊外至市中心的通勤、通学客流量显著增加。

**第二次城市化期间东京都23区日间人口和夜间人口的增长情况**　　表2-6

| 类别 | | 日间人口 | 夜间人口 |
|---|---|---|---|
| 第二次城市化 | 1950年 | 732万人 | 697万人 |
| | 1980年 | 1045万人 | 884万人 |
| | 增长率(%) | 1.43 | 1.27 |

第二次城市化的规模大、速度快,在上下班高峰时段,东京近郊线路的一部分路段出现满载率超过300%的现象,人们把它叫作"通勤地狱",且该问题十分严重。第二次城市化期间铁路客流量的增长情况见表2-7。因此,如何增加运输能力成为当时面临的最大问题。

**第二次城市化期间铁路客流量的增长情况**　　表2-7

| 类别 | | JR(国铁) | 民营铁路 | 地铁 |
|---|---|---|---|---|
| 第二次城市化 | 1950年 | 796万人/日 | 590万人/日 | 48万人/日 |
| | 1980年 | 1227万人/日 | 1125万人/日 | 861万人/日 |
| | 增长率(%) | 1.54 | 1.91 | 17.9 |

(2)轨道交通的建设

①铁路的建设计划

第二次城市化不仅规模大且速度快。以铁路为中心的交通基础设施建设成为重要课题。在此大背景下,日本运输省内创设了都市交通审议会,于1956年发布了都市交通审议会正式答复的第1号报告,明确指出了东京都市圈铁路建设的方针、规划。该都市交通审议会成员不仅有学术专家,还有铁路企业等,因此,民营铁路企业的规划、意见也在该规划中充分得到了体现。之后,各铁路企业均按该规划开展铁路建设。后于1960年、1962年、1966年、1968年、1972年频繁地对东京都市圈的铁路建设方针及规划进行了调整。

②国营铁路的建设

国营铁路为增强运输能力,从1965年至1972年采取了"五方面作战"(图2-3),对连接郊外与东京都心的既有线路,实施了客货分离、双复线化等的增设正线、快速运行、长编组化(列车扩编)措施。与此同时,作为将原来行驶于都心的货运列车改道至郊外的绕行线路,新建了可衔接外延地区的外环线——"武藏野线"。该外环线为客货混行线,1973年首先开通了府中本町站至新松户站段约58km的线路,1978年新松户站至西船桥站段也开通运营。外环线的建设不仅减少了穿行都心范围内的货运列车,而且原来都心的货运线转为客运线,为都心的客运增容作出了贡献。因汽车的普及使公路运输成为主流,而将原本定位货运的铁路线转为客运线也是当时的大势所趋。

图 2-3　通勤五方面作战

注:红色粗线为新增、改造区间。

③民营铁路的建设

各民营铁路也同国营铁路一样,积极采取措施增强运能。进入第二次城市化时期,城区周围大多是农地等,平坦且易于成片开发的土地越来越少,这使民营企业沿线一体化开发模式的铁路建设也越来越难。在此背景下,为了在人口显著集中的市区周边地区,开发高品质的住宅区,并为住房困难的国民提供大量居住环境良好的住宅,政府于 1963 年开启了大规模修建新城的“新住宅街区开发工程”。该工程作为城市规划项目,由政府对包括城市基础设施在内的宅地进行有计划性的开发,并对非开发商以外的房地产项目实施限制。因此,开发衔接这些住宅地的铁路线的铁路运营商,必须仅靠运费收入来支付铁路的建设成本,导致铁路运营商很难盈利。为此,新城的开发主体即政府,通过负担建设费或在获取用地时给予优惠政策(例如按开发前原始地价购地)等来支持铁路运营商建设铁路。

由此可见,进入第二次城市化时期后,仅靠民营铁路运营商进行新铁路建设极为困难。另外,铁路运营商又推出了在既有铁路沿线站扩充公交线路作为集散交通工具,扩大车站辐射范围,并在该圈域内采用开发房地产,销售住房等的商业模式。

④地铁的建设

在市内交通领域,人们关注到地铁比有轨电车运行速度更快,开始积极修建地铁。而在同一时期,机动化的普及使汽车出行量的不断增加,道路上挤满了汽车,严重影响了有轨电车的正常运行,导致有轨电车无法发挥其原本的作用,在 1972 年的最后一次废线之后,只剩下都电荒川线和东急世田谷线两条线路(图 2-4),地铁则取而代之成为城市公共交通的主力军。

300
250
200
150
100
50
0
轨道交通总长(km)
有轨电车
地铁
1910 1920 1930 1940 1950 1960 1970 1980 1990 2000
年份

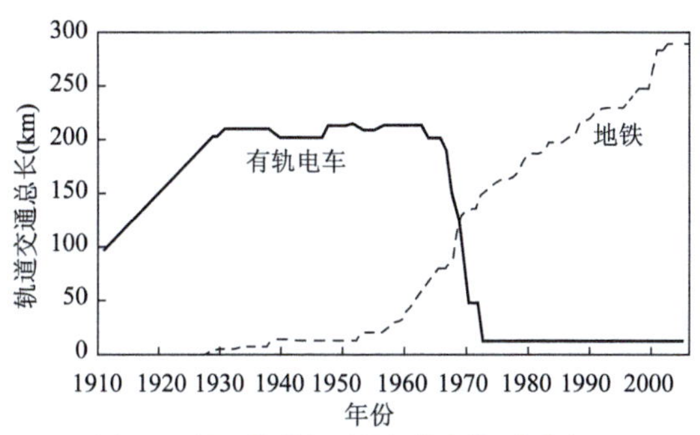

图 2-4　城区轨道交通总长的变化(东京都)
来源:《铁路创造的世界城市·东京》。

第二次城市化时期,东京都市圈强化运能措施的实施情况如图 2-5 所示。

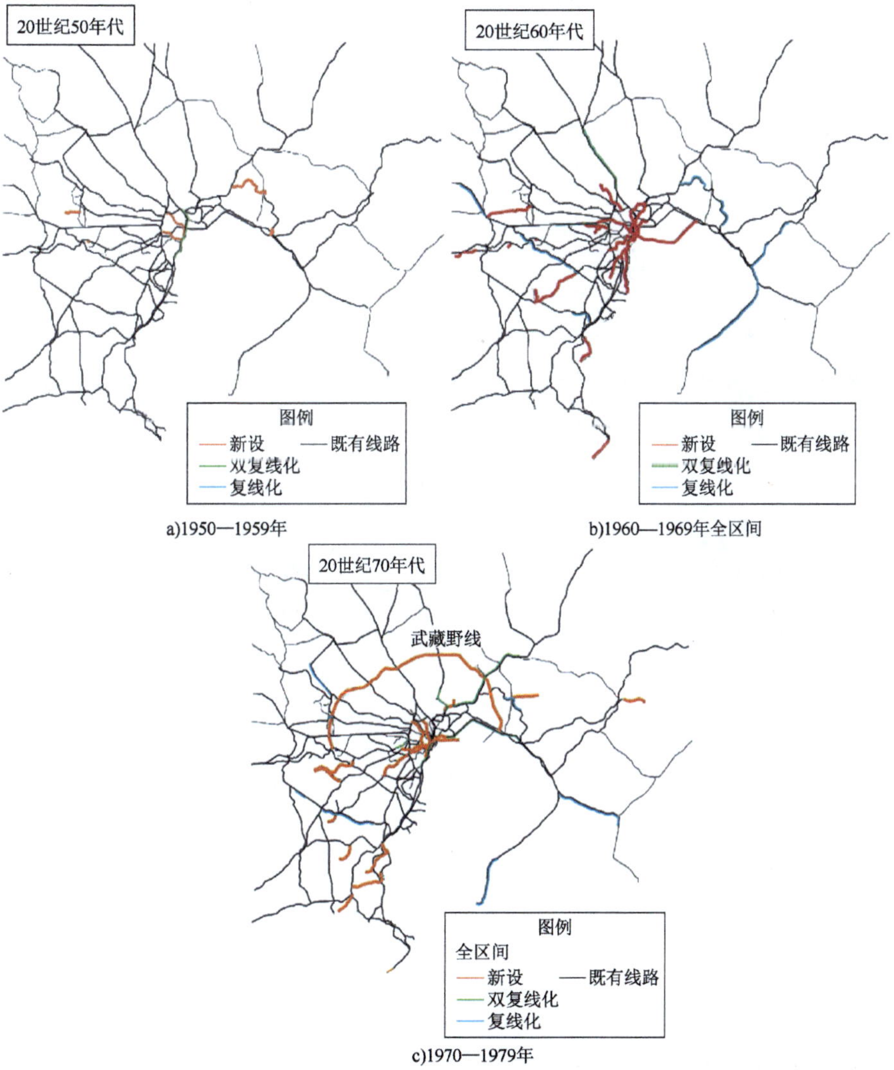

20世纪50年代
图例
新设
既有线路
双复线化
复线化
a)1950—1959年
20世纪60年代
图例
新设
既有线路
双复线化
复线化
b)1960—1969年全区间
20世纪70年代
武藏野线
图例
全区间
新设
既有线路
双复线化
复线化
c)1970—1979年

图 2-5　东京都市圈强化运能措施的实施情况(第二次城市化时期)
来源:运输政策研究机构《东京圈铁路的发展与未来》。

⑤郊外铁路与地铁的互联互通

在建设地铁当时，自郊外向都心的郊外铁路与市内有轨电车的换乘客流量特别大，往往将车站挤得水泄不通，问题严重，所以为了减少换乘，提高自郊外向心的出行便利性、速达性，果断采取将郊外铁路与地铁跨线贯通运行的方式，实现互联互通。

郊外铁路与地铁实现互联互通化的过程（东京都市圈）：

战后复兴、产业结构变化导致首都圈的人口集中进一步加速。其结果是郊外铁路与市内有轨电车的换乘量不断大增，直冲换乘站承载极限。因此，从1948年至1955年，民营铁路的京成电铁、东武铁道、京浜急行铁道、东京急行铁道、小田急电铁、京王电铁等多家公司先后向运输省提出申请，希望批准将各自的线路延伸至都心部（即申请将自家线路延伸至山手线内侧）。对此，在1956年的城市交通审议会第1号批复中，明确提出东京的地铁应实施有计划的、统一的建设和运营，且“地铁与郊外私铁实现互联互通化”。其结果，民营铁路各公司都以撤下线路向都心沿线申请，换取与地铁实施互联互通运营规划。从此之后，东京的地铁线中，除了大江户线（1991年开业）以外，均以实施互联互通运营为前提进行了建设（表2-8）。

东京都市圈铁路线的新设、改造及延长（单位：km） 表2-8

| 时间 | | 1950—1959年 | 1960—1969年 | 1970—1979年 | 1980—1989年 | 1990—1999年 |
|---|---|---|---|---|---|---|
| 新设线路 | JR（国铁） | 0.0 | 7.5 | 89.2 | 64.9 | 9.5 |
| | 民营铁路等 | 19.9 | 42.8 | 56.9 | 10.9 | 76.2 |
| | 地铁 | 16.6 | 100.5 | 58.8 | 50.8 | 53.4 |
| 新设线路 | 新交通 | 0.0 | 13.1 | 6.6 | 34.3 | 41.4 |
| | 合计 | 36.5 | 163.9 | 211.5 | 160.9 | 180.5 |
| 多复线化 | JR（国铁） | 11.7 | 26.5 | 52.3 | 66.0 | 5.0 |
| | 民营铁路等 | 0.0 | 0.0 | 10.6 | 10.6 | 8.6 |
| | 地铁 | 0.0 | 0.0 | 0.0 | 0.0 | 0.0 |
| | 新交通 | 0.0 | 0.0 | 0.0 | 0.0 | 0.0 |
| | 合计 | 11.7 | 26.5 | 62.9 | 76.6 | 13.6 |
| 复线化 | JR（国铁） | 0.0 | 62.2 | 53.1 | 24.6 | 0.0 |
| | 民营铁路等 | 0.0 | 24.8 | 10.4 | 19.8 | 8.2 |
| | 地铁 | 0.0 | 0.0 | 0.0 | 0.0 | 0.0 |
| | 新交通 | 0.0 | 0.0 | 0.0 | 0.0 | 0.0 |
| | 合计 | 0.0 | 87.0 | 63.5 | 44.4 | 8.2 |

### 2.1.4 第三次城市化期间（1980—2000年）轨道交通线网的发展

（1）城市的发展与需求的变化

进入第三次城市化阶段，东京都市圈人口增长速度比之前虽有所放缓，但仍保持增长趋势(表2-9、表2-10)。在产业结构上,第二产业就业人员减少,第三产业就业人员增加,高新技术、服务业成为产业中心(图2-6)。

第三次城市化期间东京都市圈人口的增长率　表2-9

| 类别 | | 东京都市圈(一都三县) | 东京都 | 三县(神奈川县、埼玉县、千叶县) |
|---|---|---|---|---|
| 第三次城市化 | 1980年 | 2870万人 | 1162万人 | 1708万人 |
| | 2000年 | 3258万人 | 1177万人 | 2081万人 |
| | 增长率(%) | 1.14 | 1.01 | 1.22 |
| 第二次城市化 | 增长率(%) | 1.56 | 1.42 | 1.72 |
| 第一次城市化 | 增长率(%) | 1.47 | 1.72 | 1.24 |

注:1.第二次城市化的增长率:1950—1980年30年间的增长情况。
2.第一次城市化的增长率:1920—1940年20年间的增长情况。

第三次城市化期间东京都区部日间人口、夜间人口增长率　表2-10

| 类别 | | 日间人口 | 夜间人口 |
|---|---|---|---|
| 第三次城市化 | 1980年 | 1061万人 | 834万人 |
| | 2000年 | 1119万人 | 794万人 |
| | 增长率(%) | 1.05 | 0.95 |
| 第二次城市化 | 增长率(%) | 1.43 | 1.27 |

注:第二次城市化的增长率:1950—1980年30年间的增长情况。

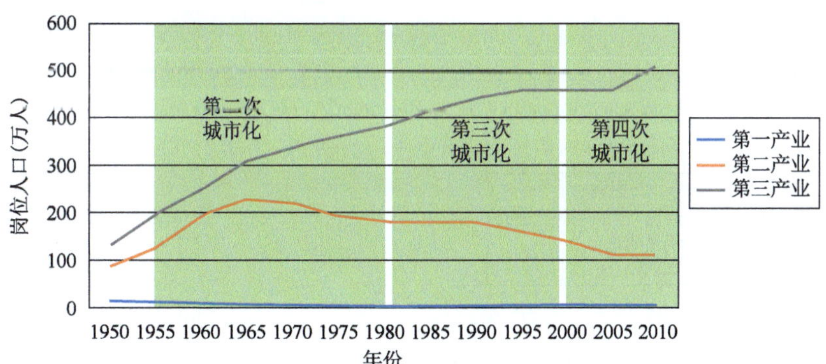


图2-6　东京都各产业岗位人口的变化

因客运需求持续增加,所以增加运输能力仍是最大的课题(表2-11)。

第三次城市化期间铁路乘降客流量增长率　表2-11

| 类别 | | JR(国铁) | 民营铁路 | 地铁 |
|---|---|---|---|---|
| 第三次城市化 | 1980年 | 1382万人/日 | 1268万人/日 | 1049万人/日 |
| | 2000年 | 1743万人/日 | 1479万人/日 | 1396万人/日 |
| | 增长率(%) | 1.26 | 1.17 | 1.33 |
| 第二次城市化 | 增长率(%) | 1.54 | 1.91 | 17.9 |

注:第二次城市化的增长率:1950—1980年30年间的增长情况。

(2)轨道交通的建设

①运能的增强和建设成本的高涨

相比第二次城市化,第三次城市化显得较为平稳。但由于客运需求增加,与第二次城市化一样,在市中心建设了地铁新线,民营铁路重点增强运输能力。而另一方面,随着城市化的进展,铁路建设需要大量的资金,铁路运营商的负担也越来越大。

在此背景下,为了确保东京周边大规模增强运能工程的建设资金,根据1986年的《特定城市铁路建设促进措施法》,创设了《特定城市铁路建设储备金制度》。该项制度是以国铁(JR)以外的民营铁路运营商为对象,通过将其建设工程所需费用的一部分预先添加到票价中,提前向铁路用户收取,储存起来用于补充建设资金。储备基金享受非课税等税务优惠政策。在该制度创设的次年,五家大型公司(东武、西武、京王、小田急、东急)的开发项目相继获批(图2-7)。

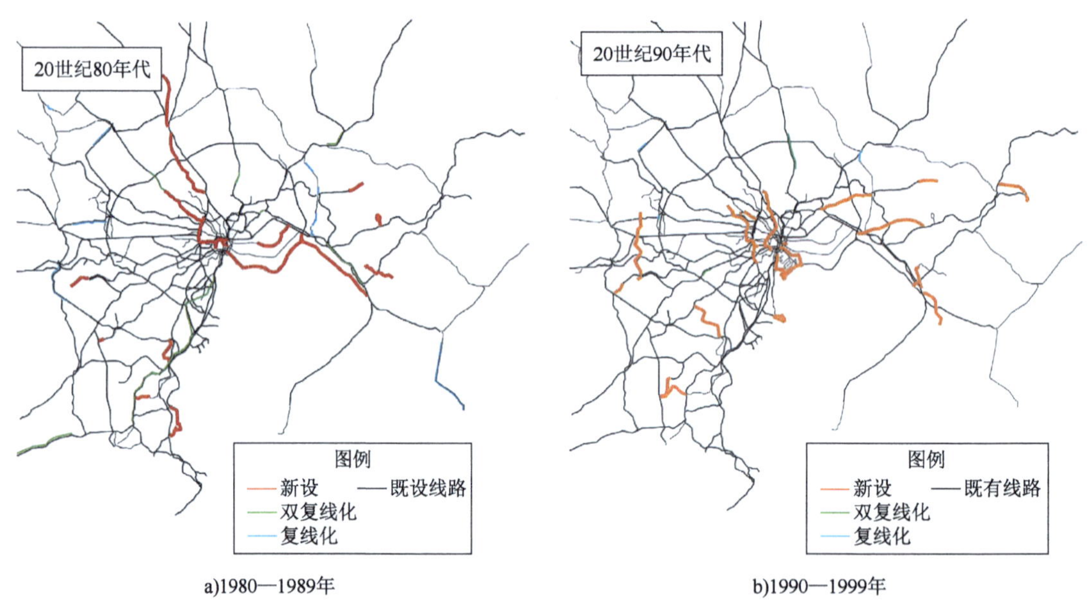


a)1980—1989年　　b)1990—1999年

图2-7　东京都市圈增强运能的实施情况(第三次城市化期间)
来源:运输政策研究机构《东京圈铁路发展的过去与未来》。

②国营铁路的分割民营化

由于汽车的普及,地方铁路的乘客减少,建设新干线和在城区实施增强运能措施等费用负担不断增加,同时在政策驱动下又推进了无法盈利的地方支线建设项目,以及规定不能参与房地产等运输业以外的项目等。在众多原因下,自1964年起国营铁路经营持续出现赤字,最终于1987年,国营铁路实施了分割民营化。

③新交通系统:引进中运量轨道交通系统

东京都23区的外延地区、多摩南北方向等公共交通出行不便的地区,以及临海副城市中心等开发区,对修建铁路新线的需求强烈。但要开发线路又存在诸多问题,如城市化的进展导致地价不断上涨、铁路建设项目的成本大幅上涨、无法吸引大量的客流等。考虑到由民间或政府单独开发难度大,于是成立了由政府和民间企业组成的第三开发机构,开发小型且轨道线形自由度大、建设成本低的地铁、单轨、AGT等新的运输系统(中运量轨道交通系统)(表2-12)。第三开发机构模式虽然是由政府主导,但它具有类似民间资金和贷款等融资范围广、人力资源多样化、有利于提高与道路管理单位等的协商、协调能力等许多优势。这些优势可使常年来的一大政策难题——开发铁路新线问题得以解决。

**第三次城市化期间东京都市圈开通的新型交通系统**　表2-12

| 交通系统 | 线路名称 | 轨道建设单位 |
|---|---|---|
| 小型地铁(直线电机地铁) | 都营地铁12号线(大江户线) | 建设:东京都地铁建设株式会社;运营:东京都交通局 |
| 单轨铁路 | 多摩都市单轨铁路 | 多摩都市单轨铁路株式会社 |
| AGT(Automated Guideway Transit) | 东京临海新交通临海线 | 株式会社百合鸥 |

## 2.1.5　第四次城市化期间(2000年至今)轨道交通线网的发展

(1)城市的发展与需求的变化

20世纪90年代后半期,日本泡沫经济崩溃,地价大幅下跌,郊外住宅区的资产价值大幅缩水。由于东京市中心地价下降,利用交通极为便利的市中心工厂旧址和填海造地开发的高层商品房作为市区住房备受关注,并因其价格在年轻工薪层可承受范围之内而受到年轻上班族的青睐。也因此,出现了人口向市中心回流的现象(表2-13、表2-14)。

**第四次城市化期间东京都市圈人口的增长率**　表2-13

| 类别 | | 东京都市圈(一都三县) | 东京都 | 三县(神奈川县、埼玉县、千叶县) |
|---|---|---|---|---|
| 第四次城市化 | 2000年 | 3342万人 | 1206万人 | 2136万人 |
| | 2020年 | 3691万人 | 1405万人 | 2286万人 |
| | 增长率(%) | 1.10 | 1.17 | 1.07 |
| 第三次城市化 | 增长率(%) | 1.14 | 1.01 | 1.22 |
| 第二次城市化 | 增长率(%) | 1.56 | 1.42 | 1.72 |
| 第一次城市化 | 增长率(%) | 1.47 | 1.72 | 1.24 |

注:1.第三次城市化期间的增长率:1980—2000年20年间的增长率。

2.第二次城市化期间的增长率:1950—1980年30年间的增长率。

3.第一次城市化期间的增长率:1920—1940年20年间的增长率。

第四次城市化期间东京都 23 区日间人口和夜间人口的增长率　　表 2-14

| 类别 | | 日间人口 | 夜间人口 |
|---|---|---|---|
| 第四次城市化 | 2000 年 | 1113 万人 | 809 万人 |
| | 2020 年 | 1235 万人 | 973 万人 |
| | 增长率(%) | 1.11 | 1.20 |
| 第三次城市化 | 增长率(%) | 1.05 | 0.95 |
| 第二次城市化 | 增长率(%) | 1.43 | 1.27 |

注:1. 第三次城市化期间的增长率:1980—2000 年 20 年间的增长率。
2. 第二次城市化期间的增长率:1950—1980 年 30 年间的增长率。

日本总人口在 2008 年达到顶峰后开始下降,转入人口减少时代。而东京都的人口自 2008 年以来持续增长,老龄化目前也低于日本其他地区,但估计今后也将会进入老龄化时代。到那个时候,就无法再期待客运需求的增长(表 2-15)。

第四次城市化期间铁路客流量的增长率　　表 2-15

| 类别 | | JR(国铁) | 民营铁路 | 地铁 |
|---|---|---|---|---|
| 第四次城市化 | 2000 年 | 1704 万人/日 | 1466 万人/日 | 1385 万人/日 |
| | 2019 年 | 1909 万人/日 | 1788 万人/日 | 2076 万人/日 |
| | 增长率(%) | 1.12 | 1.22 | 1.50 |

(2)轨道交通的建设

①新线建设的减少和进一步推进完善互联互通化

2000 年运输政策审议会答申第 18 号报告中,提出了铁路建设方针,明确今后应解决的六个问题:a. 缓解拥挤;b. 提高快速性;c. 应对城市结构和功能的重组优化等;d. 强化与机场、新干线等的衔接功能;e. 无缝衔接;f. 无障碍化。铁路建设的重点将转至质的提升,而不再是以增强运能为主的量的扩容。

新线开发的数量显著减少,事实上,自 2000 年以来,除了延伸线以外,东京都市圈唯一开通的新线是 2005 年的筑波快线。其他可算新建线路的是 2008 年开业的东京地铁副都心线,但副都心线的定位很大程度上是既有有乐町线双复线的分支延伸线,是以实施互联互通运营为前提的短路线。原来以涩谷站为起点的东急东横线,为了在涩谷站可跨入副都心线,新建了衔接副都心线的地下线,于 2013 年与副都心线实现互联互通。东急东横线在横滨地区开发了一条连接相模铁路干线的新短路线,于 2023 年开通与相模铁路干线开始跨线运营。与此同时,相模铁路干线也开始与副都心线实现互联互通化(图 2-8)。

在第四次城市化期间,积极推动修建衔接既有铁路线的短路线,以通过跨线贯通提高便利性。因此,截至 2015 年,在总里程 2460km 的铁路线中,75% 实现了互联互通化运营。

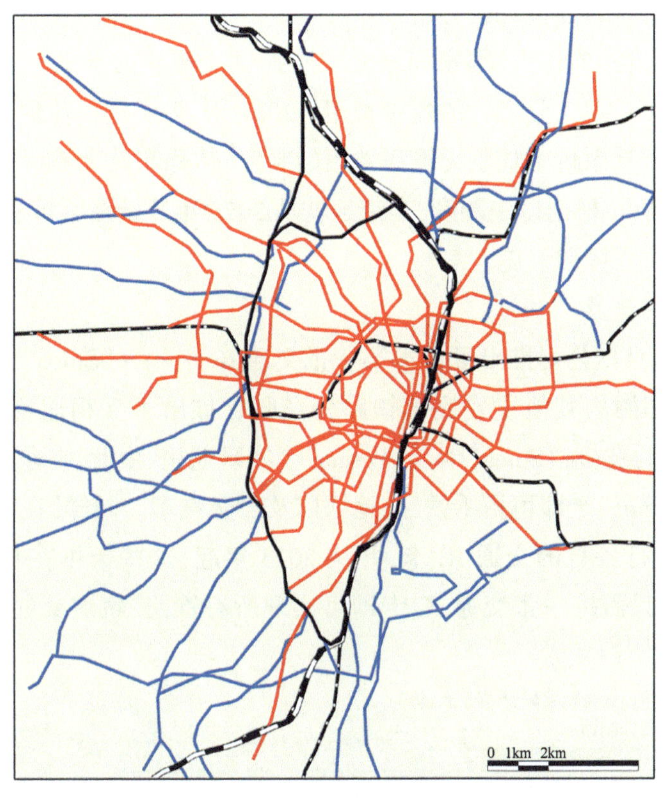


图 2-8　2023 年东京都市圈的铁路、轨道交通线网示意图

②轨道交通设施无障碍化的推进

访日外国人的增加、与各国城市间的竞争日趋激烈而需要不断增强城市的国际竞争力，以及首都圈面临地震、全球气候变化而引发的大规模洪水等灾害风险的增加等，在这些背景下，基于构建更高质量的东京都市圈城市铁路线网的观点，大力改善机场交通的通达性、应对列车延误、强化无障碍措施、与城市建设协调发展、强化防灾措施、提高外国人的使用便利性等应对国际化的措施、优化车站空间质量、扩大对信息与通信技术（Information and Communication Technology，ICT）的利用等成为当务之急。

站台安全门是代表性的无障碍设施之一。日本最初于 1980 年的新交通系统中引进全自动站台安全门。地铁等城市轨道交通中最早启用站台安全门的是东京地铁 1991 年开通运营的南北线。在 2000 年《交通无障碍法》施行后，新建铁路线设置站台安全门成为必须履行的义务。之后在 2016 年，《交通无障碍法》与《建筑物无障碍法》合并为《促进老龄、残障等人士出行等顺畅化相关法律》。在该法律中，将无障碍服务对象由老龄和残障人士，扩大至智力障碍、精神障碍、发育障碍等所有残疾人。按照该法律，交通的无障碍化建设需要为所有行动不便的特殊群体提供可出行的环境，并致力于按照“在任何地方、任何人都可自由、便利地使用”的通用设计理念推进建设。诸如此类的积极推进完善无障碍设施建设是第四次城市化阶段的一大特征。

为推进无障碍设施的建设,国家和地方政府提供了相应的补助。有了专项的补助制度后,铁路企业只需负担三分之一的建设费用。2021 年,为了进一步促进无障碍设施的建设,许多城市创设了从票价中加收无障碍费用的制度(俗称车站无障碍收费制度),由广大铁路用户一起来分担。根据这一制度,东京地铁从 2023 年开始在票价中加收了 10 日元的无障碍费,用于完善无障碍设施。

③交通 IC 卡的普及

2001 年,JR 东日本公司推出了日本第一张交通 IC 卡——“Suica”。后于 2007 年,东京地铁和东京首都圈的其他主要民营铁路公司联合推出了互相通用的交通 IC 卡——“Pasmo ”。并以此为契机,“Suica”卡与“Pasmo”卡实现通用,由此,在东京都市圈内仅持一张“Suica”卡或“Pasmo”卡即可搭乘铁路、地铁以及公交汽车。同样,在大阪和名古屋等其他都市圈也都有发行各自的交通 IC 卡,并从 2013 年起,这些卡可在日本全国范围内通用。这也就意味着只需持一张交通 IC 卡即可实现所有铁路、轨道交通、公交的搭乘自由(图 2-9)。

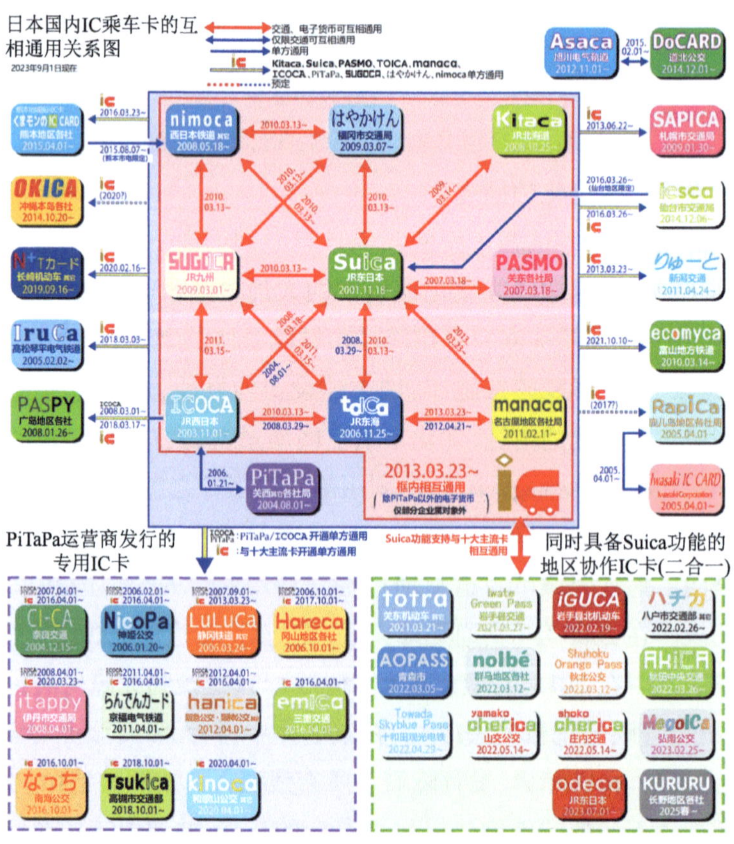


图 2-9　日本交通 IC 卡的通用情况

交通 IC 卡的普及,省去了坐车前购票的麻烦,提高了使用铁路等公共交通出行的便利性。特别是在东京都市圈内,实施跨线贯通运营的线路多,交通 IC 卡的推出进一步提升了出行便利性。

此外,交通 IC 卡的引进和推广,还有利于减少售票机、自动检票机(部分转换成 IC 卡专用闸机)的配置数量,为铁路企业降低建设成本做贡献。

## 2.2 日本大阪都市圈、名古屋都市圈轨道交通线网的发展史

### 2.2.1 大阪都市圈轨道交通线网的发展史

与东京都市圈一样,大阪都市圈的铁路线网骨架在第一次城市化(1920—1940 年)之前就已基本建成。但在城市化初期,有轨电车是城市内的主要交通方式,并逐步扩大,直至 20 世纪 40 年代初为止。而地铁始于 20 世纪 30 年代,当时也只有一段线路。

第二次城市化期间(1950—1980 年),伴随机动化的普及,开始发展地铁来取代有轨电车。1958 年的都市交通审议会,明确了“大阪市交通局因财政困难,地铁建设进展缓慢,为了改善大阪市急剧恶化的交通环境,应让私铁公司修建可直达市中心的线路”的建设方针。随后,京阪电气铁道公司于 1963 年开通了至淀屋桥站的线路,近畿日本铁道公司于 1970 年开通了至难波站的线路。这一点和以与市郊铁路线互联互通为前提发展地铁的东京首都圈有所不同。此外,大阪市的地铁为了缩小地下断面以降低成本,基本采用的是第三轨道供电。因此,采用架线供电的市郊线的车辆无法直接与地铁跨线运行。

国铁主要担负城际铁路功能,平均站间距长、运行速度快。与东京都市圈相比,大阪都市圈的人口密度相对低,都市圈的规模也略小。因此,在第二次城市化之前,国铁作为服务城市出行的交通工具需求不大。此外,由于国铁自 1964 年起经营长期亏损,其开行对数、票价以及其他服务水准均较低,直到第三次城市化(1980—2000 年)期间,国铁民营化改组为 JR 服务得到改善为止,其在大阪都市圈公共交通体系内的存在感一直很低。

进入第三次城市化后,大阪主要推进了使用直线电机的小型地铁和单轨,以及 AGT 系统的建设,主要针对海滨地区等新开发区以及客流量少但必须配备公共交通系统的地区,这点与东京都市圈类似。

目前,大阪市共有 8 条地铁线,总长度约 130km 。自从 2006 年的今里筋线(全长约 12km、直线电机制式)开通至今,没有再开发新线(图 2-10)。

大阪都市圈骨干线路的开通和电气化时期见表 2-16,城区铁路、轨道交通线的主要开通时期见表 2-17。

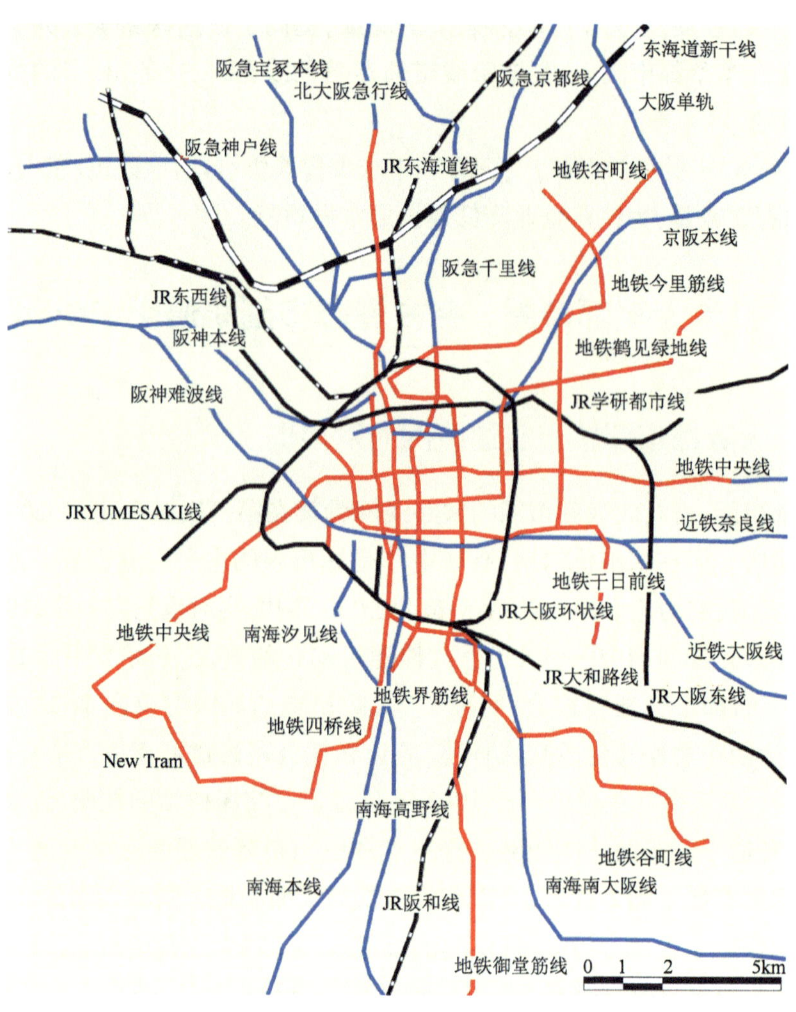


图 2-10　现在大阪都市圈的铁路、轨道交通线网(2023 年)

**大阪都市圈骨干线路的开通和电气化时期(大阪都市圈)**　　表 2-16

| 线路名 | 开通和电气化时期 |
|---|---|
| JR 东海道线 | 1874 年:大阪站—神户站;<br>1876—1877 年:京都站—向日町站—大阪站;<br>1879—1880 年:大津站—京都站 |
| JR 大阪环状线 | 1892—1895 年:(JR 难波站—)今宫站—天王寺站—大阪站;<br>1898 年:大阪站—西九条站(—安治川口站);<br>1961 年:西九条站—天王寺站(作为铁路环线全线开通) |
| JR 关西本线 | 1889 年:JR 难波站—天王寺站—柏原站;<br>1890—1892 年:柏原站—王子站—奈良站 |
| 阪急电铁阪急宝塚线 | 1910 年:大阪梅田站—宝塚站 |
| 京阪电气铁道 | 1910—1915 年:天满桥站—清水五条站—三条站(京都);<br>1963 年:淀屋桥站—天满桥站(进入市中心);<br>2008 年:中之岛站—淀屋桥站(进入市中心) |

续上表

| 线路名 | 开通和电气化时期 |
| --- | --- |
| 近畿日本铁道近铁奈良线 | 1914 年：上本町站—布施站—奈良站；<br>1970 年：近铁难波站—上本町站（进入市中心） |
| 近畿日本铁道近铁大阪线 | 1914 年：上本町站—布施站；<br>1924—1927 年：布施站—八尾站—恩智站—大和田高田站—八木站；<br>1970 年：近铁难波站—上本町站（仅限特急列车） |
| 南海电气铁道南海本线 | 1885—1888 年：难波站—堺站；<br>1897—1898 年：堺站—泉佐野站—尾崎站—和歌山北口站；<br>1903 年：难波站—和歌山市站全通 |

大阪都市圈城区铁路、轨道交通线的主要开通时期　　表 2-17

| 轨道交通 | 开通时期 |
| --- | --- |
| 有轨电车 | 1903 年，大阪市营有轨电车开通，约 5km（第一期线）；<br>1908 年，第二期线 2 路线，合计约 11km 开通；<br>1913 年，第三期线 13 路线，合计约 43km 开通；<br>1932 年，第四期线，约 25km 开通；<br>1944 年，线路总长约 118km，为鼎盛期；<br>1960 年，地铁等建设后，一部分区段开始停运、废止。1969 年，全线废止 |
| 大阪市营地铁 | 御堂筋线：<br>1933 年，梅田站—心斋桥站间（约 3km）开通；<br>1935 年，心斋桥—难波站间（约 1km）开通；<br>1938 年，难波站—大国町站—天王寺站间（约 3km）开通。<br>四桥线：<br>1942 年，大国町站—花园町站（1.3km）开通 |

注：地铁为第二条线开通为止的情况。

## 2.2.2 名古屋都市圈轨道交通线网的发展史

与东京都市圈一样，名古屋都市圈的铁路线网骨架在第一次城市化（1920—1940 年）之前就已基本建成。在第一次城市化期间，有轨电车是市内的主要交通工具。与东京都市圈和大阪都市圈相比，名古屋都市圈地铁建设起步晚，始于 20 世纪 50 年代的第三次城市化时期。因此，有轨电车的扩建一直持续到了 1960 年。之后，与其他大都市圈一样，伴随地铁的开发建设和小汽车的普及，有轨电车逐步被淘汰，1974 年，有轨电车全线退役。

名古屋都市圈的人口集中度比大阪都市圈低，整个圈域规模也不大。因此，与大阪都市圈一样，国铁在都市圈内交通体系中的存在感较低，直到 1987 年国铁民营化变为 JR 后，服务水准才有所提升。

在第三次城市化（1980—2000 年）期间，与其他大都市圈一样，为了解决必须为新开发地区配套交通系统的问题，结合需求量并不大的情况，建设了 AGT 以及采用直线电机的轨道交通系统。此外，还引进了其他成本较低的交通系统，如 BRT、行驶公交专用高架区间的导轨系统等。这一点也充分体现了该地区虽然在规模上不如东京和大阪都市圈，但汽车工业却十分兴旺发达的地区特点。

现在名古屋都市圈的铁路、轨道交通线网如图 2-11 所示。名古屋都市圈骨干线路的主要开通及电气化时期见表 2-18，城区铁路、轨道交通线的主要开通时期见表 2-19。

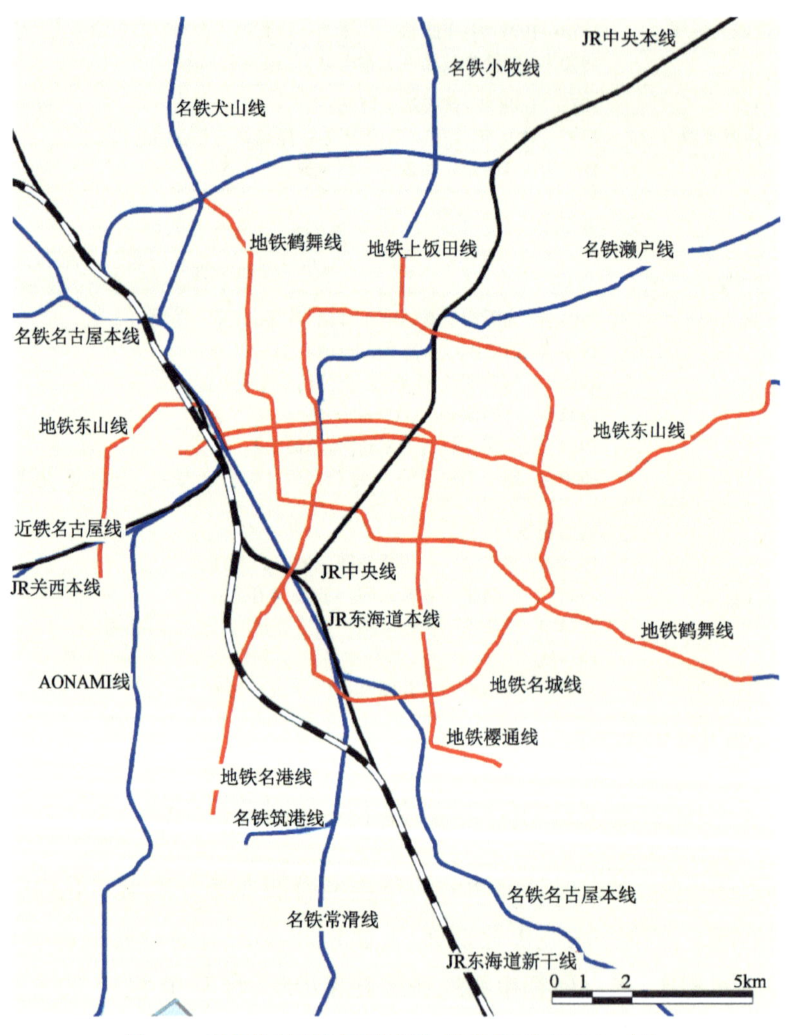


图 2-11　现在名古屋都市圈的铁路、轨道交通线网(2023 年)

**名古屋都市圈骨干线路的主要开通和电气化时期**　　表 2-18

| 线路名 | 开通和电气化时期 |
|---|---|
| JR 东海道线 | 1886 年,(武丰站—)大府站—热田站—名古屋站—木曾川站—岐阜站;<br>1887 年,木曾川站—岐阜站—大垣站(至滋贺县的米原、长浜站全线开通) |
| JR 中央线 | 1900 年,名古屋站—多治见站;<br>1902 年,多治见站—中津川站 |
| JR 关西本线 | 1895 年,名古屋站—桑名站;<br>1899 年,大仏站—奈良站段开通,名古屋站—奈良站全线开通 |

续上表

| 线路名 | 开通和电气化时期 |
|---|---|
| 名古屋铁路名古屋本线 | 名岐线 名古屋—岐阜段：<br>1914 年，枇杷岛桥站—须之口站开业，之后依次开业；<br>1935 年，名铁一宫站—笠松站开业，枇杷岛桥站—岐阜站段全线开通；<br>1941 年，新名古屋站—枇杷岛桥站。<br>丰桥线 名古屋—丰桥段：<br>1917 年，神宫前站—本笠寺站—有松站；<br>1923 年，有松站—知立站—西冈崎站—东冈崎站；<br>1926—1927 年，东冈崎站—小坂井站—伊奈站—丰桥站；<br>1944 年，新名古屋站—神宫前站。<br>互联互通模式：<br>1948 年，名岐线与丰桥线开始互联互通运营 |
| 近畿日本铁道名古屋本线 | 1938 年，近铁名古屋站—桑名站 |

注：名称等均为现在使用名称。

名古屋都市圈城区铁路、轨道交通线的主要开通时期 表 2-19

| 轨道交通 | 开通时期 |
|---|---|
| 有轨电车 | 1898 年，民营企业开发且运营的笹岛—县厅前区段 2.2km 开业。之后依次扩大；<br>1922 年，名古屋市收购，变为名古屋市营（合计约 43km）；<br>1959 年，东山公园—星之丘段开业，总长约达 106km，是最鼎盛期；<br>1961 年，地铁等的建设，部分区间开始停运、废止。1974 年全线废止 |
| 地铁名古屋市营 | 东山线：<br>1957 年，名古屋站—荣站段（约 2.4km）开通；<br>1960 年，荣站—池下站间（约 3.6km）开通；<br>1965 年，池下站—东山公园站段（约 2.5km）开通。<br>名城线：<br>1965 年，名古屋城站—荣站段（1.3km）开通 |

注：地铁为第二条线开业为止的情况。

## 2.3 对各企业开发轨道交通的协调

（1）轨道交通线路开发许可的申报（铁路企业申报）

在日本，开发铁路项目（线路的建设和运营）时，铁路项目的经营者必须向国家提交申请，获取国家的许可（具体由政府机构的国土交通省审核、批准）。开发铁路项目的许可并不是以企业为单位，而是必须按线、按其项目类别进行申请。因此，即便是延伸既有线路，新建区段也同样需要再一次申请开发许可。

铁路项目的种类：第一种铁路项目（“上下一体方式”，即开发和运营为同一主体）、第二种铁路项目（“上下分离方式”的仅进行运输与经营）、第三种铁路项目（“上下分离方式”的仅建设和保有设施）。

铁路经营者在申请铁路经营许可证时，要提交规划线路概况、经营计划（功率、轨距、设计最高时速、设计通过吨位、车站位置等），以及项目收支估算、建设成本估算和资金收支估算。对此，国家通过组织一个由学术专家等组成的审议会（"运输审议会"）进行审查，重点从经营的可行性、安全性、计划性以及申请人的执业能力等各方面进行审查。特别是因为铁路项目是社会基础设施之一，对运营的可持续性，即未来的收支计划是否合理可行的审查尤为严格。

（2）都市圈轨道交通开发的协调（铁路企业的意见经审议会协调）

如上所述，日本的铁路线都是由各铁路公司（大多为民营企业）各自制定铁路项目计划、立项、报审进行开发和建设。因此，整个都市圈的建设规划等就需要政府来协调把控。政府在其运输省（现在的国土交通省）内专门设立了审议会负责决策。审议会通过明确宜在目标年度内开发的线路和应考虑开发的线路等建设规划，指明未来铁路线网的发展方向和目标。审议会虽历经了"城市交通审议会（1955 年）""运输政策审议会（1972 年）""交通政策审议会（2001 年）"的三次更名，但审议会及其下属机构的分科会等的成员，始终坚持由学术专家、铁路公司代表、乘客等各方构成，致力于从不同角度出发，展开广泛深入的研讨，并根据铁路企业的意见制订建设方针和规划。同时，协调各铁路公司之间的开发规划等也是审议会的职责定位。

2000 年公布的审议会批复中，对建设对象线路的选定条件如下。

《运输政策审议会　批复第 18 号　2000 年告示》概要：

①新开发线路的对象均为县、市町村等公共团体等要求建设的线路。

②针对这些线路，从社会经济效果、收支核算、规划成熟度等进行评价，在综合判断的基础上选定批复线路。

③对批复的线路，按"宜在目标年度内开业的线路""宜在目标年度内着手建设的线路""今后还需深化研究的线路"分别进行定位。

④这些批复线路和开发规划，表明了未来理想的铁路线网。

在 2016 年公布的审议会批复的开发对象线路中，没有明确诸如"宜在目标年度内着手建设的线路"等的优先顺序，而是提出了开发时将会面临的问题，具体为"项目可行性方面存在的问题""收支核算方面存在的问题"。此外，在之前的开发规划中仅针对线路，而在这次的批复中新增了铁路车站项目，这主要是由于铁路车站作为城市开发中功能节点的重要性。

项目可行性问题：是指股权内部收益率（Equity Internal Rate of Return，EIRR）存在问题。

收支核算性问题：是指 EIRR 可行，但财务内部收益率（Financial Internal Rate of Return，FIRR）存在问题（累积资金收支无法达到黑字等）。

日本政府对东京都市圈铁路线网的答复见表2-20。

日本政府对东京都市圈铁路线网的答复　表2-20

| 序号 | 审议会 | 公布年（目标年） | 报告名称 | 规划概要 |
|---|---|---|---|---|
| 1 | 都市交通审议会答复第1号报告 | 1956年（1975年） | 关于东京及其周边城市交通的第一次报告 | 1.公布了地铁5条规划线路；<br>2.郊外私营铁路与地铁实施互联互通运营 |
| 2 | 都市交通审议会答复第4号报告 | 1960年— | 关于东京路面交通的报告 | 1.防止或分散路面交通需求的增加；<br>2.有轨电车逐步拆除，以地下高速铁路、公交车等其他交通工具来代替；<br>3.小汽车出行向公共交通出行转换；<br>4.推进道路的新设、拓宽、交叉路口及道口的立体化 |
| 3 | 都市交通审议会答复第6号报告 | 1962年（1975年） | 关于东京及其周边快速轨道交通，尤其是增强地下快速轨道交通运输能力建设的基本规划的修改 | 1.变更了第1号报告中定位的5条线路的一部分；<br>2.新增加5条线路 |
| 4 | 都市交通审议会答复第9报告 | 1966年（1985年） | 关于横滨及其周边加强客运建设的基本规划 | 公布了横滨及其周边地区的加强客运建设规划 |
| 5 | 都市交通审议会答复第10号报告 | 1968年（1975年） | 关于加强东京及其周边以快速轨道交通为中心的交通线网建设基本规划的中间报告 | 根据现状，显著拥挤的线路（银座线、丸之内线）修改地铁规划 |
| 6 | 都市交通审议会答复第15号报告 | 1972年（1985年） | 关于加强东京及其周边以快速轨道交通为中心的交通线网建设基本规划 | 1.修改了目标年度的新规划；<br>2.强化衔接郊外新城的线路，衔接新干线车站、机场的线路等 |
| 7 | 运输政策审议会答复第7号报告 | 1985年（2000年） | 关于东京都市圈的以快速轨道交通为中心的交通线网建设基本规划 | 1.修改了目标年度的新规划；<br>2.为缓解国铁主要线路的拥挤，新增了常磐新线、京叶线、埼京线；<br>3.将东京单轨的延伸线、京急机场线等定位为羽田机场接驳线 |
| 8 | 运输政策审议会答复第18号报告 | 2000年（2015年） | 关于东京都市圈的以快速轨道交通为中心的交通线网建设基本规划 | 1.修改了目标年度的新规划；<br>2.批复中，对线路按“宜在目标年度内开通的线路”“宜在目标年度内着手修建的线路”“今后还需深化研究的线路”进行划分；<br>3.推进交通服务的无障碍化、无缝衔接化等 |
| 9 | 交通政策审议会答复第198号报告 | 2016年（2030年） | 关于东京都市圈今后城市铁路的发展方向 | 1.修改了目标年度的新规划；<br>2.开发对象的线路按“有助于强化国际竞争力的铁路线网的项目”“有助于地域成长的铁路线网的项目”“有助于车站空间提质的项目”等分为三类；<br>3.没有划分建设的优先等级，而是提出了修建所面临的课题 |

## 2.4 轨道交通支撑都市圈空间结构的调整和优化

(1)城市的魅力:集聚

如果用一个词概括城市的魅力,那就是“集聚”。人们聚集在某一特定区域的原因有多种,包括政治、军事、宗教、交通、工业等。当人们聚集在特定区域时,带来各种事物(资本)和信息的汇集,产生创新,从而诞生新的技术和新的价值等。同时,这种集聚所产生的“规模经济”使得活动和生产更加高效。也正是这些集聚、交融,促进了产业和经济的发展,带来富裕的生活,造就了城市魅力。

(2)基于城市魅力的城市空间应有形态:轨道上的城市

在城市中,为了促进集聚从而提高吸引力和效率,形成了功能特定的地区或据点。例如,商务区、工厂区、商业区、住宅区、公园和体育区。而商业区又可进一步细分,如奢侈品集中的品牌街、电器商店集中的电器街、餐饮集中的美食街等,功能分明的集聚,更有利于促进服务水平的提高。然而,人们要享受这些各式各样的服务,必须要出行,这就需要在有限的城市空间内,提供空间效率高(即运输效率高)的交通工具、大运能的交通系统。在当今社会,就运输效率而言,显然铁路最为合适。

(3)实现应有形态的方策:日本的案例

在日本,为了构建如上所述的城市,长期以来,通过法规明确定义应当城市化的区域和不应当开发的区域,来管控土地利用,致力于提高城市的聚集度。另一方面,因机动化而迅速普及的汽车,虽然具有较高的出行自由度和出行便利性,但从空间利用角度来看,运输效率低,且在促进城市各种集聚上存在诸多问题。因此,除了提高公共交通便利性以外,近来还采取了一系列的政策措施,提倡将功能集中在便于公共交通出行的轨道交通车站等站城一体化城市开发上(图2-12)。

a)1988年

b)2016年

图2-12 铁路站周边功能集聚的变化(东京站)

物流对城市的生活和经济活动至关重要。物流需要可送达城市中的所有建筑物和住宅,因此,适合采用汽车运输。日本在大力发展大都市圈轨道交通的同时,也相当重视对城市高速公路等道路的建设。目前,在东京大都市内,随着道路和铁路的发展,形成了人的流动用轨道交通等公共交通、物的流动用汽车等的功能划分,分工的明确使城市的活动更加高效。

(4)铁路、轨道交通经营的应有形态:日本的案例

在当今社会,铁路已是支撑城市运转的基础设施,故铁路的经营不但在现在,乃至未来都应予保障。为确保铁路可持续运营,需要保障未来的收入和支出,为此,铁路的运营成本应完全依靠运费收入来支付。

日本的铁路线大多由民营铁路公司经营,且以独立经营、自负盈亏出名。但这并不意味着商业和房地产等非铁路经营利润会流入铁路运营。日本铁路运营商仅依靠以运费收入(图 2-13)为主的铁路业务来确保收支平衡。可以说,铁路运营商开展商业、房地产等业务,旨在提高铁路线的吸引力,增加铁路客运量,从而实现创收、增收。同时,通过扩大公司规模、多元化经营等来分散风险,以提高公司经营的可持续性。

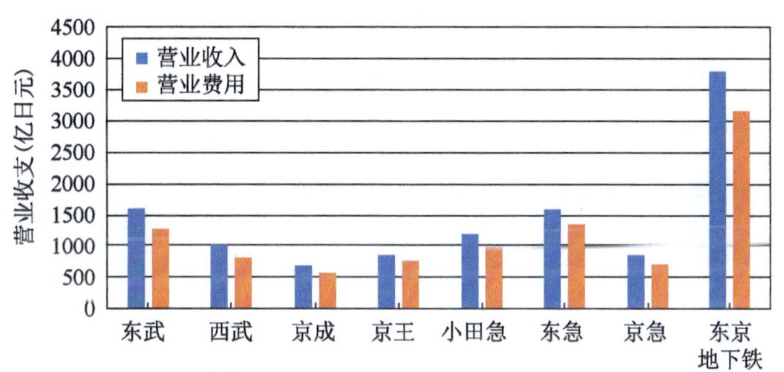


图 2-13　东京民营铁路轨道交通部门营业收支实绩(2019 年)

资料:《从数字看铁路 2019》(一般财团法人运输综合研究所)。

## 2.5　本章小结

本章以东京、大阪和名古屋三大都市圈为例,从城市发展(人口和产业)以及乘客需求变化的角度,梳理了日本轨道交通线网的发展及其特点。

日本的轨道交通线网是结合人口向城市集中、追随需求变化而不断建设、发展壮大的。尤其是第二次世界大战后,为了应对经济高速发展时期的城市人口和客运需求的快速增长,在郊区,通过改进既有铁路线提高了运能,而在城区,则通过发展运输能力更强的地铁取代了有轨电车。并且,东京都在当时就决定了以市郊铁路与市区地铁跨线贯通运营为前提的互联互通模式开发地铁。进入 20 世纪 80 年代,地铁网络的发展已达一定的

规模，需要建设应对大运量的线路也逐年递减。在此背景下，开始转向发展诸如小型地铁、AGT（新交通系统）等应对小运量且建设成本低的新型运输系统。2000 年以后，几乎停止了开发新线，而是积极建设连接现有铁路线的短路线，以实现铁路线之间的互联互通。该举措的主要目的是为了实现无换乘出行、通过跨线运营提高车辆运行效率从而提高运行频率等，以进一步提升乘客的出行便利性。此外，还大力推进了通用设计的采用以及无障碍设施的更新和优化。但这类设施改善工程耗资巨大，因此，依据"有福共享、费用分担"的观点，在票价中增加了额外收费，以用于设施改善工程。而在日本，制定票价必须经过政府批准，同时政府有一套完善的监督机制，会检查以改善设施为目的加收的额外费用是否正确合理地用于落实具体的项目建设。

百花齐放是日本大都市圈轨道交通的又一特点。在日本各大都市圈里，存在多家铁路经营企业，各自进行着线路的开发、建设和运营。在都市圈的轨道交通发展过程中，政府设立了由铁路运营商等参与的审议会，以协调各铁路运营商之间的关系，并解决了不同运营商之间实施跨线贯通运营所面临的各种问题。例如通过引进 IC 交通卡并通用化，使票务清分的合理化、复杂的票价设定等难题迎刃而解。

就日本的大都市圈而言，城市魅力也可归纳为各种各样的"集聚"，而"轨道交通"则是这过度拥挤的城市中最有效的出行工具。目前，日本为了促进如上所述的"集聚"更进一步，正在大力推进对交通通达性优势大的车站周边地区的再开发，以及通过互联互通模式完善和优化轨道交通网络，使其优势更上一层楼。

# 第 3 章

CHAPTER 3

# 轨道交通线网的调整与优化

为满足运输需要和旅客需求，日本的轨道交通线网在建设新线路的同时，持续不断地对既有设施进行调整和优化，从而形成了现在具有高度安全性、快速性、准时性的轨道交通线网。本章将重点介绍在日本轨道交通线网发展过程所实施的各项措施中，专门针对改善既有设施的措施。具体介绍这些措施的概要、实施效果以及实施时的要点等，并附相关的案例，以便于理解。但是，对于既有设施改善措施中涉及面小、针对个别情况或仅涉及成本问题（如更换 LED 灯等）的措施，则不作为本次介绍的对象。

## 3.1 施策分类

改善和优化轨道交通线网的施策具体可划分为：①改善运输（增强运能，保障快速性、准时性）；②改善交通环境（提高出行便利性和舒适性）；③提高运行安全性和持续性（提高安全性，减少事故和灾害）；④其他改善（提升运营效率）。

对各项改善措施，整理每项措施的效果目标（旅客、企业、居民）和改善要点。本书在举例时，重点挑选了实施起来难度较大的情况，例如一边运营一边施工的案例，以及对既有营业车站结构进行大规模改造的案例。表 3-1 所示为本章将具体介绍的针对既有设施的改善措施。

施策分类　　表 3-1

| 改善措施 | | | 效果目标 | | | 要点 | 案例 |
|---|---|---|---|---|---|---|---|
| | | | 旅客 | 企业 | 居民 | | |
| 1. 改善运输 | 增强运能 | 缩短运行间隔 | ○ | | | 强化设施建设 | |
| | | | | | | 缩短间隔极限 | |
| | | | | | | 折返设施建设 | |
| | | 扩大列车编组 | ○ | | | 站台延伸（既有线施工、新设结构物与既有站体的一体化、既有站体结构部分拆除） | 案例 1：日比谷线小传马町站 |

续上表

| 改善措施 | | | 效果目标 | | | 要点 | 案例 |
|---|---|---|---|---|---|---|---|
| | | | 旅客 | 企业 | 居民 | | |
| 1. 改善运输 | 增强运能 | 扩大列车编组 | ○ | | | 车辆基地的建设 | |
| | | | | | | 考虑未来需求变化的设施规划 | |
| | | 双复线化 | ○ | | | 确保建设用地 | 案例2:小田急线双复线化改造工程 |
| | | | | | | 增线方式 | |
| | 提高快速性 | 优化配线 | ○ | | | 既有线的配线切换 | |
| | | 互联互通模式 | ○ | | | 统一规格 | 案例3:有乐町线、新设千川联络线工程 |
| | | | | | | 修建短路线、联络线 | |
| | | | | | | 运行组织和管理 | |
| | | 快速运行(开行大站快车) | ○ | | | 越行设施的设置 | 案例4:东急田园都市线樱新町站 |
| | | | | | | 运行图的设定 | |
| | | | | | | 快速列车停车站的设定 | |
| | 确保准时性 | 站台拓宽 | ○ | | | 站台拓宽方法 | 案例5:大江户线胜哄站<br>案例6:东京地铁东西线茅场町站<br>案例7:东京地铁5号线(东西线)南砂町站<br>案例8:东京地铁5号线(东西线)木场站 |
| | | | | | | 既有线施工 | 案例9:阪神三宫站 |
| | | | | | | 新设结构物与既有站体的一体化 | |
| | | | | | | 既有站体结构的部分拆除 | |
| | | 站台增设楼梯、自动扶梯 | ○ | | | 既有线施工 | 案例10:筑波快线秋叶原站 |
| | | | | | | 确保站台宽度 | |
| | | | | | | 既有站体结构部分拆除 | |
| 2. 改善交通环境 | 提高便利性 | 增设新站 | ○ | | | 既有线施工 | 案例11:日比谷线虎之门Hills站 |
| | | | | | | 对地区开发建立共识 | |
| | | 车站周边建筑与车站的接口的建设 | ○ | ○ | | 既有站体结构部分拆除 | |
| | | 站前广场、人行连廊的建设 | ○ | | ○ | 确保建设用地(利用铁路上空) | |
| | | 利用铁路上空 | ○ | | ○ | 确保既有线的安全 | |
| | | | | | | 既有线上打桩 | 案例12:JR新宿站 |
| | | 车站付费区内外的设施开发 | ○ | ○ | ○ | 避免阻碍换乘流线 | |
| | | | | | | 确保既有线的安全 | |
| | | | | | | 火灾应对 | |
| | 提升舒适度 | 确保无障碍通道 | ○ | | | 消除列车与站台的高低差和间隙 | |
| | | | | | | 确保建设用地 | |
| | | 导向标识 | ○ | | | 确保统一性、连续性 | |
| | | 噪声、振动对策 | ○ | | ○ | 防振轨道化(既有线施工) | |

续上表

| 改善措施 | | | 效果目标 | | | 要点 | 案例 |
|---|---|---|---|---|---|---|---|
| | | | 旅客 | 企业 | 居民 | | |
| 3. 改善运行的安全性、持续性 | 提高安全性 | 站台安全门 | ○ | | | 站台板加固 | |
| | | | | | | 既有线施工 | |
| | | 减少人为过失 | | ○ | | 完善规则、教育培训 | |
| | 减少事故和灾害 | 地震 | ○ | | | 基于假定地震级别的耐震加固 | |
| | | 火灾 | ○ | | | 基于假定火灾级别的火灾应对 | |
| | | 浸水 | ○ | | | 设计浸水水深的设定 | |
| | | 暴风 | ○ | | | 风速测量和运行规则 | |
| | | 事故后的修复 | ○ | | | 折返设施的增设 | |
| 4. 其他改善措施 | 提高运营效率 | 车辆基地集约化 | | ○ | | 联络线的建设 | |
| | | 引进省力化轨道 | | ○ | | 既有线施工 | |

## 3.2 改善运输

### 3.2.1 增强运能

#### 1)缩短运行间隔

(1)概要

缩短列车运行间隔主要是在不改造既有车站结构物的情况下,通过增加列车开行对数,来增强运输能力。

(2)要点

①强化设施建设

强化设施具体包括调整车辆数量、完善车辆基地的存车设施等。此外,还需根据具体情况,完善电气、信号、通信等设备。

②缩短间隔极限

缩短列车运行间隔时间可直接增强运能,但因涉及信号开闭等,时间缩短上存在极限。缩短行车间隔的极限约为2min,如想进一步增强运能,则需要扩大列车编组。

③折返设施建设

当线路内存在客流量特别大的拥挤路段时,可通过在中间站设置折返设施,对拥挤路段缩短列车运行间隔,对不拥挤路段保留原来的行车间隔,从而提高列车运行组织效率。

## 2)扩大列车编组

(1)概要

扩大列车编组、列车长编组化,即加长每编组的车辆数,加大每编组列车的客运量,从而增强运能。在实施列车扩编中,最大的问题是涉及改造既有车站的站台延伸和应对长编组化列车的车辆基地。

(2)要点

①站台延伸(既有线施工、新设结构物与既有站体的一体化、既有站体结构部分拆除)

为确保站台可满足停靠长编组化列车,必须要延伸站台。延伸站台时,最大的问题是需要在确保正常营业的情况下进行施工。其中,既有对岛式站台进行延伸,又有对侧式站台进行延伸。岛式站台的延伸需要变更配线问题多,侧式站台如果是高架车站,那么问题相对较少,倘若是地下站,则需要拆去站体的一部分。因此,如何确保改造后建筑物的安全性尤为重要。

**【案例1:地下站的站台延伸案例——日比谷线小传马町站】**

小传马町站(2台2线侧式站台)(图3-1),作为日比谷线增强运能计划的一环,将原来应对6辆编组列车的站台进行32m的延伸,使车站总长达到152m,以满足运行8辆编组列车的需求(图3-2)。

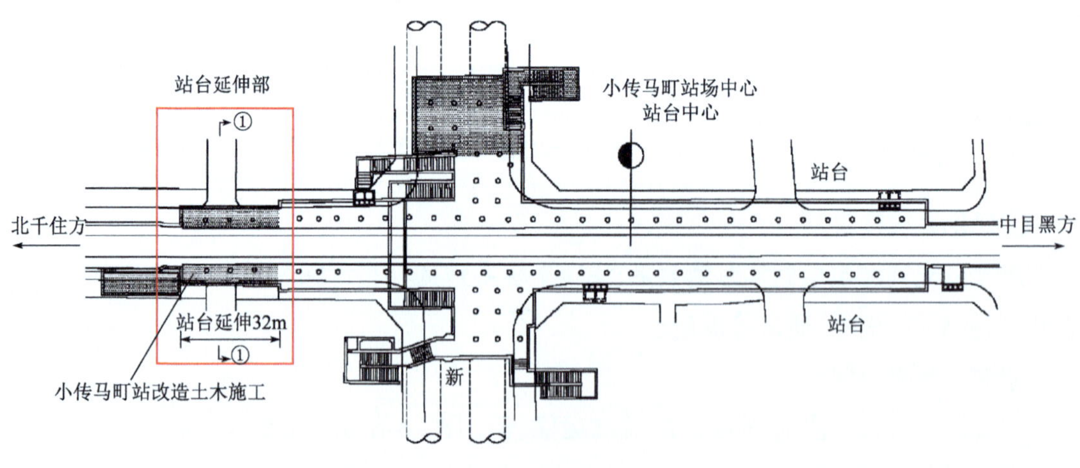


图3-1　小传马町站平面图

施工:在站台延伸部已建隧道旁侧修建「コ」型的新设结构物,并与既有的上下楼板接合。然后,在拆除现有隧道侧壁的同时打下钢管支柱。

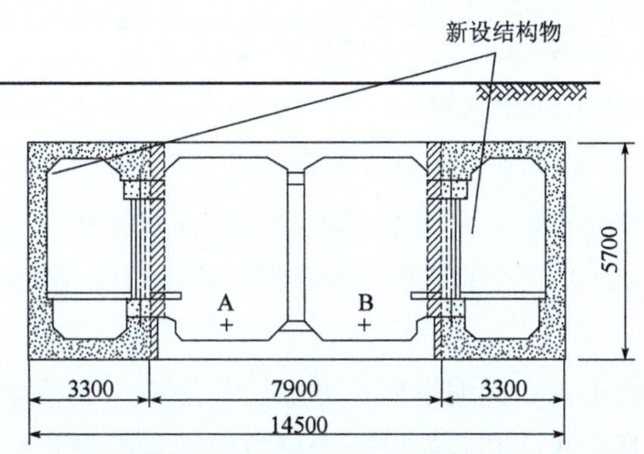


图 3-2 站台延伸部断面(①-①)(尺寸单位:mm)

在将新设结构物和已建站体接合为一体后,需要拆除既有站体的侧壁。由于是在既有线上作业,所以只能在夜间施工。此外,由于在站台内的作业受施工空间所限,无法使用大型机械,在拆除隧道侧壁时,只能采取将侧壁分割成小块,依靠人力拆除的方法,所以完成整个拆除工程需要一定的时间。

新设结构物和既有站体的接合,以采用"刚性结合"使之成为一体化的结构物为原则。新设结构物和既有站体的接合方法如图 3-3 所示,包括已设钢筋的修凿、锚固钢筋的插入等施工。对新旧接合部还需采取相应的防水措施,以防止渗漏而腐蚀钢筋。

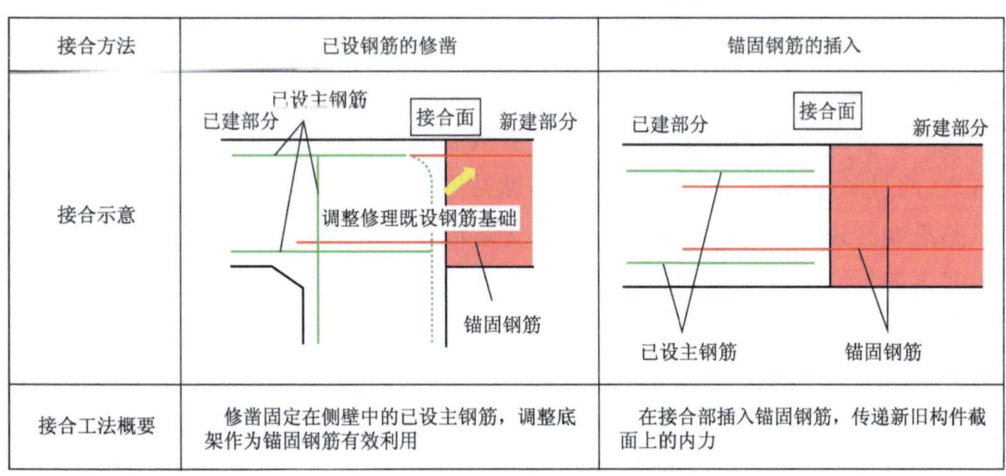

| 接合方法 | 已设钢筋的修凿 | 锚固钢筋的插入 |
|---|---|---|
| 接合示意 | 已建部分 已设主钢筋 接合面 新建部分 调整修理既设钢筋基础 锚固钢筋 | 已建部分 接合面 新建部分 已设主钢筋 锚固钢筋 |
| 接合工法概要 | 修凿固定在侧壁中的已设主钢筋，调整底架作为锚固钢筋有效利用 | 在接合部插入锚固钢筋，传递新旧构件截面上的内力 |

图 3-3 新旧接合部的构造示意

另外,在拆除既有站体的部分侧壁以及完成新老结构的一体化后,整个结构的受力状态即会发生变化,因此,还必须确认既有站体的安全性。

②车辆基地的建设

因列车的扩编、长编组化,需要相应改造车辆基地。除了加强存车线的功能,确保拥有可满足每种列车编组的长度以外,还需完善与每种列车编组长度相对应的各种检验功能。为此,就需要对车辆基地进行改造、改变布局等。整体工程规模要比之前的为缩短行车间隔增加车辆数而改造车辆基地(完善存车设施)更大。

③考虑未来需求变化的设施规划

设施规划应具前瞻性,在规划阶段就应考虑未来需求的扩大,如将站台前后区段的线形设计为直线、站台形式设计为侧式,以确保在开业之后也能因需延伸站台,以及在车辆基地整体规模上做好预留等,便于今后可以顺应需求变化延伸站台,确保未来改造施工的规模可相对缩小等。

例如:筑波快线目前运营 6 辆编组列车,但是,它是按 8 辆编组列车进行规划的,所以筑波快线的站台、车辆基地从一开始就设计为可应对 8 辆编组列车,在结构设计上已为站台、存车线等今后的延伸、拓展,预留了相应的空间。

### 3)双复线化

(1)概要

双复线化即在现有上行线和下行线的基础上分别增设一条新线,形成两条上行线和两条下行线,合计四线。其目的是缓解线路运输能力不足,可同时往同一方向开行列车,以增强线路的运能。

在很多情况下,双复线中一对线用来运行“站站停”列车,而另一对线则用于开行大站快车,以缩短所需时间,提供快速出行服务。

(2)要点

①确保建设用地

新线一般增设在既有线的旁边,这样可有效利用既有线的接触网等设备,不仅可降低建设成本,而且对开行大站快车所需修建与站站停车的换乘站的并行增线更有利。此外,如遇铁路沿线已开发了住宅区或商业区等,无法以并行的形式增线时,则可在已建线路的正上方或正下方增设新线,只是建设成本会增加。

②增线方式

双复线化的增线形式,基本是按上行线、下行线的方向,在已建复线的外侧增设新线。图 3-4 所示的增线方式 a):开行大站快车时的快车与站站停慢车可在同一站台换乘。

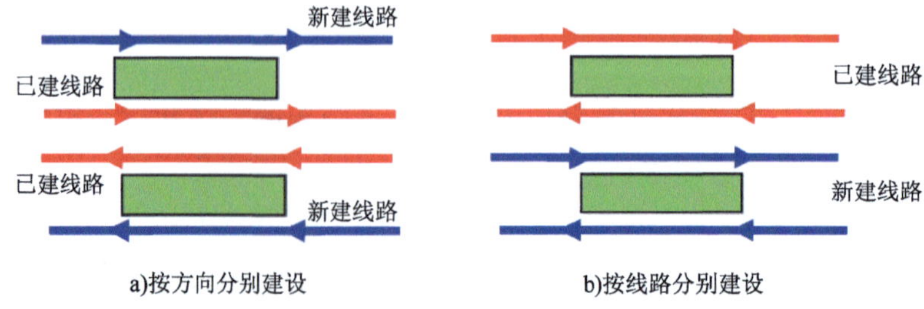


图 3-4　双复线化的增线方式

但是,通过增线方式a)改造既有线,两侧必须要有用地,征收用地耗时间、耗精力。对此,可以考虑分阶段进行。首先在既有线的一侧开发复线[方式b)],然后转换其中一线的运行方向,达到增线方式a)的形态。在某些情况下,也可就采用方式b)进行运营,只是在这种情况下,快车与慢车之间的换乘问题依旧存在(现在日本的一些线路中也可见到该种情况)。

**【案例2:日本小田急线双复线化改造工程】**

(1)工程概况

小田原线是小田急电铁的干线,全长82.5km,连接东京新宿站与观光胜地箱根的玄关口小田原站,在新百合之丘站与通往多摩新城的多摩线接轨,在相模大野站与通往藤泽、江之岛的江之岛线接轨。自1927年运营以来,该线先后进行了双复线化(小田原线原本为复线,在复线基础上进行复线化,即四线化,现正运行特急"浪漫特快"、快速急行、通勤急行、急行、通勤准急、准急、各站停车共7种列车)与地下化(地面轨道拆除改走地下隧道)改建工程。

小田原线的拥挤令乘客印象深刻。在1955年,参宫桥往南新宿断面的满载率即达200%,此后更于1970年在世田谷代田往下北泽断面达到高达232%的满载率峰值,此时该断面每小时开行列车28班。即便小田急电铁从1972年开始完全利用当时的信号安全系统的上限,在每小时开行29班列车,在1977年又在新宿—本厚木段开行10辆编组的快车,以此来降低高峰时段的满载率,但满载率仍居高不下。1978年,小田原线开始与千代田线直通运转,世田谷代田往下北泽断面的满载率仍高达206%。

在1978年,为了配合与地铁千代田线的直通运转,代代木上原—东北泽段的0.7km完成了双复线化改造。为了缓解高峰时段的拥挤以及提高速达性,日本运输政策审议会的报告中要求尽快推进小田线双复线化。于是在1989年,作为已经双复线化的代代木上原—东北泽段的延伸,首先对喜多见—和泉多摩川间的2.4km进行高架式双复线化改造,并于1997年完工。此后,世田谷代田—喜多见段的双复线化改造于2004年完工。

至于最后的世田谷代田—东北泽段的1.6km,则采用了地下化的方式进行双复线化。2013年3月,该区间内的2条既有线路改为地下化投入使用的同时,开始挖掘另外2条新线路的隧道。2018年3月,随着2条新线路与完工区间的连通,全区间的双复线化终于大功告成。线路图及改造时间轴如图3-5所示。

(2)工程改造

该工程项目位于市中心区域,该区域人口超过80万,施工场地狭小,且与正在运营的地铁线路相邻,因此施工环境相当严苛。在下北泽车站周边,工程呈现为2线2层的结构特点。施工中,采用盾构法掘进下部隧道(快车线),同时运用开挖工法构建上部隧道(慢车线)。随后,部分盾构隧道管片被拆除,并进行扩挖作业,以连接上部与下部结构,如图3-6所示。

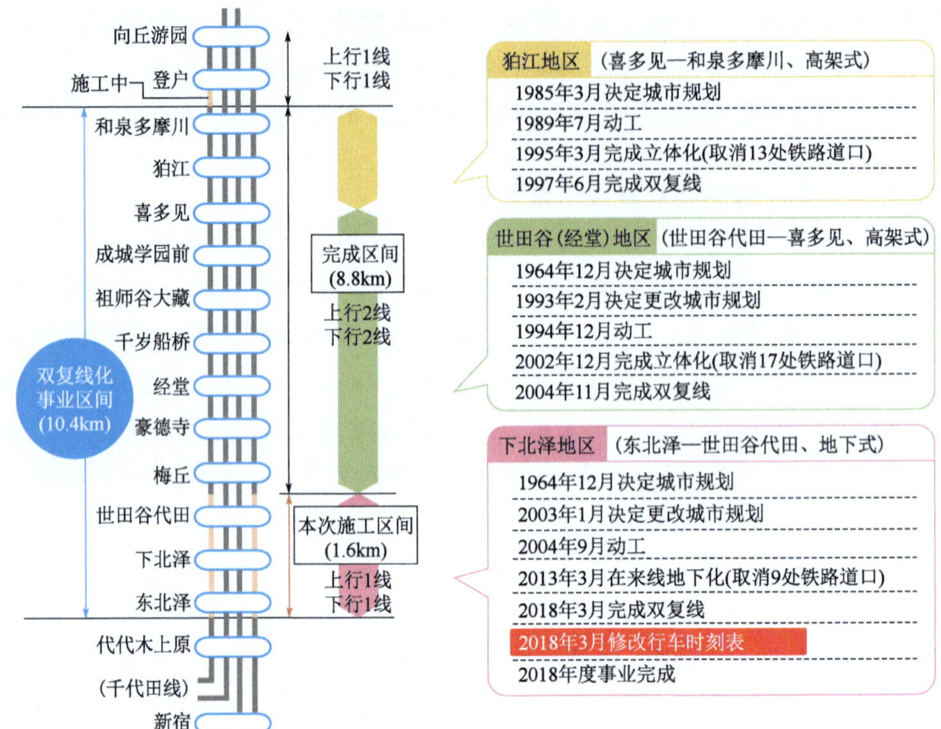


图 3-5　线路图及时间轴

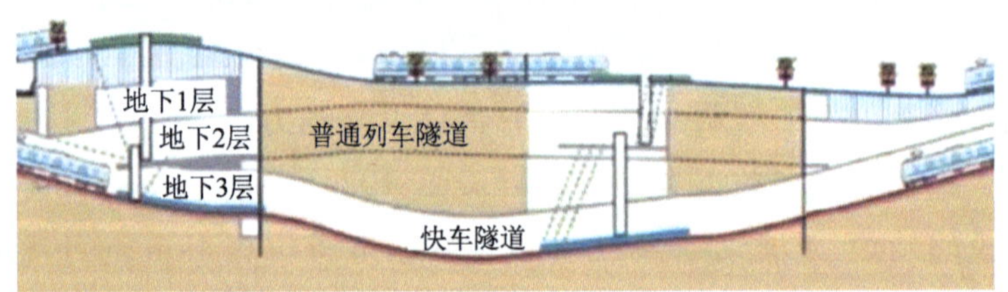


图 3-6　地下化改造简易图(圆形盾构隧道 + 箱型开挖段隧道)

快车线的掘进采用了泥水式盾构工法,盾构机自始发后向新宿方向推进,至下北泽车站的中继井被拉出,经过180°旋转后,再次开始返回掘进并直至贯通,整个掘进长度达到1290m。

慢车线的施工则主要采用了地面开挖的方式。在与环状七号线的交叉区域,由于地面开挖会对交通造成较大影响,同时为了减少道路下方的施工残留物,项目团队选择了R&C工法来构建箱形隧道。

(3)工程效果

小田原线采用独特的双复线(四线并行)配置,其中内侧两线为急行线(特急、急行列车专用),外侧两线为缓行线(各站停车列车专用)。值得注意的是,在代代木上原至梅之丘区间,这一配置相反:急行线位于外侧,缓行线位于内侧。随着双复线化的分段推进,运行图经历了多次系统性调整。以下通过1997年、2004年、2018年三个关键时间节点的调图案例,分析双复线化对运输效率、列车调度及乘客体验的影响。

①1997年6月调图:喜多见—和泉多摩川段双复线启用的优化

a.背景与挑战:

在早高峰时段,小田原线的列车运行遵循"各停→准急→急行"的三班循环模式,以确保客流与运力的平衡(各停与准急/急行的班次比为9:20)。若打破此模式,将导致客流集中于部分列车,引发延误。

1996年3月调图后,向之丘游园—成城学园前区间的上行列车出现"慢车压快车"现象:准急跟随各停,并在成城学园前越行,而急行又跟随准急,导致快车的速达性优势未能充分发挥。

b.双复线化的解决方案。1997年喜多见—和泉多摩川段(2.4km)双复线启用后,该区段被设计为"大型待避区",通过以下措施优化运行。一方面是提升越行效率:准急与急行在双复线区段内越行各停,避免传统单线区间的冲突。另一方面是停车时间精细化调整:通过精准设定各停在和泉多摩川站的停站时间,确保其驶出双复线区段时不受前行列车干扰(如避免在喜多见站等待急行通过)。

c.效果与问题。一方面是节时效果显著:准急列车通过双复线区段和经堂站两次越行,运行时间大幅缩短。另一方面是意外客流激增:小田急过度宣传调图效果,首班直通千代田线的准急列车在进入双复线区段前即超载,导致严重延误。

②2004年12月调图:世田谷代田—喜多见段双复线启用与运行稳定性强化

a.1997年调图的遗留问题:1997年调图虽提升了速达性,但运行稳定性不足,尤其在恶劣天气等异常情况下易引发延误。

b.缓急接续的调整:

历史做法:在成城学园前站实施缓急接续(快车与慢车换乘),单线时期因列车顺序固定,接续时间可精准控制。

双复线化的矛盾:双复线启用后,列车位置约束消失,运行图紊乱时可能产生计划外换乘,进而引发连锁延误。

c.2004年调图对策。一方面是禁止计划外缓急接续:通过人工干预,阻止非运行图规定的换乘;另一方面是新增列车类别:引入快速急行、区间准急,并加开车次,进一步缩短运行时间。

③2018年3月调图:双复线化完成后的系统性优化

a.双复线化前的核心问题:拥挤、缓慢、晚点。首先是拥挤:早高峰平均满载率达192%,

居首都圈前三。其次是缓慢:复线区间内急行/准急频繁因越行各停而延长运行时间。最后是晚点:各停延误易引发雪球效应(如 2min 延误导致满载率额外增加 40%)。

b. 运行图与需求脱节。江之岛线、多摩线直通列车不足,世田谷地区缺乏千代田线直通服务(受站台长度限制,各停无法采用 10 节编组)。

c. 2018 年调图的优化方向。第一是列车增发与运行模式革新:小时发车量从 27 班增至 36 班,平均满载率降至 152%。列车类别重构:以快速急行为核心,新增通勤急行(多摩线直通新宿)、通勤准急(增停经堂站),并开行千代田线直通各停(10 节编组)。第二是缓急接续的智能化应用:在登户、成城学园前、经堂三站设置计划内缓急接续,提升换乘效率。第三是新百合之丘—向之丘游园高密度运行:通过交替使用到发线及限速控制,小时通过量从 27 班提升至 30 班。第四是特急列车增开:在高峰前后加开全座席特急"Morningway 号",分流长途客流。

d. 成效。一方面是运行时间缩短:町田—新宿间高峰时段平均时间从 54min 降至 37min;另一方面是准点率提升:延误 1min 内的列车比例从 59.4% 升至 85.8%,平均延误时间由 78s 降至 32s。

### 4)优化配线

(1)概要

优化配线的方法有多种,在此介绍终点站的列车折返的"后渡化"(图 3-7)。"后渡化"即为在终点站,将通常在进站台前设置渡线和道岔变更为在车站端部设置渡线和道岔,由此解决过道岔导致的速度减缓、缩短在站台的停车时间(上车、下车的效率等),从而提高运行频率和提高准时性。

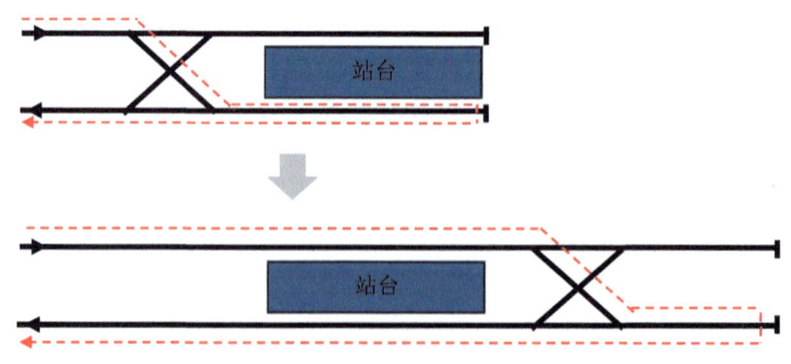


图 3-7 列车折返的后渡化

(2)要点

由于施工对象是既有线,所以切换配线基本都在不影响列车正常运行的夜间进行施工。遇实施大规模配线切换时,也有全天停运施工的情况。如果涉及停运,应考虑在周五、周六晚上或节假日前的晚上开始施工,因为次日是周六或节假日,清早客流量相对较少。

在切换配线时，轨道结构如果采用的是整体道床，则需要暂时改为道砟轨道，待配线切换完工后，再将道砟撤除，浇筑混凝土，恢复至原来的整体道床。但在混凝土完全凝固硬化期间，必须采取低速运行。作为对策，在不撤除道砟轨道的情况下，直接灌注速凝砂浆，将其转化为混凝土道床。

### 3.2.2　提高快速性

#### 1）互联互通模式

（1）概要

互联互通模式是一种可实现列车在不同铁路公司运营的线路之间直接跨线运行，省去换乘的措施。

从实施互联互通运营案例来看，市郊线和市区地铁线实施跨线贯通运营的情况很多。从郊外出发无须换乘即可到达市内的目的地站，在缩短所需时间的同时，大大提高了郊外地区的出行便利性。并且，还使因换乘客流量大导致的车站拥挤现象得以大幅缓解。互联互通模式不仅为提高东京都市圈的出行便利性作出了重大贡献，而且从铁路运营商的角度来看，还有效地改善了换乘站的拥挤现象，提高了车辆的运转效率（减少折返次数等）。

（2）要点

①统一规格

为引进互联互通模式，在不同铁路企业的线路之间实施跨线贯通运营，首先需要对不同铁路企业的各项规格进行统一。在引进互联互通模式时需要统一规格的具体内容如下：轨距（1435mm、1067mm、1372mm）；车辆规格性能（建筑界限、车辆界限）；安全保障设备[列车自动控制系统（ATC）、列车自动监控系统（ATS）]；供电方式（接触网、第三轨）；供电电压（DC150V、DC750V）；车辆编组；开行班次、开行间隔、开行时间段；接轨站的设备、配线；行车交路和列车类别；乘务员职责划分，交接方式；驾驶操作规则、调度和联系方法；票款清分方法。

应统一的事项如下：

a. 轨距

在引进互联互通模式时，以之后开发的地铁按市郊铁路的轨距进行调整为原则。但遇到双方均为既有线路，要变更轨距时，问题不仅大而且难。在日本，此类相关案例极少，仅有京急、京成、都营地铁三家公司实施互联互通模式时，京成将其轨距从1372mm改为1435mm。

b. 车辆规格性能

统一建筑限界、车辆限界等物理性的车辆规格、性能固然重要，但如果不统一车辆加减速性能等,就无法编制切实有效的运行图。

c. 信号系统设备

当双方使用不同的安全保障设备时,采取跨线列车配备双方车载设备的方法予以应对。

②修建短路线、联络线

既有线路实施跨线运行时,需要建设衔接两条线的连接线(在日本又称短路线)。由于是既有线路,须一边营业一边施工,所以必须施工切换轨道。此外,有时还须改造站场的配线或站台。一般情况下,市郊线与市内轨道交通衔接时,须在市区建设连接线,但市区内的用地限制大,因此,建设连接线往往会成为一项困难工程。

③运行组织和管理

由于各公司的行车信号系统、标识规格以及运营相关的规章制度不同,所以,在实施跨线运营时,仅限车辆和乘客跨入对方的线内,而司机、乘务员则在两家公司的衔接站进行交接。这样,各家公司的司机和乘务员都只负责在自家管理区域内的工作,不仅避免了给司机和乘务员增加新的负担,又明确了运营管理的责任归属。

当一方的车辆跨入另一方线路内运行时,视作一方将列车借给另一方使用。因此,借车方须向出借方支付借车费。而实际上,既有相互支付借车费的案例,也有将双方跨线运行里程(跨线行驶距离×运行频率)等统一,然后相互抵消,不发生实际支付的案例。

**【案例3:东京地铁有乐町线、新设千川联络线工程】**

(1)车站概况

千川站是东京地铁有乐町线、副都心线的地下车站,坐落于要町通下方,采用双层岛式站台结构:上层服务于有乐町线,下层服务于副都心线,这一设计与千川至池袋区间内的其他车站保持一致。尽管副都心线站台与有乐町线站台同时建成,但直到2008年,副都心线全线开通时才投入使用。在1994—2008年间,有乐町线新线(即副都心线的前身)的列车均通过该站台而不停靠,且连接上下两层站台的设施被遮蔽未启用。

(2)改造背景

作为日本轨道交通系统的典型案例,小竹向原站的运营问题深刻反映了都市轨道交通网络规划与实际情况之间的差距。该站位于千川站北侧,是西武有乐町线与东京地铁线的重要接轨站,采用直通运转模式。从轨道配置来看,车站南侧设有六线区段,通过五组交叉渡线实现线路间的互联互通,这种设计虽然提高了线路灵活性,但也为后续的运营问题埋下了隐患。例如,往来不同方向的列车经由这些交叉渡线在不同的线路之间移动,产生了进路交叉。

根据1975年制定的基本规划,该站的设计运输能力基于高峰时段最小行车间隔2min30s的计算标准。规划中预计每小时将处理48列列车(东武、和光市方向24列,西武方向24列),其中涉及平面交叉运行的列车包括:东武、和光市方向开往有乐町线6列,西武方向开往副都心线6列,共计12列。当时的评估认为,这一规模的行车密度尚在系统承受范围内,不会产生显著的进路冲突问题。

然而,随着都市发展带来的运输需求激增,实际运营情况很快突破了原设计容量。在2008年副都心线(池袋—涩谷段)开通前夕,该站的实际列车通过量已达到每小时41列(东武、和乐市方向25列,西武方向16列),其中需要进行平面交叉运行的列车激增至20列(东武方向14列,西武方向6列)。这种超负荷运营状态导致了以下一系列问题:

①进路冲突频发:交叉运行的列车因等待信号开放频繁停车,造成运行延误;

②调度困难:车站需要同时处理四个方向的列车(北行:和光市/西武有乐町线;南行:有乐町线/副都心线),且受限于平面交叉设计,无法实现列车同时进出;

③系统脆弱性:一旦发生运输障碍或延误,恢复正点运行需要时间较长。

2008年6月16日早高峰时段,这些问题集中爆发。以小竹向原站为中心的运行混乱迅速蔓延,导致副都心线的运行图紊乱持续至深夜。这一事件引发了媒体广泛关注,《中日新闻》在6月22日的报道中尖锐指出:"虽然期待副都心线成为首都圈新的大动脉,但自开通以来持续不断的运营问题,令人担忧其可能面临乘客流失的风险。"

这一案例凸显了都市轨道交通规划中需要重点考虑的几个关键因素:设计容量的前瞻性、交叉运行的优化方案以及系统应对突发情况的弹性设计。小竹向原站的运营困境为后续的轨道交通网络规划提供了宝贵的经验教训。

(3)工程改造

副都心线于2013年3月16日开始与东急东横线、港未来线直通运转。由于直通开始后列车数量将会进一步增加,若保持2008年的状态,则平面交叉导致的延误可能进一步加剧。因此,东京地铁针对小竹向原站采取了以下措施:

①减少相互交叉的运行(地铁有乐町线和光市方向→地铁有乐町线新木场方向、西武有乐町线→副都心线);

②在小竹向原站西侧新设地铁有乐町线专用的联络线;

③在小竹向原站东侧(小竹向原—千川)新设地铁有乐町线专用的联络线。

结果表明,措施①将导致各方向班次数量不均匀,可能会降低服务水平,并使拥挤恶化;措施②由于线形的关系,需要对既有的小竹向原站进行大规模改建(站台移设等),并收购额外的土地;措施③虽然需要改造隧道,但工程范围可以控制在既有道路范围内,因此决定采用措施③,在小竹向原—千川间新建联络线,消除平面交叉。改造方案的前后对比如图3-8、图3-9所示。

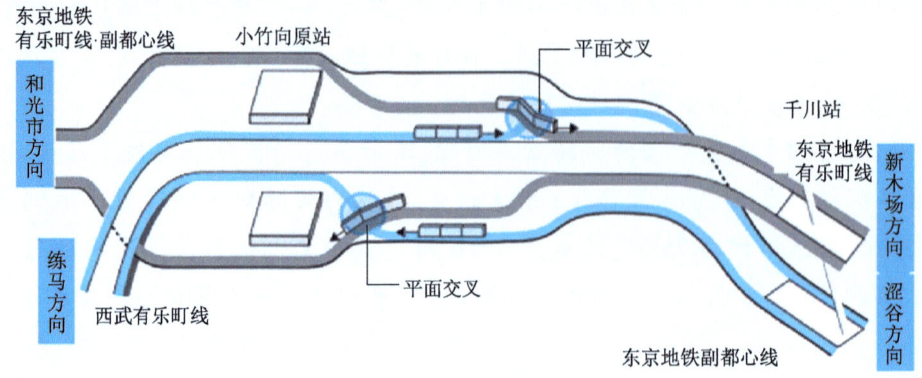


图 3-8　现状效果图

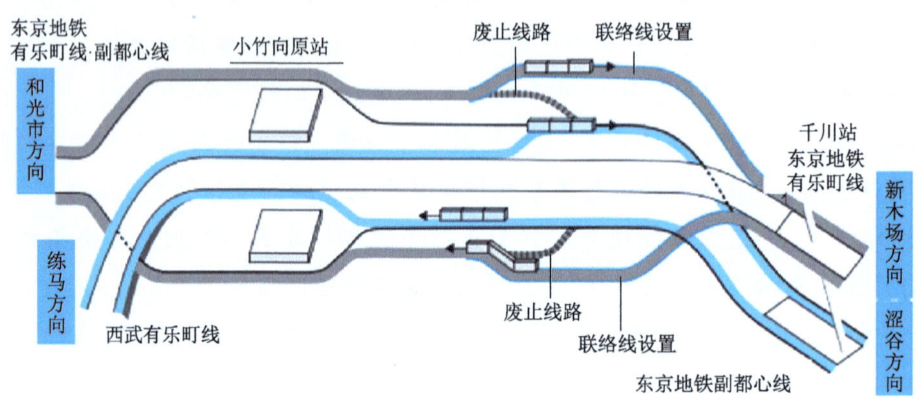


图 3-9　改造后效果图

由于地上空间问题等原因，工程难以在 A 线（新木场方向）、B 线（和光市方向）同时进行，因此决定首先建设早高峰时运输能力产生问题的 A 线侧。因为 A 线侧需要赶在 2013 年 3 月的东横线直通前完工，自 2010 年春季开工以来，便持续进行着昼夜兼行的突击施工，于 2012 年 11 月 4 日实施了在千川站内连接已完成的联络线与既有线路的大规模线路改接工程。为实施线路改接工程，当天地铁有乐町线和光市站—池袋站间全天停运，改为在池袋站—新木场站间折返运行。因此将在和光市站—池袋站间与地铁有乐町线并行的副都心线的列车全部改为各站停车并增加班次，同时在东京地铁全线、都营地铁线、JR、各私铁实施代替运输。2013 年 2 月 9 日，池袋方向的联络线完工并投入使用。接下来实施了和光市方向的联络线工程，从 2016 年 2 月 14 日首班车起，和光市方向的联络线投入使用。

新设千川联络线项目在进行整体道床改造时，采取了夜间施工的方式。改造过程首先涉及将原有的整体道床转换为道砟道床，随后按照既定顺序逐步推进轨道的改建工作。

(4) 联络线施工

小竹向原站的立体交叉化改造工程涉及在车站东侧的6线区间外侧挖掘专用的联络线，以供有乐町线使用，该联络线在千川站前方与位于地下二层的有乐町线站台相接。施工区域位于联络线建设的起始点(朝向小竹向原站方向)，联络线的建设通过对既有地下结构进行改建与扩建实现。在盾构隧道起始位置的123m延长段，采用了明挖法施工。改造工程分为两个阶段：一期工程针对A线一侧进行，二期工程则针对B线一侧。目标是在2012年副都心线、东急东横线和港未来线实现直接贯通运营之前完成改造。随后，将通过回填A线和B线的施工区域来恢复道路通行。该路段由两层既有的明挖隧道以及联络线两侧的新建明挖隧道共同构成，施工示意图如图3-10所示。

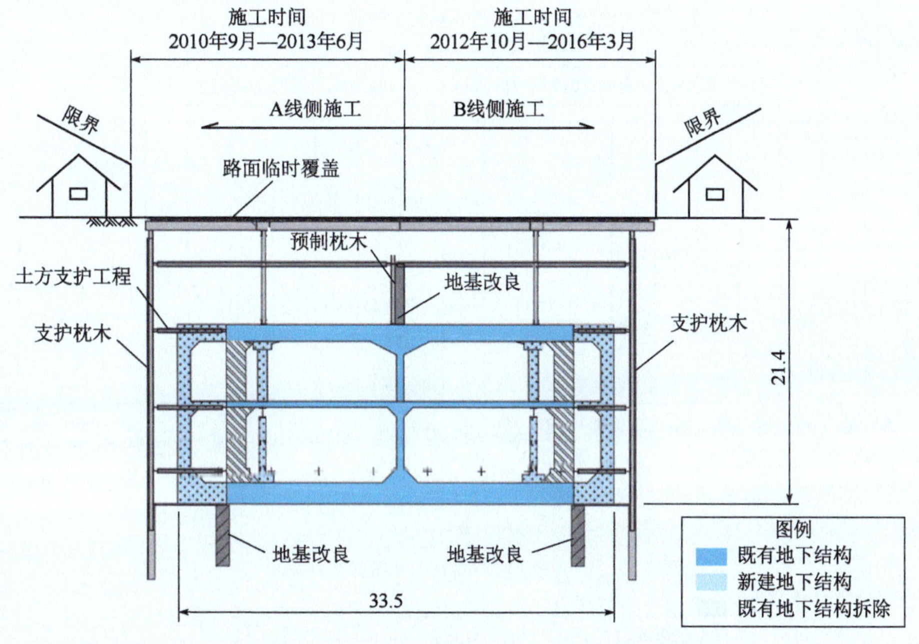


图3-10　联络线计划示意图(尺寸单位：m)

(5) 工程效果

以2013年2月投入使用的A线的联络线为例，考察联络线设置后的效果。小竹向原—千川间的联络线设置前后的运行时间的正态分布如图3-11所示。联络线设置前的站间运行时间平均为96.1s，与之相比，设置后站间运行时间平均为87.6s，缩短了约8s。另外，标准差也从11.7降低到9.0，下降了约23%，可知该联络线使得运行时间更加稳定，运输秩序更加安定。

图3-12和图3-13为在成增—小竹向原间发生同等程度的障碍时延误推移的实际案例，对比了联络线设置前后，地铁有乐町线及副都心线在运行图紊乱时的延误时间。可以

看出，在冰川台—小竹向原间扩大的延误被缩小了。这是因为小竹向原—千川间的列车流动性得到了大幅改善，对于进入小竹向原站的列车，减少了在站前临时停车的情况。

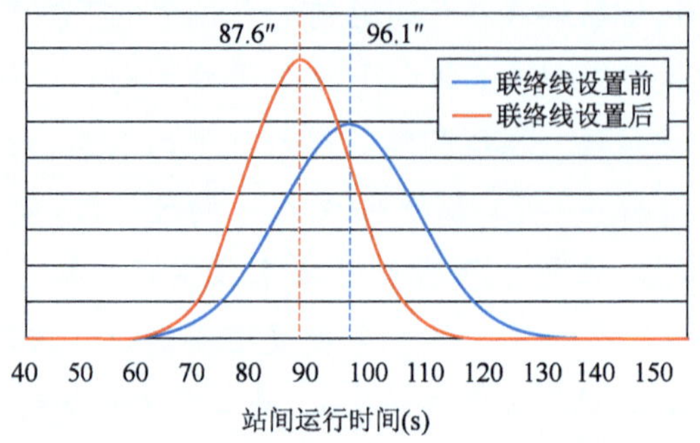


图 3-11　小竹向原—千川间站间运行时间的正态分布

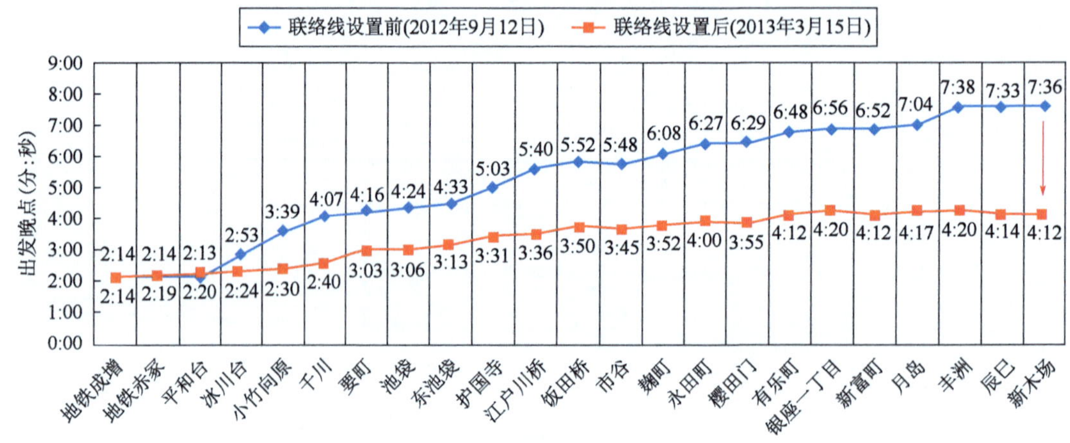


图 3-12　地铁有乐町线运行图紊乱时的延误对比

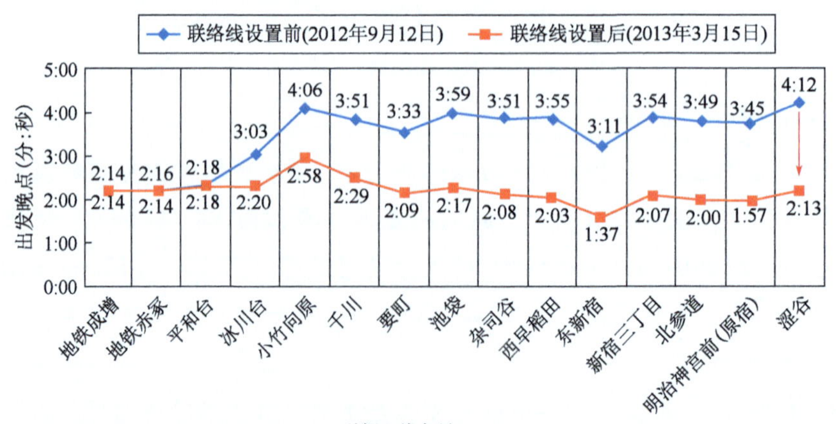


图 3-13　副都心线运行图紊乱时的延误对比

## 2)快速运行(开行大站快车)

(1)概要

快速运行即开行仅在大站停车的列车。通过此举,可提高由郊外至市中心的长距离、长时间出行的快速性。

快速运行带来的出行时间短缩,除了可提高利用既有铁路线的乘客出行便利性,还有利于推动由使用小汽车出行转向使用公共交通出行,缩短至市中心的时间距离,从而提升相关沿线地区的吸引力等,且该效果的波及范围广。此外,铁路线吸引力的提高,还有望产生协同效应,如人口的增加、铁路客流量的进一步增加等。总而言之,快速运行是一项总体效果相当可观的措施。

(2)要点

①越行设施的设置

越行设施是指为快速列车在车站超过普通列车而设置的设施。如果没有越行设施,那么开行快车可缩短的时间就很有限,效果也不明显(可缩短的时间不可能超过运行间隔)。

越行设施的基本设置形式如图3-14所示。有快速列车越站型、快速列车可停车型两种。快速列车越站型是站站停列车停车靠站时,快速列车从本线通过的越行方式,乘坐站站停列车的乘客无法换乘快速列车。而快速列车可停车型可让快速列车停车,乘坐站站停列车的乘客也可换乘快车。越行设施的设置需根据快速列车和站站停列车在车站之间的行驶时间差异以及运行间隔来确定。

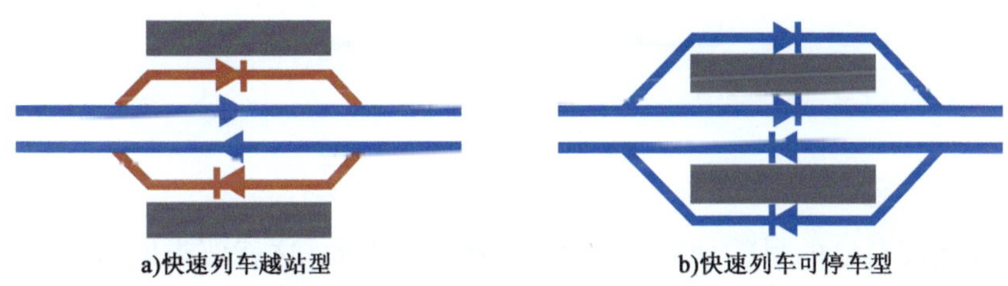


图3-14　越行设施建设形式

在考虑对既有线路进行改造时,快速列车越站型的越行设施需要在最初建设线路时就进行设置。而快速列车可停车型是在侧式站台的外侧设置越行设施,在线路开业后仍可进行设置。但是,在地下结构车站中,尚未有在开业后再设置越行设施的案例。

**【案例4:新建地下站设置越行设施的案例——东急田园都市线樱新町站】**

该案例是一则用地条件受限多,通过各种努力,在地下站设置越行设施的案例。

东急田园都市线樱新町站是地下区段中的一个车站,建在20m宽的道路下方,从新建时就配设了越行设施。设置越行设施至少要有四线(16m以上),一台(6m以上),即便为岛式站台,但从站体结构的宽度等角度考虑,无法将其收容在道路宽度之内。因此,将车站设计成上行线与下行线分层结构,并分别配设越行设施(图3-15)。该站不停快车,只停站站停慢车。为优先保证快车的运行速度,轨道呈向站台停靠侧分支的线形(图 3-16)。此外,慢车与快车的行车轨道之间设有墙壁,因此,在站台上看不见快车通过。

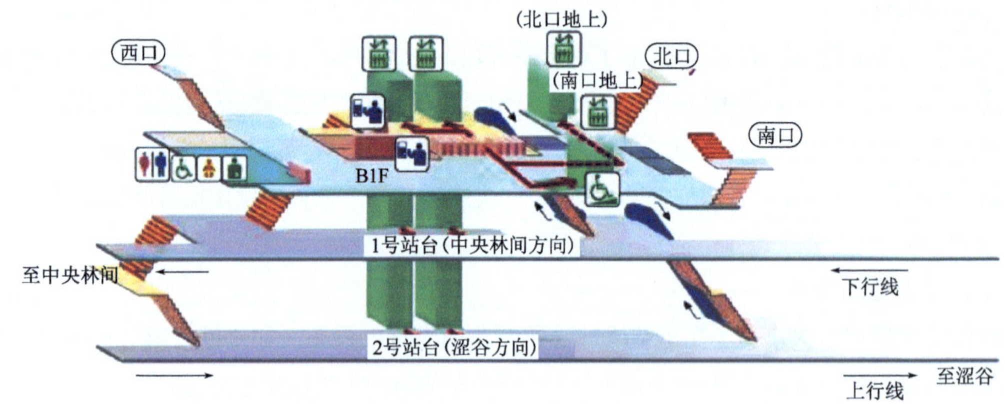


图 3-15　樱新町站付费区内图

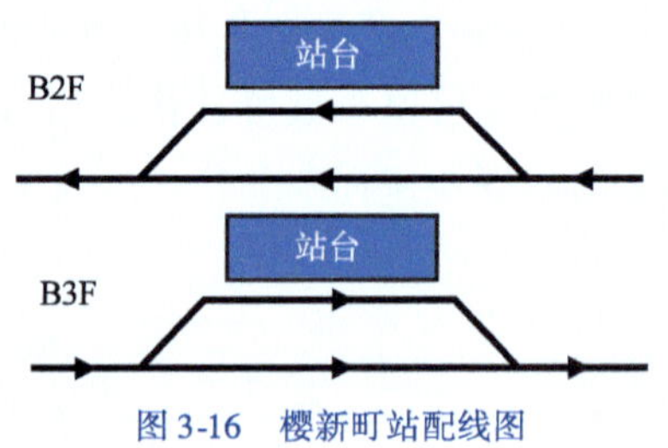


图 3-16　樱新町站配线图

②运行图的设定

由于乘客是按自己的目的地选择乘坐哪种列车,因此,这就要求时刻表须做到既容易懂、又容易记。当开行的列车种类较多时,如有大站快车、站站停慢车等,运行图的设计需要以快车为基础(使快速列车作用发挥最大化),设计间隔固定且循环有规律的运行图。规律化运行图通常采用 60min 的约数,即 10min、15min 或 20min 的间隔模式。

需要注意的是,在高峰期,相较快速性,更优先考虑的是确保运输能力,因此可能不会采用规律化运行图。此外,乘客可能会集中在快车上,造成快车拥挤而导致列车延误。在这种情况下,可通过在高峰时段不运行快车,并让所有列车都站站停车来确保运输能力。

③快速列车停车站的设定

快速列车的停车站主要是基于下列方针进行设定:

a. 根据需求设置停车站。

选在整条线路中客流量排行在前列的车站。

b. 根据城市交通网络设置停车站。

选在与其他线路的换乘站等成为交通节点的车站。

c. 根据铁路公司经营战略设置停车站。

铁路公司已确定对车站周边地区进行开发、建设大型集客设施的车站。

### 3.2.3 确保准时性

#### 1)站台拓宽

(1)概要

站台拓宽通常是由于车站的客流量大大超过最初的规划,车站明显拥挤不堪,因此,通过拓宽站台或延伸站台长度、增建等来扩大站台的容量,从而缓解拥挤。

(2)要点

①站台拓宽方法

站台拓宽方法主要有拓宽站台的宽度、延伸站台的长度、增设站台三种。侧式站台采用拓宽站台宽度、延伸站台长度来实现站台扩容的案例较多;而岛式站台,因实施站台拓宽和站台延伸施工时,还需变更配线等,工程规模较大,所以采取在轨道外侧增设新站台的案例较多。

**【案例5:在岛式站台外侧新设站台案例——大江户线胜哄站】**

胜哄站位于东京市中心附近的临海地区,东京都居民回流市中心以及临海地区的开发进展超出预期,车站出现严重拥挤,高峰时段甚至发生乘客无法进站的情况。胜哄站为1台2线的岛式站台,对既有站台进行扩宽,必须要变更轨道线形等。因此,采取在站台外侧新设站台,来增加站台容量。

改造工程:首先开挖车站外侧,再将新设站台部分的站体结构物与既有站体刚性接合。之后,拆除既有站体的侧壁,新设站台(图3-17)。

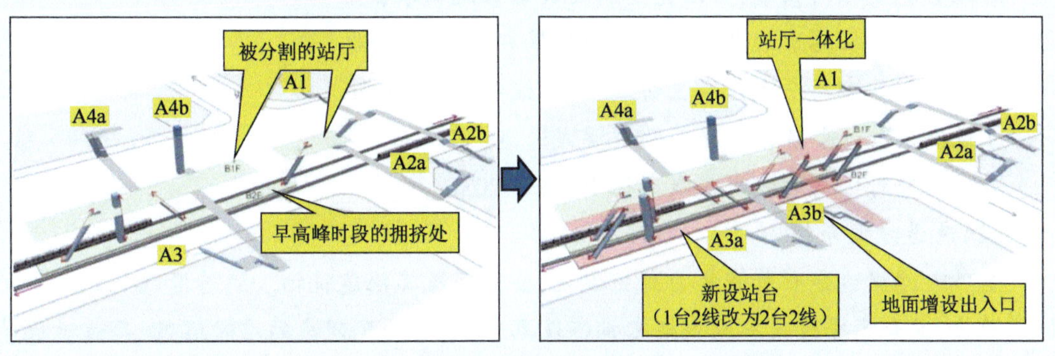


图3-17 站台拓宽工程

**【案例6：岛式站台的延伸站台扩容案例——东京地铁东西线茅场町站】**

茅场町站为换乘站，换乘其他线路的客流量大，且集中于车站一侧，严重拥挤。为此，计划对岛式站台进行延伸，以扩大站台容量。同时调整上下行列车的停车位置使之错开，以分散站台上的上车和下车客流，从而缓解拥挤（截至2024年3月，正在施工中）。另外由于本站有足够空间可以延伸站台，所以不对隧道结构进行拓宽等改造（图3-18）。

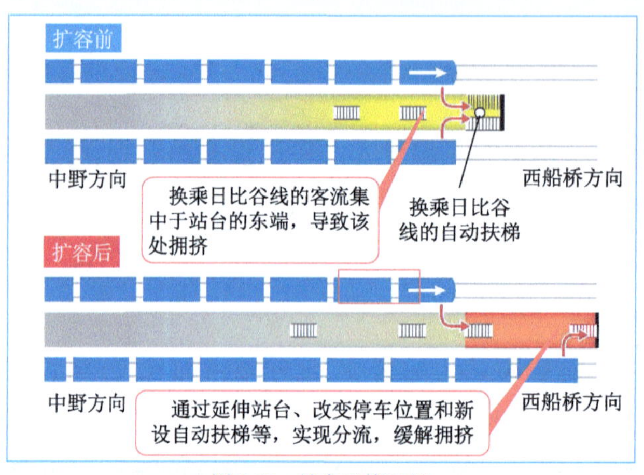


图3-18　站台延伸工程

**【案例7：东京地铁5号线（东西线）南砂町站】**

（1）工程概况

南砂町站位于东京都江东区南砂三丁目，是一座标准岛式站台地下车站。该站建于日本经济高速增长时期，当时周边地区以工厂为主。车站通过顶函工法建造于与旧海岸线相连的洲崎川（现为运河）之下。通车后，随着周边地区的逐步开发，洲崎川被填埋，以更有效地利用土地资源，南砂町站也因此转变为地下车站形态。

南砂町站的特点如下：

①站台宽度相对较窄，无法完全满足日常客流需求；

②检票口通往站台的升降设施集中设置在站台的一端；

③车站整体布局中有一半呈曲线形，曲线半径为500m；

④设有通往西船桥方向地面的桥梁式通道；

⑤通往中野方向的线路曲线半径小，仅为203m。

（2）改造方案介绍

南砂町站周边分布着密集的商业设施、公寓楼及其他建筑物。随着沿线居民人口的持续增长，通勤高峰时段车站内乘客拥挤现象频发，影响了列车的准时运行，导致延误情况时有发生。为有效缓解这一拥挤状况，南砂町站将现有的标准岛式站台1岛2线布局改造为2岛3线布局（图3-19）。这一调整使都心方向（即中野方向）的列车实现交互到发。当旅客在某一站台上下车时，列车可以驶入其他备用站台，避免因等待上下车乘客而产生延误。即使先行列车因上下车作业耗时较长而延误，后续列车仍能顺利进站，有效遏制了延误的连锁反应。此外，2岛3线布局中增设了转辙器，使其具备折返功能，进一步提升整体运营效率。

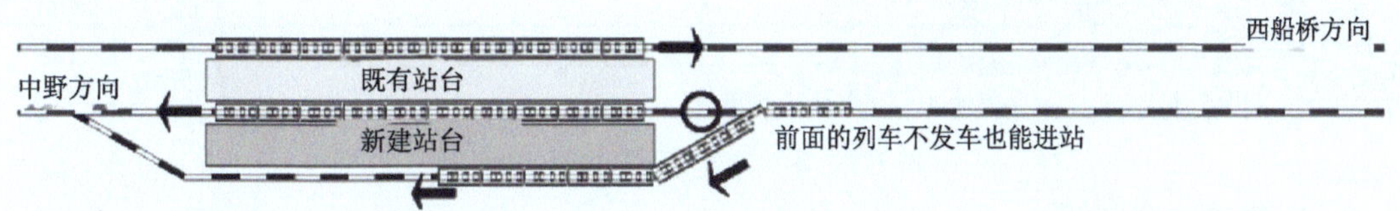


图3-19　2岛3线化布局

（3）改造施工步序

步骤1：清除地下障碍物，施作地下连续墙，并恢复地面道路。

步骤2：开挖土体，架设支撑，对底板下方的土体进行加固，随后开挖既有结构下方的区域并建造新的底板。地基加固采用高压旋喷桩，以控制既有线路的沉降。

步骤3：设置站内防护墙，拆除既有侧壁及顶板。

步骤4：建设新的车站顶板，调整轨道线路，最后完成回填。

**【案例8：东京地铁5号线（东西线）木场站】**

（1）工程概况

东京地铁东西线全长30.8km，与东叶高速铁路及JR总武线实现互联互通。木场站位于中野站与西船桥站的中点附近。近年来，随着车站周边城市的不断开发，木场站西南侧建起了大型商业设施，导致过去十年间木场站的上下车客流量激增了1.3倍。此外，从木场站出发的乘客中，前往中野站方向的人数是前往西船桥站方向的2倍。

木场站原有的设计在东、西两侧（如图中蓝色区域所示）采用了四层三跨的车站结构及其附属接口，而车站中部则采用了单洞单线的双线盾构隧道（内径7.24m，外径7.74m，长度187m），每个盾构隧道内均设有3m宽的站台板。然而，由于车站西南侧大型商业设施的建设，高峰时段西侧站台的乘客上下车流量面临严重拥堵问题。因此，需将西侧部分单层的盾构段（如图中红色区域所示，长度68.5m）的盾构管片拆除，扩建为三层三跨的框架结构，以缓解客流压力，如图3-20所示。

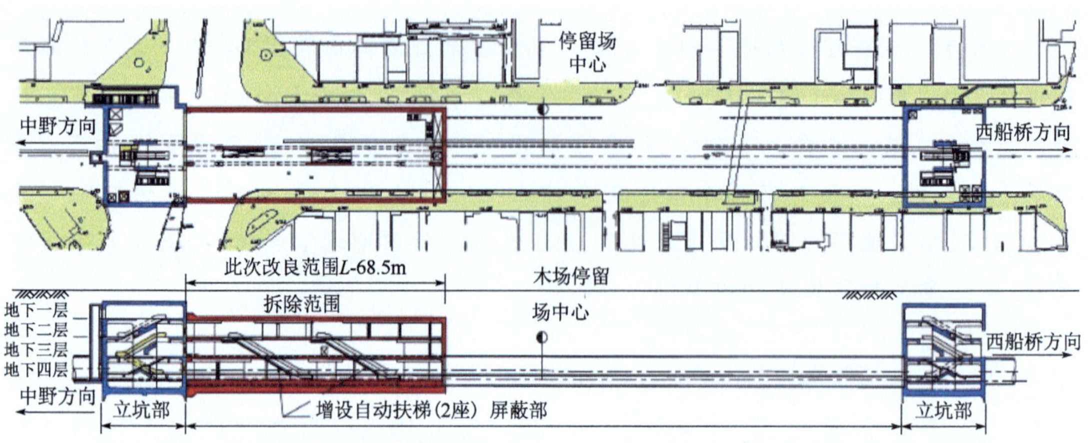


图 3-20　木场站车站平纵剖面示意图

(2)改造方案研究

为了缓解木场站的拥挤状况并提升乘客的便利性,改造工程主要集中在对西口侧站台的拓宽以及楼扶梯的增设上。既有盾构隧道在设计时未考虑到未来的拆除需求,且采用了球墨铸铁材料,导致对其进行结构改造十分困难。为此,研究团队提出了在既有盾构隧道段两侧建造地下连续墙的方案,计划拆除既有管片并重新构建主体结构,以实现站台的拓宽。

根据早高峰时段的客流量模拟分析结果显示,仅在站台层至检票层(即站厅层)增设一座上行电扶梯,无法有效疏散站台层的客流。因此,需要额外增设两座垂直电梯,以确保乘客能够顺畅地进出站台。

(3)改造施工步序

车站周边地质较为松软,为了最大限度地减少开挖对周围建筑物的影响,采用以刚度较大的地下连续墙为基础的逆作法施工方法。具体的施工步骤如图 3-21 所示。

因疫情导致客流量减少,2022 年决定暂停该工程施工。工程进度方面,在完成挡土墙浇筑后,应进入开挖阶段,但因停工决定,现已实施土方回填及道路修复作业。关于工程重启时间,将根据今后车站客流量恢复情况进行探讨。

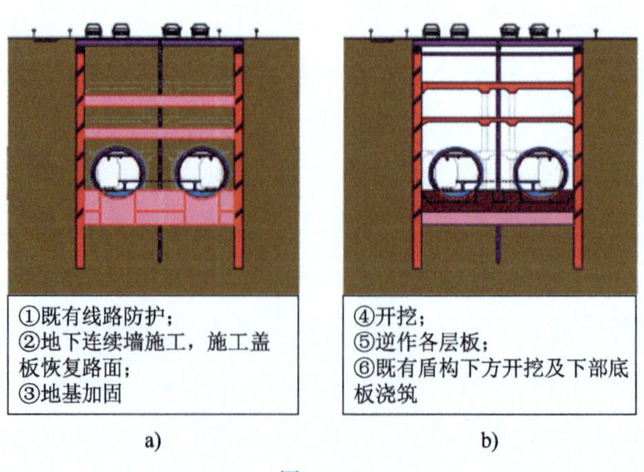


图　3-21

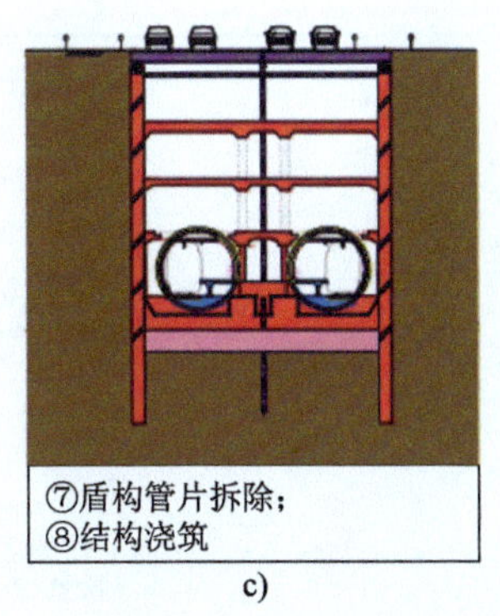

c)

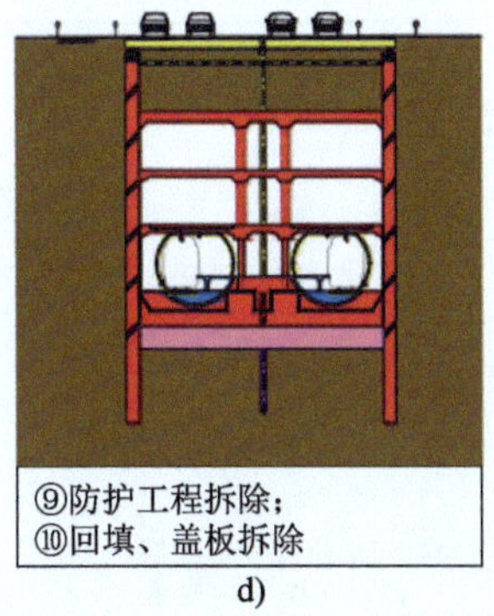

d)

图 3-21 施工步序

②既有线施工

详见"3. 2. 1 节 2) 扩大列车编组(2)要点①站台延伸。

③新设结构物与既有站体结构的一体化

详见"3. 2. 1 节 2) 扩大列车编组(2)要点①站台延伸。

④既有站体结构的部分拆除

详见"3. 2. 1 节 2) 扩大列车编组(2)要点①站台延伸。

**【案例 9：阪神三宫站】**

(1)工程概况

阪神电气铁道三宫站坐落于神户市中心区域，是连接 JR 西日本、阪急电铁、神户市营地下铁等多个铁路系统的终点站，同时也是神户市的交通枢纽。该站每日客流量高达约 9.8 万人次。自 2009 年与近铁奈良站实现相互直通运营后，客流量持续增长。

阪神三宫站自 1933 年作为地下车站投入运营以来，其基础设施一直保持原状，未进行过重大调整。然而，随着客流量的不断增加，车站逐渐暴露出便利性低和防灾性能差等问题。为了解决上述问题，需对既有的地下站房进行大规模改建，如图 3-22 所示。

阪神三宫站的改建工程始于 2007 年，主要包括以下几项关键内容：

① 无障碍化及疏散新设施：增设了东检票口，该检票口设计支持双向通道，旨在提升车站的无障碍通行能力，并在灾害发生时提供更为便捷的疏散通道。

② 站台改造与扩建：对站台进行了全面的更换、延长及拓宽工作，以改善乘客的乘车体验，并适应日益增长的客流量。

③ 西检票口优化：对西检票口进行了拓宽与改造，旨在提升检票效率与乘客流通速度。

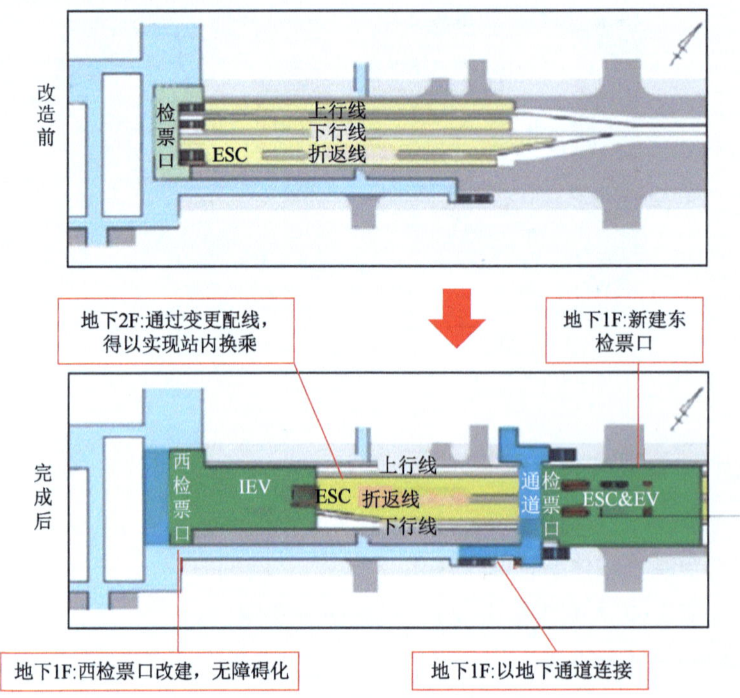


图 3-22　改造平面图

(2)改造施工步序

本工程的施工流程如图 3-23 所示，具体步骤如下：

步骤 1：外部开挖。在整个施工区间内，首先采用 SMW 工法桩和锚索支护的开挖工法，在既有构造物的外部进行挖掘作业。

步骤 2：新建结构施作。为了包住既有构造物的外部，开始构筑新构造物的顶底板及侧壁。这一步骤确保了在拆除既有构造物之前，新构造物能够提供必要的支撑和保护。

步骤 3：拆除既有构造物。在确认新构造物的顶底板及侧壁已经稳固后，开始拆除既有构造物的顶板和侧壁。这一步骤需要谨慎进行，以确保施工安全和减少对营业线的影响。

步骤 4：新设中柱和中板施工。最后，利用营业线近距离施工的条件，构筑新设的中柱和中板。将这一步骤作为最后实施的原因在于，中柱和中板的位置会干扰既有构造物和营业线的布局。在拆除既有构造物后，新构造物的顶板将通过临时钢支柱等支撑结构暂时承受荷载，直至新设中柱和中板完全就位并发挥作用。

整个施工过程中，需要严格遵循施工顺序和安全规范，以确保工程质量和施工安全。

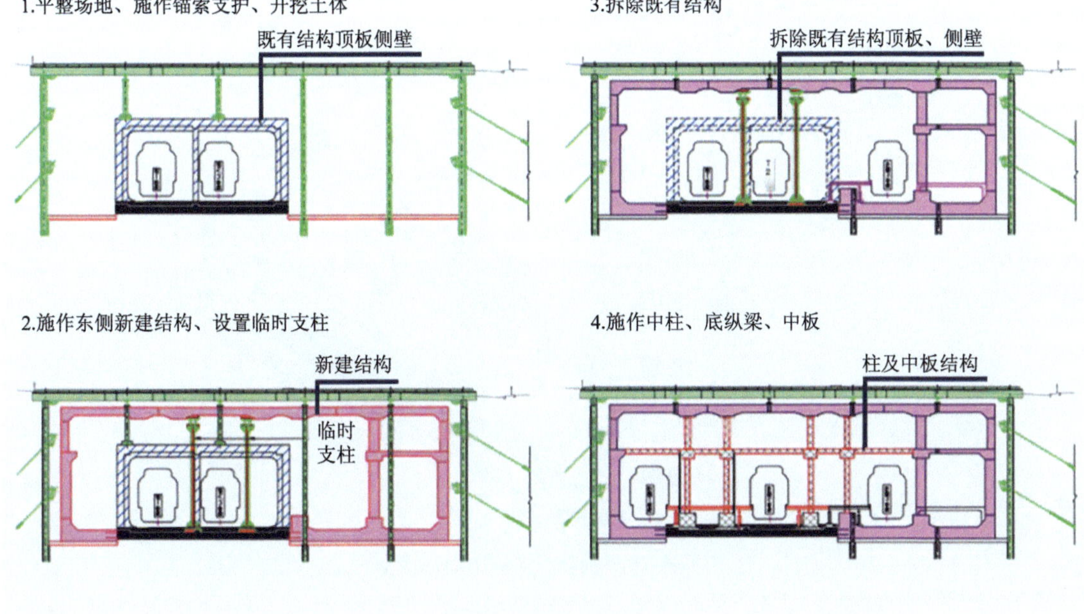


图 3-23　施工步序图

## 2）站台增设楼梯、自动扶梯

（1）概要

站台增设楼梯、自动扶梯是为了增加乘客从站台至站厅、或从站厅到站台的路径距离，达到分流、缓解车站拥挤的目的。

（2）要点

①既有线施工

由于是在既有线的站台增设楼梯、自动扶梯，所以必须编制既可保障站台层、站厅层乘客的安全，又不妨碍乘客流动的施工规划。

**【案例 10：站台增设自动扶梯案例——筑波快线秋叶原站】**

筑波快线自 2005 年 8 月开通以来，客流量持续稳步增长，东京方面的终点站——秋叶原站的日均客流量，在开业第一年的 2005 年为 36000 人次，到 2009 年增至 55000 人次。由于客流量的增加，站台上的拥堵状况日渐显著，因此，在站台增设了自动扶梯（图 3-24），该工程于 2010 年 9 月完成。

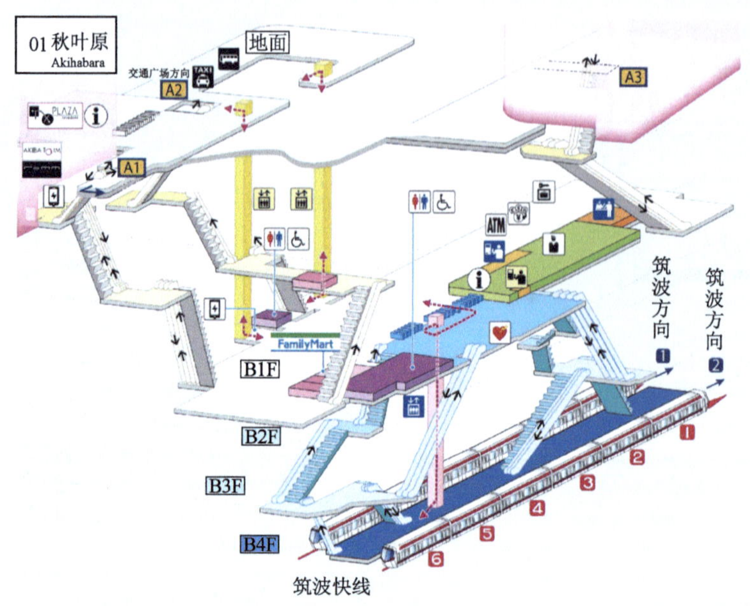


图 3-24 秋叶原站站台层增设自动扶梯

②确保站台宽度

站台增设楼梯时,站台上设置了楼梯的地方剩余宽度会变窄。因此,为了不阻碍乘客的流动,并能够让坐轮椅的乘客也可顺利通行,必须确保增设楼梯后的站台依然能满足所需宽度的要求。

③既有站体一部分拆除

如果是地下车站,为确保站台楼梯、自动扶梯的设置空间,需要拆除既有站体结构中的一部分中间地板开洞。对于开洞部分,还需要考虑到站台楼梯、自动扶梯的荷载,进行加固设计。

## 3.3 改善交通环境

### 3.3.1 提高便利性

#### 1)增设新站

(1)概要

增设新站,主要是因新线开通运营后沿线不断开发等带来了出行需求,需要增设车站,以及为了提高沿线居民、沿线设施使用者的出行便利性。新站的设计,通常基本上是沿用既有的轨道线形，拓宽轨道两侧，形成侧式站台，并新设站厅。

(2)要点

①既有线施工

详见“3. 2. 1节2)扩大列车编组(2)要点①站台延伸。

②对地区开发建立共识

近年，对于车站，除了传统的交通功能以外，还要求具有交流中心和地区核心的功能。新站本身是由铁路公司来开发，但必须在与新站周边地区开发部门以及相关各方等达成共识的基础上进行，做好车站设施与车站周边设施的协调，推进车站地区一体化的开发建设，提高新站作为人们交流中心和地区开发核心的功能水平。

**【案例11：站城一体化的地铁新站开发案例——东京地铁日比谷线虎之门Hills站】**

该站于2020年6月新建，位于东京地铁日比谷线的霞关站和神谷町站之间。该地区以“虎之门Hills区”为名，是通过城市再开发工程改造而成。为了实施车站与周边地区的一体化开发，由主导该地区开发的UR都市机构作为车站开发项目的主体，东京地铁公司则受UR都市机构的委托，实施了该车站的设计和施工。此外，由积极推动虎之门Hills地区开发的森大厦公司开发建设的站城一体化项目——“虎之门Hills车站塔楼”于2023年7月完成。通常，地下站会沿路设置多个出入口，但本站仅在与其相邻的“虎之门Hills车站塔楼”的连接处设置了出入口，这是基于其开发理念：以“虎之门Hills车站塔楼”为中心的站城一体化(图3-25)。

本站在发挥交通枢纽作用的同时，通过站城结合、协同发展，还有望为地区带来更多元化的交流以及新的机遇和活力。

图3-25　虎之门Hills站

### 2)修建连接车站周边建筑的出入口

(1)概要

在地下车站修建与周边建筑物连接的出入口,主要是指设置连接车站站厅层和建筑物的联络通道,并在建筑物一侧设置车站的出入口,这不仅可提高铁路和建筑物使用者的便利性,还可提升建筑物的附加价值。如果是建筑物方要求与车站连接,并经铁路运营商认可,那么所有与该工程相关的费用就由建筑物方承担,修建从车站站厅层经建筑物内部到达地面的专用出入口,结构上是在途中与建筑物内部连通。

(2)要点

既有站体结构部分拆除。在建筑物与联络通道连接时,为了在既有车站的站厅层侧壁设置开口,需要拆除一部分侧壁。设计时需考虑车站和联络通道的荷载,对开口应做好加固处理。

### 3)修建站前广场、人行连廊

(1)概要

修建站前广场和人行连廊,是为了提高车站乘客换乘其他交通工具(公交车、出租汽车等)的便利性,保障行人安全和通行顺畅。

(2)要点

确保建设用地(有效利用铁路上空)。在车站附近很难确保建设站前广场和人行连廊的用地和空间。近年来,在铁路上空上盖人工地坪,修建站前广场、人行天桥的案例层出不穷。另外,从换乘公交车、出租汽车等的便利性角度出发,离车站越近越好,所以上盖地坪作为用地可以说是最合适的举措。

### 4)利用铁路上空

(1)概要

利用铁路上空是指在站台或线路上空进行开发,上盖人工地坪,并对该空间进行有效利用。为了提高车站的便利性,增设车站设施、设置公交枢纽站、在车站内设置商业设施以推动商业发展的情况日益增多。而在市中心寸土难求,所以,通过利用车站和铁路上空上盖人工地坪用于开发这些设施的需求不断增加。并且,此举不仅可使铁路上空得到有效利用,还可拉近车站与周边设施的距离,为换乘乘客提供方便。

(2)要点

①确保既有线的安全

由于是在既有线上施工,所以必须制订不妨碍列车运行的施工计划,同时还需要确保安全,防止建材等物体掉落至铁轨内和站台上。

②既有线上打桩

构筑支撑人工地坪的基础时，需要在站台和线路内设置挖掘机打桩。施工只能在末班车后首班车前有限的时间内进行。因此，桩基础施工的工作效率低，工期往往较长。

**【案例12：巧用上盖地坪打基础桩案例——JR新宿站】**

JR新宿站采用了在先行上盖的人工地坪上，以悬架于线路上空的形式设置一个可移动的便携式作业平台，使用安装在作业平台上的打桩机向线路内打基桩的施工方法（图3-26）。便携式作业平台设计为无须地面支架的结构，既不影响列车运行，还能安全地进行打桩作业。由于主架台的桩基础是打在铁路线内，不得不在夜间施工，在主架台搭建完毕后，便可在便携式作业平台上进行作业，此后，白天也可以施工。

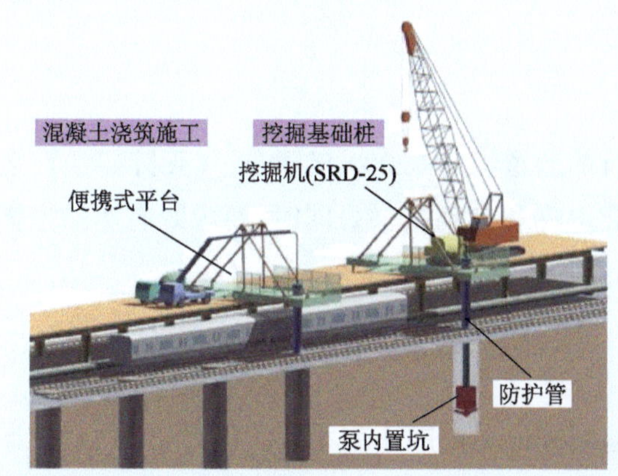

图3-26 JR新宿站人工平台施工

## 5）车站付费区内外的设施开发

（1）概要

车站建筑内、付费区内外的各类设施开发，主要是通过对站房进行大规模改造，引进商业设施等，赋予车站除交通功能以外的其他功能，以提高车站的便利性。商业设施包括各种店铺、企业办公室、酒店等，但具体的物业（店铺）开发还需与利用各站的客流属性相结合。例如，在游客较多的车站，设施内设有销售土特产、纪念品的店铺。此外，车站的开发和利用形式不断在更新，如同时兼顾为轨道交通乘客以外的群体提供服务等，使车站的功能不单纯局限于出行或换乘，还可成为提供娱乐和交流的场所。

（2）要点

①避免阻碍换乘流线

光顾站厅、付费区内店铺的乘客停留时间相对较长，加上轨道交通本身的乘客，站内会出现人流集中，存在阻碍换乘流线畅通的隐患。因此，必须以不阻碍换乘流线为前提进行店铺的布局设计。

②确保既有线的安全

与“3.3.1 节 4)利用铁路上空”的要点相同。

③火灾应对

与通常的站房相比，由于店铺的商品等中存在可燃物，尤其是饮食店使用明火等，容易成为火源的物品较多，所以防火灾措施尤为重要。另外，检票口、出入口等疏散通道上也存在瓶颈，客流量一大即有发生滞留的可能性。在发生火灾时，一旦出现滞留，被困人员就有可能因高温、烟雾而伤亡，还有可能因恐慌造成二次灾害。因此，确保火灾时的疏散途径、配套正确引导标志，以及合理配设消防设施非常重要。

## 3.3.2 提升舒适度

### 1)确保无障碍通道

(1)概要

无障碍通道是确保老年人和残疾人可以通行的通道，日本 2000 年颁布了《无障碍法》，要求新建车站在连接站台与地面的路径上必须安装电梯和自动扶梯。同时，要求既有车站也需要进行完善，确保至少有一条从站台至地面的无障碍通道。

(2)要点

①消除列车与站台的高低差和间隙

作为无障碍设施，列车与站台之间的高低差、间隙应尽可能小或无。2019 年 8 月，日本国土交通省提出了站台与车辆地板的高低差、间隙的参考值(高低差不超过 3cm，间隙不超过 7cm)。具体缩小高低差、间隙的措施，包括提高站台的高度、降低车辆地板高度以及在站台边缘设置梳状橡胶(图 3-27)等，实现缩小站台和车辆地板之间的高低差和间隙。

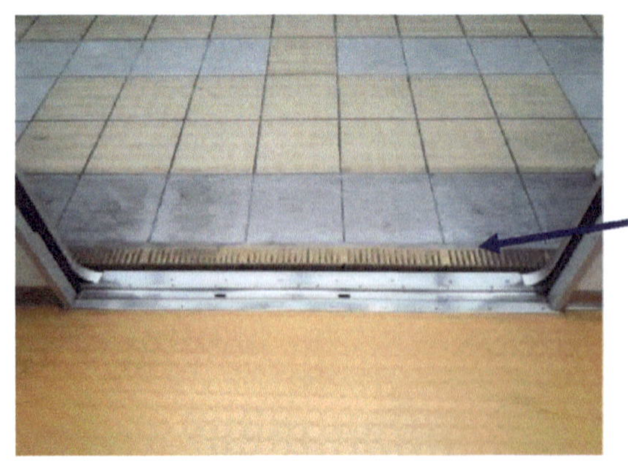

图 3-27 设置梳状橡胶案例

②确保建设用地

在设计无障碍通道中，如何设计从站厅层通往地面的电梯路径是最大的问题。为便于乘客掌握电梯的位置，最理想的办法是将电梯设在现有出入口的旁边，但现状往往很难确保所需的空间。通常采用的方法有通过收购车站附近的私有土地或通过设定地面使用权（土地租赁）来确保用地，也有采取直接与私人建筑相连并在建筑内设置通道的方式来确保足够的用地空间。

### 2）导向标识

（1）概要

导向标识是为用户指明通往预定目标（目的地、换乘站等）的路线，其目的是通过为每个人（无论年龄或国籍）提供简明易懂的导向标识，来提高出行旅行的舒适度。

（2）要点

确保导向标识的统一性和连续性。这对帮助游客顺利到达目的地至关重要。为此，导向标识设计宜标准化、共通化。对此，日本国土交通省在2014年发布的《为实现观光立国而改善和强化多语种服务的指导方针》中，明确了公共交通等领域改进和加强多语种服务的方针。基于此，东京都政府又先后发布了《便于国内外游客理解的导向标识标准化指南——铁路等篇》（2015年）和《枢纽车站导向标识共通化指南》（2017年），作为城市铁路、轨道交通车站导向标识标准化、共通化的指南，以建立统一且通俗易懂的导向标识为目的，为地方自治体、铁路企业、道路管理者和相关方共同合作进行研究、设计，梳理和归纳了必须注意的事项及其基本原则。

### 3）噪声、振动对策

（1）概要

列车行驶时的噪声和振动问题在隧道段和地面段均存在。在隧道段主要是振动，而地面段主要是噪声问题。隧道内的振动源是列车运行时造成的轨道面振动，因此，解决对策主要是通过改善轨道构造来减振。地面段的噪声源是行驶于地面上的列车声、轨道上的摩擦声、构筑物的振动声，作为对策，主要是采取安装声屏障等降噪措施，但目前还没有可得到根本性解决的措施。

（2）要点

防振轨道化（既有线施工）。现在日本，在对老化的整体道床轨道进行更新时，基本采用具有高效防振效果的省力化轨道（防振枕木轨道）（图3-28）。由于是在既有线上进行施工，所以具体作业是在夜间。施工步骤为：a. 拆除整体道床和枕木；b. 在PC枕木上安装防振装置（防振枕木），并将其固定在轨道上；c. 设临时道砟支撑；d. 在临时道砟支撑上灌入超快速凝固硬化砂浆形成道床。道砟形成的临时支撑有足够的强度，列车可以按照运行图正常运行，无须采取减速。

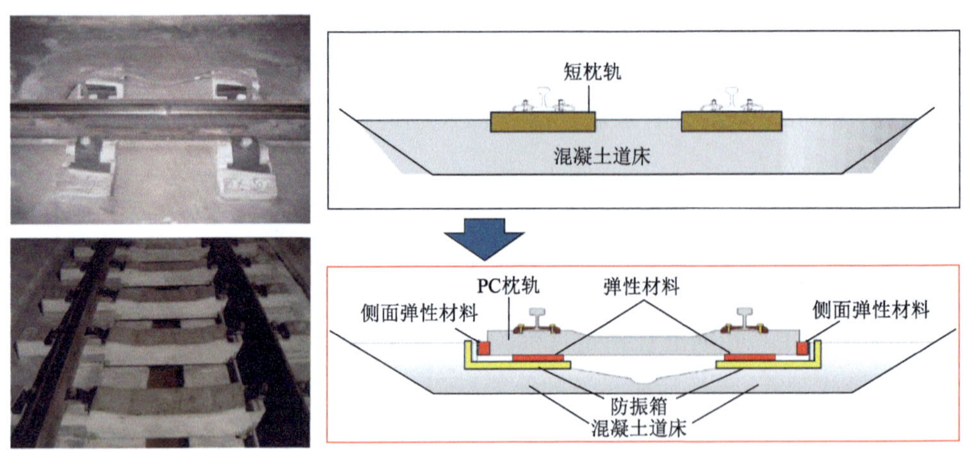


图 3-28 更换省力化轨道(防振枕木轨道)

## 3.4 改善运行的安全性、持续性

### 3.4.1 提高安全性

#### 1)站台安全门

(1)概要

站台安全门是为了防止乘客从站台上坠落、进入轨道内、碰撞列车等危险发生而设。站台安全门对入侵轨道内起到物理性阻止效果,可有效地提高安全性。

(2)要点

①站台板加固

对安装设置站台安全门的位置,设计上需要做到能充分承受站台安全门的自重和水平方向的荷载,必要时还需对站台板采取加固措施。站台板的承重力验证应采用悬臂梁形式,设计上需考虑垂直荷载×水平荷载的最大值。图 3-29 所示为一侧设支柱、与站台板呈水平的钢材,形成门框型钢架承载站台板上荷载的加固案例。另外,由于站台板加固后应力状态即会发生变化,因此,必须确认站台板等土建结构的安全性。

②既有线施工

在既有车站安装设置站台安全门时,一般都需要在末班车后首班车前有限的时间内进行。因实际施工时间有限,所以必须设法提高搬运器材等的效率。

#### 2)防止人为过失

(1)概要

列车超过指定停车线的越位停车或到站未停错过站等事件偶有发生,其中一个主要原因是人为过失。尽管铁路运营商积极采取各种措施防止人为过失,如安装防止越位的设备装置、开展培训和演习,但也无法根除这一问题,防止人为过失仍是铁路运营商面临的一大挑战。

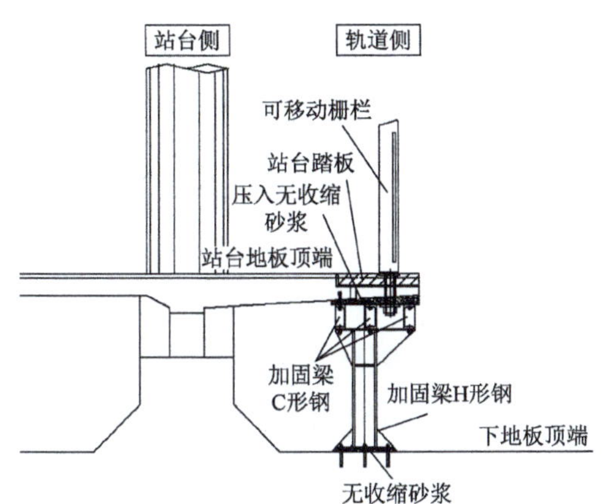

图3-29 加固站台板示例

(2)要点

完善规则,教育培训。应充分了解人在系统中的作用以及人的相应特性(人为因素),并建立人为过失不会导致重大问题的机制。需要制定严格的操作规则,并进行持续性的教育和培训,以防患于未然。

### 3.4.2 减少事故和灾害

#### 1)地震

(1)概要

在1995年1月发生的阪神大地震中,包括铁路设施在内的许多基础设施遭到了严重的破坏。以这次地震为契机,日本对新设铁路构筑物的抗震设计以及既有车站建筑的抗震措施进行了大幅度的修改,新设构筑物必须按照修改后的抗震设计标准进行设计。

对既有车站建筑的抗震措施,以刚性框架高架桥、刚构桥墩RC柱、明挖隧道的RC中柱为对象,实施强化支柱剪切力的加固施工,以防止支柱因剪切力而发生“剪切破损”。

(2)要点

基于假设地震等级的抗震加固。假设地震等级,从安全性、经济性等角度出发,研究和决定在发生假设地震的情况下构筑物应保持在何种状态,实施相应的抗震加固。在日本,是将1995年1月发生的阪神大地震指定为假设地震级别。

地震对建筑物的破坏分为由剪切力引起的“剪切破坏”和弯矩引起的“弯曲破坏”,结构完全被破坏、受损惨重的是剪切破坏所致。日本实施的抗震加固只容许“弯曲破坏”、不容许“剪切破坏”,对于大地震,并不要求做到没有裂缝、完好无损,而是通过采用增加柱子韧性的方法,对建筑物进行加固,达到即使支柱受损(弯曲破坏),也不会导致整个建筑物倒塌的水平。

### 2)火灾

(1)概要

2003 年 2 月韩国大邱市的地铁发生了火灾事故之后,日本立刻修改了地铁火灾对策标准并于 2004 年公布施行。要求强化疏散引导设备、排烟设备的功能,配备二节卷帘门、消火栓等设备之外,还明确了对电力电缆采取阻燃措施、车内设置贯通门、车厢使用耐燃性、防熔滴天花板等防止火灾蔓延的措施。

此外,对于从站台至地面只有单方向疏散通道的车站,为让乘客能够安全地从站台疏散至地面,要求增设新的疏散通道(疏散楼梯、地面出口等),确保有两个方向的疏散通道。并对排烟风量不足的车站,实施了更新排烟设备、使之达标等的设备优化。

(2)要点

基于假设火灾等级的火灾对策。假设火灾等级,并根据等级划分实施相应的火灾对策。日本地铁的假设火灾划分为:普通火灾、大火源火灾。并对两大类的火灾分别设了相应的容许值,要求配套对策确保不超过容许值(表 3-2)。

日本的地铁假设火灾等级　　表 3-2

| 假设火灾 | 种类 | 出火源 |
|---|---|---|
| 普通火灾 | 车辆 | 车底机器设备起火 |
| | 小卖店 | 用打火机纵火 |
| 大火源火灾 | 车辆 | 用汽油纵火 |
| | 小卖店 | 用汽油纵火 |

计算发生火灾时将全体乘客疏散至避难所(站台火灾:大厅层,大厅火灾:地面)的所需时间,并按照下列容许值等要求,设置疏散通道,加强排烟功能。

①站台层的普通火灾:根据疏散时间计算出的烟雾浓度应小于容许值。

②站厅层的普通火灾:根据疏散时间计算出的烟气扩散应大于容积。

③大火源火灾:在疏散时间内,地面到烟雾层下端的高度应不小于 2.0m。

### 3)浸水

(1)概要

浸水对策针对的是地铁,旨在保护地下建筑免受风暴潮、洪水和集中暴雨造成的内河洪水侵袭。有水淹风险的地铁开口有:车站出入口,通风口、风亭口,洞口(车辆从地上进入地下的开口)。主要措施如下:

①车站出入口设置挡水板和防水门。

②通风口设置防浸水装置。

③洞口设置防水墙或防水闸。

(2)要点

设计浸水深度的设定。对地铁的出入口、通风口、通风塔、洞口分别设定浸水深度,并结合设定的浸水深度,设置相适应的挡水设备。尤为重要的是要使构筑物不仅能防止浸水,还能承受所设定浸水深度的水压强度。

东京地铁的浸水对策主要是基于中央防灾会议——“关于大规模水灾的专题调查会”的最终报告中浸水模拟结果,以及东京都编制的洪水危险地图浸水假设的综合性措施。根据假设的浸水深度采取相应的对策。例如:更新设备,引进能够承受水深6m水压的防浸水装置,在地下车站出入口利用现有结构提升挡水板高度或完全防水化等。但如遇既有结构已不能承受水压,则采取重建等措施。

#### 4)强风

(1)概要

在地面的桥梁段和海湾地区等发生强风可能性高的地方设置风速仪,发生强风时,由综合指挥所监视地面风速仪的信息,并根据风速采取限速或延迟开行等措施。

(2)要点

风速测量和运行规则。测量风速,在测量到强风时,根据设定的运行规则采取限速或暂停运行等。例如,在东京市中心行驶的东京地铁,为了确保安全,当地面段的风速大于30m/s(东西线在25m/s以上)时,责令暂停运行。另外,有些线路对运行速度设有明确的相应规定,例如,作为市郊铁路的西武铁道规定:当风速超过20m/s时,列车的车速应低于55km/h;当风速超过25m/s时,列车的车速应低于25km/h;当风速超过30m/s时,列车停运。

#### 5)事故后的抢修、恢复

(1)概要

在发生人身事故、车辆事故时,会发生停运或列车延误,应尽快恢复正常运行,并采取相应的运行管理措施,减小停运或列车延误范围,力争尽早解决事故,恢复正常运行。

(2)要点

增设折返设施。一旦发生人身事故、车辆事故等,就会发生列车停运或延误。尤其是在采用互联互通模式多线实施跨线贯通运行的情况下,一旦发生事故,临时的列车停运和延误所波及范围很大。因此,尽可能地减小事故的影响范围,并让能够运行的区间尽快地恢复运行十分重要。

因此,需要增设折返设施,通过折返运行来确保能够运行的区间。

## 3.5　其他改善措施

其他改善措施主要为提高运营效率。

#### 1)车辆基地集约化

(1)概要

车辆基地集约化是通过一个车辆基地设施的多线共享来提高运营效率。如果采用的轨距和供电方式相同,那么其他线路的列车也可运行,只需修建联络线即可驶入其他线路。车辆基地的集约化形式多样,既有提供车辆存放、检查等设施的全部共享,也有仅提供检查车辆设施等部分共享的情况。此外,也有将与其他路线共享车辆基地作为前提进行规划的线路。

(2)要点

修建联络线。为了与其他线路合用车辆基地,需要建设连接其他线路的联络线。联络线一般建在两条线路相交之处等相互靠近的地方。由于联络线的施工是在既有线上进行,所以施工时间仅限于夜间,施工周期较长。例如,大阪地铁中央线和四桥线的联络线长度约500m,但耗时约5年才完成。

#### 2)引进省力化轨道

(1)概要

作为整体道床轨道的老化应对对策,实施轨道更新工程。而在更新整体道床轨道的施工中,基于使维护更加“省力化”等目的,采用省力化轨道(防振枕轨),如图3-15所示。

(2)要点

既有线施工。与“3.3.2 3)噪声、振动对策①防振轨道化(既有线施工)”的要点相同。

## 3.6 本章小结

为了适应随着社会、产业、人口结构变化而带来的旅客对轨道交通服务需求和要求的变化,日本都市圈的轨道交通线网长期以来不断改进、不断完善,是长年的不懈努力换来了今天高度安全、快速、准时的轨道交通线网。为了满足日益增长的乘客需求,从增强运能入手进行轨道交通线网改善,在确保既有线运行的同时,采取在有效利用既有建筑物的基础上,通过增建、合建新建筑物等方法,不断对既有铁路设施进行改造更新、扩大和优化。既有线的改造施工,在时间和空间等多方面受到限制,实施过程中克服了各种各样的难题。然而,随着时间的推移,需求增加到了极限,随之而来的人口减少、少子老龄化社会时代,旅客对便利性、舒适性、安全性等的要求更高更细。轨道交通线网的优化重点也由“量的扩大”转向“质的提高”。近年来,对轨道交通车站的功能要求是除了传统的交通功能以外,还需兼顾成为人际交流的据点、地区发展的核心。综上所述,轨道交通的功能是随时代背景的变化而不断变化的,也因此,今后仍需不断地结合变化而实施相应的改善措施。

# 第4章
CHAPTER 4

# 轨道交通既有线优化支撑城市更新的政策与实施路径

## 4.1 城市更新与轨道交通建设

### 4.1.1 城市规划政策变迁

日本的城市更新可以概括为两个主要阶段:第一阶段是第二次世界大战后对受损住宅进行拆除和重建,1969年《都市再开发法案》出台,1979年社区象征性参与,1980—1991年民间资本逐步介入城市更新,1992年后民间资本大规模参与;第二阶段是1997年《未来城市政策(中期报告)》的发布,提出需重建城市以应对人口下降等变化,尤其是2002年后颁布了《都市再生特别措施法》,标志着日本城市更新进入全新阶段。图4-1整理自国土交通省发布的都市再生发展与今后动向,城市更新发展脉络可见一二。

(1)第一阶段

①第二次世界大战后至1968年拆除重建。

第二次世界大战后,由于大量住宅遭受损坏,日本城市面临着严重的住房短缺问题。这一问题原本就存在于战后初期,而城市人口的快速增长进一步加剧了住房供应的紧张局势。为了改善居住环境,自20世纪60年代开始,日本政府从安全和环境改善的角度出发,有计划地对年久失修、存在安全隐患的建筑物进行了拆除工作。在这一过程中,他们系统性地清除了贫民区,并推动了城市化,带动住宅区和新城的开发建设。这一时期标志着日本启动了大规模的城市更新运动。在此阶段,日本的城市更新采取了政府主导的模式,以新建为主,主要是修复战争期间损毁的房屋。

1946年9月,日本政府制定了《特别城市规划法》(Special City Planning Law),战后重建的第一步是根据东京特别城市计划的相关法律进行土地重建调整。1950年6月,为了在应对国家要求下建设首都东京,制定了《建筑基准法》(Capital Construction Law),然而,该法难以充分应对城市地区向郊区大规模扩张的趋势。因此，在 1956 年 4 月，东京制定了《首都圈整备法》(National Capital Region Planning Act)，旨在有序地促进东京发展成为日本政治、经济、文化等中心的首都圈。

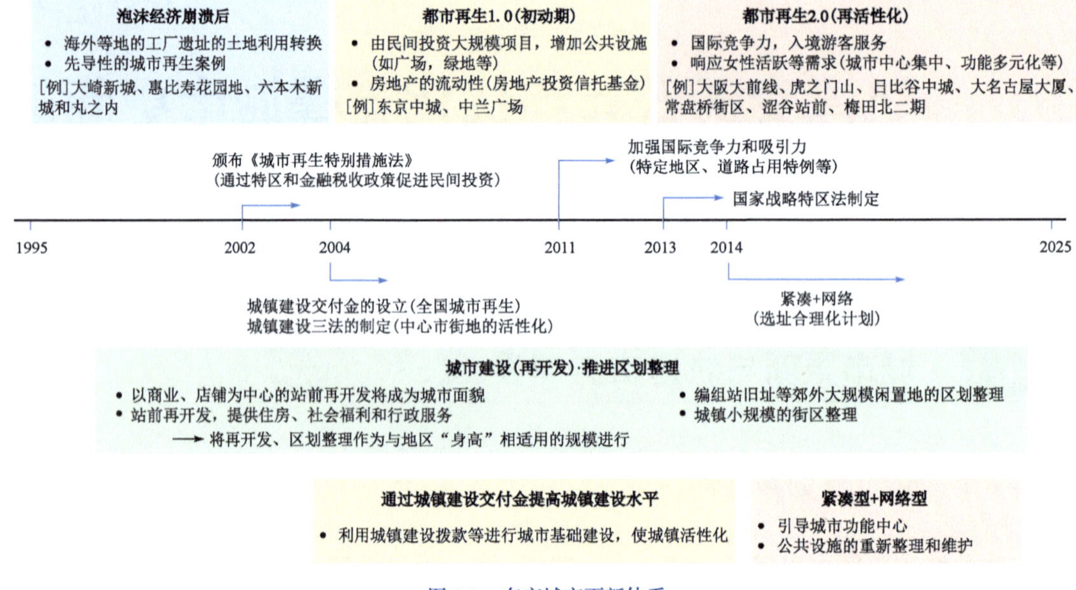


图 4-1　东京城市更新体系

数据来源：作者自绘，参考国土交通省《都市再生发展与今后动向》，https://www.mlit.go.jp/common/001273668.pdf。

此后，东京都政府(TMG)推动了城市规划的全面修订：1957 年的公园和绿地，1959 年的高速公路，1962 年的快速轨道交通等。此外，在 1964 年 2 月，街道规划在环六道和荒川所包围的区域进行了修订，然后于 1966 年 7 月在其他区域进行了修订，从而形成了目前城市规划的街道网络。此外，还对特殊的地区和区域(如使用区、防火区和空置区)进行了修订。

1963 年 1 月对 1950 年 5 月的《建筑基准法》进行了部分修订，首次在东京特别区(23 区)划定了容积率限制区。这样做的目的是在保证开放空间的同时形成城市区域，纠正过度集中的人口和城市设施之间的不平衡，制订合理的土地使用计划，为摩天大楼的发展开辟了新的途径。另外，自 1948 年以来，在土地调整项目下，1969 年 5 月取消了“自 1948 年以来在东京特别区周围指定的绿地，并对这些地区进行综合开发，用于住宅用途”的政策。

在 20 世纪 60—70 年代，日本经济高速发展时期，出现了“社区营造”的概念，但民间力量只是表面上参与。这一时期的社区营造主要以保护历史城镇和传统街区为重点，也被称为“街区保全性社区营造”。

②1969—1979 年，社区象征性参与以住房改善为目标的城市更新。

第二次世界大战后动荡期之后，经济高速增长期开始，人口大量在都市集中，导致城市地区和周边地区的土地使用混乱。此外，由于城市向郊区蔓延的扩张趋势，人们越来越意识到通勤困难、住房短缺和污染等城市问题的重要性。为此，日本在1968年废止了旧的《城市规划法》，随后在1969年，颁布了新的《城市规划法》，为日本城市重建提供了总体政策指令。这部法律也是日本城市更新的核心法规，不仅为东京都，也为全国范围内的市区重建提供了综合政策指南。此外，该法还规定了两种获取土地的方式（即权力变换和收购），用于市街地的再开发项目。为了实现土地的合理利用，全国市街地再开发协会也应运而生。

根据新《城市规划法》，城市重建的目标被界定为：a. 整合城市环境，提供舒适便捷；b. 预防城市灾害；c. 提供高质量住宅；d. 整合公共设施。日本的城市再开发事业可分为两种：第一种是通过权利转换方式实施的地区内建筑物拆除重建，其中的主体包括民间和地方政府；第二种是具备都市防灾功能的建筑物，主要由地方政府和公共团体负责开发。

1970年6月，为了促进土地预定用途的标准化和土地的密集使用，对《城市规划法》和《建筑标准法》进行了部分修订，将八个使用区减少到四个，基本上取消了建筑高度限制，改为建筑形式限制，并将容积率和建筑覆盖率都纳入使用区。

在这一子阶段，城市更新主要是以民间为主导，政府协作的方式，实施机构仍然是住宅公团，团地再生（日本各地对老旧住宅区大规模改造活动的统称）主要内容是社区生活改造，完善交通配套服务及环境景观的优化改善等。为了进一步推动地方自发地进行城市更新，日本政府逐步修订《城市规划法》，允许个人及私人机构担任实施主体，政府角色则转为通过设置专门的更新基金制度，为个人及私人机构提供融资、补助贷款等协助服务。此外，为了激励城市更新，容积率奖励也作为一项重要的手段开始使用。通过产权主体、开发商和政府共同协调，在特定容积率适用街区中，允许低密度且限高的街道空间有偿置换为其他不受限的板块。

③1980—1991年，民间资本开始参与以经济更新为目标的城市更新。

在经历了20世纪60年代和70年代的高速城市化和城市扩展之后，80年代开始注重城市化的质量和规划的分权，着手改造第一代新城和集中式住宅。1981年，日本住宅公团的使命终结，和另一个与住宅相关的宅地开发公团合并，成为住宅与都市整备公团（简称“住都公团”）。其主要目的是将住宅建设由量变转向质变。

流入城市的人口有所缓解，居民在农村地区定居的趋势更加强烈，他们对城市规划的要求更多转向了对城市建设的参与性。因此，1980年建立了“地区规划系统”，其中最接近居民的地方政府被赋予了决策权，公民能够参与地区一级的城市规划过程。地区规划是地区一级的详细规划，它引入了相对灵活的措施（即通知和建议程序）来实现计划。在这一点上，这个突破性的框架为后来放松管制和指导城市规划的发展奠定了基础。

鉴于对利用私营部门活力的良好预期和实际投资意愿的增加，1986 年 11 月，东京都政府通过了《城市再开发法》(Urban Redevelopment Policy)，这是一个开发总计划，目的是有效实施城市再开发和土地调整等项目，并适当指导私人建筑活动。

1985 年后的 10 年间，由于稳定增长时期的社会和经济变化，城市中心地区的工厂等场所纷纷搬迁和关闭，这导致了大量土地闲置或缺乏使用。1988 年，为了有效利用这些土地，促进符合当地情况的再开发，创造有吸引力的城市空间，建立了再开发区规划系统(Redevelopment District Planning System)。

1989 年，日本通过了立体道路制度，该制度明确规定道路的上下可以建造建筑物，为 TOD 模式的快速推广奠定了法律和制度基础。

同时，1990 年对《城市规划法》和《建筑基准法》进行了修订，通过扩大地区规划，引入了容积率奖励类型的地区规划体系，并建立了住房用地集中使用的分区规划体系和闲置土地使用促进区体系。

在这一子阶段中，城市更新的主体展现出了公私合作的多元化发展趋势。在这一时期，民间力量的参与已经成为日本城市更新的主流形式。原先主导城市更新进程的政府部门，如今已逐渐退居幕后，转而通过制定城市更新补助与奖励政策、协助民间组织明确权益分配以及完善公共设施建设等措施，积极引导和推动民间力量的广泛参与。值得注意的是，社区营造的模式也正在经历深刻的转变，由原先的“诉求与对抗型”逐渐过渡到更为积极和包容的“市民参与型”。

④1992—2001 年，民间资本大规模参与的以复兴衰败地区为目标的城市更新。

1992 年，颁布了《城市规划修正法》，强调了公民参与规划过程的重要性，该法律要求所有市政当局都应通过公众参与来制订总体规划。

1997 年，国土交通省发布了《未来城市政策(中期报告)》。这份报告表明，城市发展不再像以前那样，方向发生了重大变化，需要重建城市以应对人口下降等社会状况的变化。

在 1998 年，《中心市街地活性化法》得以通过，这一法规为市町村等基层政府赋予了制订“中心市街地活性化基本规划”的权限。紧接着，1999 年的《都市计划法》则进一步明确了城市规划作为地方“自治事务”的属性，并显著扩展了市町村能够自主决策的规划范畴。

在这一时期，城市更新与开发的项目主要聚焦于轨道交通站点的周边区域。这些项目强调多主体之间的协调与合作，通过引入民间主体和资本，推动城市的再开发进程。同时，日本政府也开始重视非营利组织、市民团体和普通市民在城市建设中的积极作用，并在制订城市建设与发展计划时积极吸纳市民的意见与建议。自 20 世纪 90 年代起，原日本国铁所持有的车辆检修、货运车站等用地也经历了大规模的再开发。这些土地的再利用，不仅为城市带来了新的活力，还催生了如品川、汐留等新兴的商务办公聚集地，进一步推动了城市的经济发展与产业升级。

(2)第二阶段

进入20世纪90年代中期以后，伴随日本经济持续的低迷，日本经济高速成长期遗留的各种城市问题逐步显现，使得城市的魅力和活力减退，城市的国际竞争力下跌。面对经济社会信息化、国际化、老龄化等变化的新动向，为了复兴城市的魅力、活力和竞争力，消除20世纪留下的城市负遗产，创建21世纪的新型城市，日本决定启动城市更新，日本称为“城市再生实施行动”，并逐步出台了一系列实施对策。经过20余年的发展，日本的城市更新已进入复合更新阶段。

2001年5月，日本在内阁设立了跨部门的“城市再生本部”，由内阁总理担任本部长，内阁官房长官和主管部部长担任副本部长，所有的国务大臣都担任其委员。在2001年5月至2003年1月的一年半期间，“城市再生本部”召开了9次部会，首先于2002年6月颁布了《城市再生特别措施法》，随后又颁布了《城市再生基本方针》《城市再生实施基本要点》《21世纪型城市再生项目遴选办法》《促进民间城市开发投资紧急措施》《城市再生重点领域》《城市再生预算要求》等对策。

其中，《城市再生特别措施法》规定了城市再生基本政策、区域发展政策和紧急城市再生发展，奠定了现在都市再生的方针和基础。《城市再生特别措施法》明确指出，都市再生是针对那些都市内部建筑物结构严重老化、公共设施陈旧不堪或功能不足，以及都市整体功能状况不佳、阻碍经济活动正常进行的地区，所进行的一种有计划、全面的更新重建、部分改建或保留工作。这一工作的核心目标在于重建都市的各项功能，促进土地的健康发展和有效利用，同时增进公共安全与市民福利。

此外，依据《城市再生特别措施法》，日本开始对与城市再生相关的制度、法律法规进行了一系列改革，例如，部分修改了《城市再开发法》《建筑基本法》《城市规划法》《土地区划整理法》，废除了《工业等限制法》，出台了《关于有序推进集合住宅改造的相关法律》与《大深度地下空间利用法》等。同时，还在全国城市自下而上申报的基础上，分两批审核指定了45个“城市再生紧急实施地域”，并编制出台了《地域再生实施指南》。

在这一阶段，城市更新的模式显著体现了民间力量的最大化参与，其中政府、社区以及民间资本均积极投身于城市更新项目之中。特别是在公私合营(PPP)模式的推动下，重建项目得以顺利进行，其运作方式与土地调整类似，均离不开当地政府、私营部门以及当地土地所有者的共同参与和协作。这种模式的实施，不仅有效整合了各方资源，也促进了城市更新效率与质量的提升。

目前,根据日本国土交通省所公布的城市更新体系,其城市更新的核心内容主要涵盖三个层面:一是聚焦于三大都市圈的都市再生策略,二是以公共基础设施建设为主导的全国范围内的都市再生行动,三是以优化土地利用为核心的紧凑型城市建设模式。为实现这些目标,相应的计划包括"紧急系计划""都市再生整备计划"和"立地适正化计划"。这些计划旨在引导城市公共设施和居住需求向轨道交通站点周边集中,从而形成多个居住集中区域,并构建便捷的公共交通网络,最终推动"网络型紧凑城市"的建设。

"紧急系计划"作为日本城市更新策略的一部分,其核心在于划定与规划"都市再生紧急整备地域"。该计划将交通便捷、功能集聚且经济活跃的区域确定为紧急整备区域,并通过实施一系列综合整治措施,如老旧住宅区与工业区的改造、交通设施的改善等,以改善区域环境,提升城市功能。

"都市再生整备计划"主要针对中小城市,特别是市町村等区域,以公共基础设施建设为重点。该计划将地区建设与城市改造相结合,旨在通过支持地方特色城市建设,激发区域活力,提升居民生活质量,并促进地方经济的振兴。这一计划的实施主要依赖于骨干项目和提案项目的推进。

"立地适正化计划",也称为选址合理化规划,是日本应对人口减少、老龄化加剧以及城市收缩问题的重要策略。该计划以轨道交通框架为主要发展轴,强调公共交通体系的基础性作用,通过优化区域布局结构,完善居住、医疗、养老等配套设施,提升当地居民的生活质量。这一计划的实施主要依赖于行政机关和居民的协同合作。

### 4.1.2 城市更新面临的新问题

在进行轨道交通空间存量更新时,日本面临一系列新问题,这些问题直接影响城市更新的进程和效果。以下是其中的三个主要问题:

(1)用地产权复杂

引入轨道交通至城市更新过程中,用地产权的复杂性显得尤为突出。轨道交通的引入可能需要涉及大片土地,而这些土地的所有权、租赁权、建设权等权益关系可能是错综复杂的。解决这些复杂的产权问题,不仅需要平衡各方利益,还需要在确保城市更新推进的同时,有效处理涉及多个产权主体的法律和合同事宜。

(2)利益主体多元

另一个显著的挑战是利益主体的多元性。轨道交通项目可能牵涉到土地所有人、政府部门、轨道交通运营商以及私人开发商等各种利益相关方。这些不同利益主体之间可能存在冲突,如何在多元利益的交织中达成共识,是确保城市更新成功的一个重要方面。需要建立有效的协调机制和合作框架,以平衡各方利益,推动城市更新项目的可持续发展。

(3)规划空间零散

引入轨道交通对城市更新还带来了规划空间零散的问题。轨道交通的相关设施和线路可能分散在城市的不同区域,这可能导致整个城市更新项目的规划变得零散且不一致。为了确保城市更新的一体性和连贯性,需要有系统性的城市规划和协调,以整合各个空间元素,形成有机的城市更新布局。

### 4.1.3　轨道交通与城市更新

在城市更新过程中,东京的轨道交通发展是政府和市场共同作用的结果,形成了不同类型的轨道交通导向城市开发模式。图 4-2 展示了东京 23 区轨道交通和城市空间的互动发展过程。国铁反映了一种前期政府主导、后期市场主导的模式。国铁因长期政府主导具有在东京全域运营的天然优势,因此站点多设置在东京重要的城市节点,1987 年分割民营化后政府让渡了部分经营权给市场,由此激活了站域高密度商业开发,带动了城市重要节点的发展。私铁反映了一种市场主导、政府干预的模式。私铁由于拥有沿线土地产权,得以持续不断地优化沿线用地开发,形成了高混合度的站域土地利用和铁道沿线生活圈。政府一方面约束私铁仅在市郊运营,以保障国铁的主导地位,另一方面通过“市街地再开发事业”等制度为站域开发提供保障。地铁主要为政府主导,以解决高密度市中心的出行需求,由于不具备沿线土地所有权和缺少站域开发动机,站域未形成明显的圈层开发结构。

东京轨道交通创造并促进着这个大都市城市结构的更新,其城市更新再开发项目几乎都位于轨道交通站点区域当中。根据 TOD 理念,公共交通系统周围土地应强调混合利用以及有计划的高强度土地开发,因此,在城市更新的过程中东京政府出台了相应的政策法规,在土地利用强度、建设权益分配、一体化开发、历史景观保护等多方面支撑轨道交通与城市协调发展。

(1)提高土地利用率的制度保障

为优化车站周边土地的利用效能,东京政府自 20 世纪 60 年代起,实施了一系列具有前瞻性的政策与措施。首先,废除了历史悠久的“百尺”限制,并引入了容积率上限的管理机制,从而为城市空间的高强度开发与超高层建筑的建设扫清了障碍。这一转变不仅打破了轨道交通站点周边开发的传统限制,更为城市的垂直发展提供了制度保障。

回溯至 1920 年,日本政府出于对城市发展的规范与控制,明文规定了最高建筑不得超过一百尺(即 31m),并在东京市中心区域限制建造超过 10 层的建筑。这一规定虽有效遏制了城市的无序扩张,但同时也限制了市中心摩天大楼的潜在发展空间。为了应对日益严峻的土地资源挑战,东京政府于 1963 年果断废除了“百尺规定”,转而采用更为灵活的容积率上限制度,以实现对建设项目规模的精准控制。这一政策调整不仅为城市的高强度开发提供了可能,也为未来超高层建筑的建设奠定了坚实的基础。

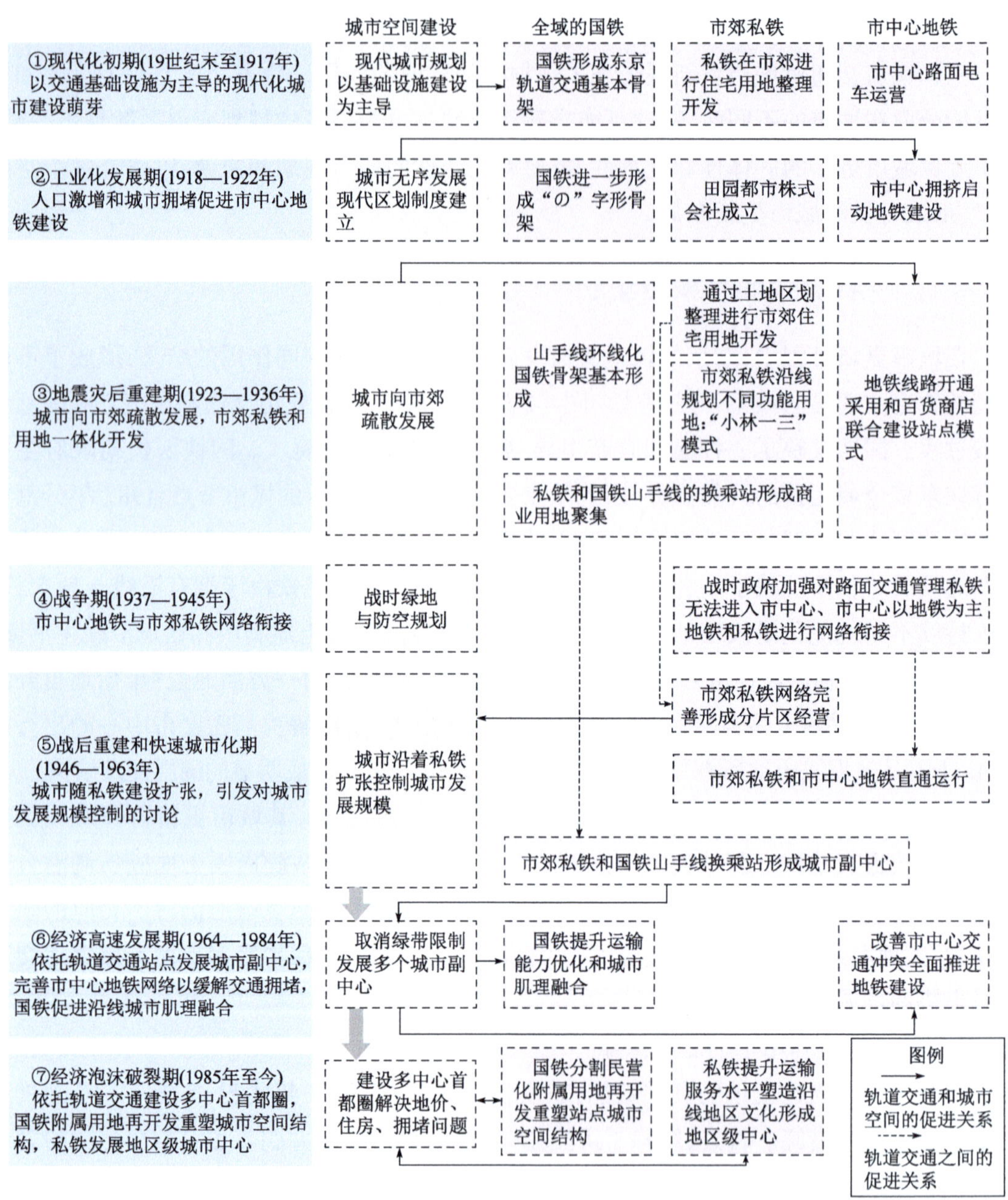


图 4-2　东京 23 区轨道交通和城市空间的互动发展过程

来源：曹哲静．东京轨道交通与城市空间协同发展的历史演进和经验启示[J]．国际城市规划，2023，38(06)：145-155. DOI：10.19830/j.upi.2022.271.

随着城市化进程的加速，土地资源越发稀缺。为了进一步提高土地的利用效率，东京政府于 1989 年提出了立体道路制度。这一制度旨在通过创新城市空间的利用方式，促进主要道路的维护与土地的高度利用。传统上，道路的所有垂直空间都被视为“道路区域”，禁止建造建筑物。然而，立体道路制度打破了这一限制，允许在道路的上空和地下进行建设活动。通过立体地限定道路范围，城市空间的开发得以拓展至其他空间，如在道路的上下空间内打造建筑。这一创新举措不仅推动了交通干道的建设，也极大地提高了土地的利用率和混合使用率，为城市的可持续发展注入了新的活力。

(2)“市街地再开发事业”开发模式

在日本，土地被高度细分，尤其是地铁站周边，土地产权情况复杂多样。因此，在TOD模式应用于城市更新实践中时，需要土地权利人、项目实施主体和政府三者达成深度共识。此外，与业主、租客等相关权利人也需要就土地权属和物业权益问题达成一致目标，这一过程往往显得复杂且冗长。

为了克服这些挑战，1969年东京开创了“市街地开发事业”这一新型开发模式。该模式强调统一规划，由单一的项目实施主体全程负责推进建设进度，确保项目的高效实施。在开发过程中，注重整体化建设，公共设施与建筑物再开发同步进行，从而实现了建设的高效与协调。更为关键的是，该模式确保了每个土地所有人在项目更新前后都能获得等价交换，从而达成了最符合各方利益的决策。

这种开发模式在站点周边附带商业设施的公共住宅、大型办公楼等再开发项目中表现出色，具有广泛的适用性。以代官山同润会公寓再开发项目为例，其成功实施充分证明了“市街地开发事业”模式的有效性和优越性。这一模式不仅优化了土地利用，提升了城市功能，还为相关权利人带来了实实在在的利益，为日本的城市更新实践提供了有益的探索和借鉴。

(3)站点周边跨街区一体化开发

站城一体化发展，作为日本都市圈内的重要策略，其核心在于通过轨道交通的引领，实现站点与周边城市的相互促进与协同发展。在此模式下，商业、办公、住宅等功能设施围绕轨道交通站点，按照圈层结构有序布局，向外逐层扩散。TOD策略特别注重站点周边步行网络的合理布局与安全性，以及步行环境的活跃性。因此，东京在城市更新过程中，着重从步行网络的优化入手，通过空中、地面、地下三个层面的综合规划，构建便捷、一体化的车站环境。

具体而言，空中层面通过架设天桥和平台，地面层面则通过构建步行街区，设置街道通道，地下层面则布置贯穿通道，实现了站点与周边区域的紧密连接。这种设计不仅加强了商业、生活与交通的融合，还体现了以人为本的便民设计理念。

品川站北部周边地区的开发聚焦于泉岳寺站和高轮Gateway站(原品川新站)周边的四个街区。自品川站东口成功实施一体化开发后，周边其他区域也积极跟进，采用了相似的一体化开发模式。该项目通过天桥和空中连廊的形式，构建了一个以步行为主导的多层次广场与一体化网络，将轨道交通车站、城市广场及区域内的所有建筑紧密相连。同时，项目还弥补了国道15号沿途行人空间和开放空间的不足。

此外，该项目还规划了横穿铁路用地、连接高轮Gateway车站和芝浦港南地区的步行者专用道(车站东侧联络通道),进一步增强了铁路两侧地区的联系。这种跨街区的一体化步行网络设计,有效促进了车站与整个城镇的融合,使得站点周边用地紧凑且步行流线畅通无阻,极大鼓励了人们的短距离步行出行,充分展现了跨街区一体化开发在提升便捷性和人性化设计方面的显著优势。

(4)基于站点周边历史景观保护与利用的更新

1961 年日本提出“特定街区制度”,根据特定功能需要,如商业开发、历史文化保护等建立特定街区,在达到一定有效空地占比后,放宽建筑容积率、绝对高度限制等,还可以根据公共开放空间的建设等对城市环境的贡献度获取额外容积。为保护站点周边历史景观,其中就有“重要历史文化遗产保存型特定街区制度”,即根据容积率奖励机制对现存历史建筑周边地块进行开发建设,并对历史建筑进行功能与城市形象等方面的再利用。

如日本桥三井大厦再开发项目,开发范围内的三井总部大厦是见证了日本桥地区历史的建筑,但当时若想建成超高层建筑则需获得容积率奖励,即保证一定的公共空间,不过如此便会损坏历史建筑。后经三井不动产与政府的协商,政府认定三井总部大厦为东京都历史文化遗产,并因此获得容积率奖励,但要求严格保护和活化利用历史建筑,促进形成了“重要历史文化遗产保存型特定街区制度”。最后该项目获得超过 9 的容积率总量,并将再开发增加的面积集中在新建的超高层,建成地上 39 层,高约 195m 的三井大厦,保护了原三井总部大厦。由此,该开发项目证明了保护与开发并非对立的,可以二者兼顾。

东京站也同样采用了这种开发模式,日本东京车站本身就是一个历史建筑,在其周边再开发期间,东京站根据“特例容积率制度”和“重要历史文化遗产保存型特定街区制度”,将未被利用的容积率出售给周边地块,同时也获得了历史建筑修缮费用,以此平衡了站点土地开发与历史文化遗迹的保护。

(5)综合开发案例

2002 年东京颁布《城市再生特别措施法》,在指定的“城市再生紧急整备地区”内推行了“城市再生特别地区”制度,即在城市再生紧急改善区域内,东京都通过划定城市再生特殊区域,放宽了现有土地的用途、容积率等限制,并允许根据私营企业的建议进行高度自由度的城市规划。该制度中对地铁站的升级改造,以打造连接城市与车站的行人路网等“交通基础设施的改善”是获得评价最高的。由此,在地铁公司的协助下开展的由房地产开发商等民间力量主导的 TOD 项目,在东京市中心及周边地区呈现逐渐增多之势,对车站进行针对性综合开发,提升站点周边交通和生活便利。代表案例有涩谷站改造项目。

涩谷站由 4 家铁路公司 8 条线路连接而成,是东京都内公交车客流量最大的大型终点站,周边聚集了商业业务功能。2013 年 3 月,涩谷站以东急东横线地下化,与副都心线的相互直通运行开始等为契机,进行了车站设施的功能更新和周边市区的一体化完善,如

JR 山手线和埼京线的站台并行化；以及各类土地整理项目，如新建地下广场和扩建八公广场，与车站大楼的重建相结合，建设步行网络等。

涩谷站在综合开发方面，围绕站点中心区域规划建设高强度高密度的商业综合体；在行人道路方面，根据步行路线特性，建立了大范围加强辐射线路和环状线路的步行网络平台，重新建设东西互通通道，确保铁路两边行人道路的连续性，同时将多层步行道路无缝衔接到地面，消除了坡度和高低差等障碍，创造出自由移动的无障碍环境；在广场建设方面，对部分广场进行扩充，建造一定规模的地下广场，形成安全舒适的行人活动区；在交通设施方面，对部分机动车线路进行地下化处理，改进自行车通过线路，扩建和修复部分道路，以缓解地面拥堵。

涩谷站再开发项目充分体现了 TOD 理念和人性化设计，将周边城镇和城市设施整体重组，使得其集业务、商业、娱乐、内容产业、文化、交流、居住、生活功能等为一体，从根本上改善了涩谷站和周边地区的安全及便利。

## 4.2　既有线存量空间更新的多主体利益博弈及协调机制

存量更新是城市建设用地总体规模不增加的情况下，主要通过进一步挖掘已建成区内存量用地潜力，从而实现城市发展的规划方式。城市的发展是一个动态的过程，新增用地随着时间的推移也最终成为存量用地。因此如何利用好存量用地、做好存量的更新，才是城市持续发展的关键。

### 4.2.1　城市更新的利益相关方

城市更新涉及三个主要的利益相关方：一是土地所有人和租地、租房的相关权利人，统称为土地权利人（包括持有土地所有权、租地建房权、租房权、抵押权等各种权利的所有相关人员）；二是政府；三是有政府背景的住宅开发机构或民营资本开发商等项目实施主体。

东京大部分土地归个人和民间法人所有，土地所有人自用或出租获益的同时必须承担与土地所有权相关的纳税（固定资产税和城市规划税等）和土地管理义务。东京土地价格高，纳税等与土地关联的费用也高，土地所有人通常会追求土地效益最大化。同时，东京土地细分的情况十分普遍，大部分土地所有人仅持有 1 栋独立住宅或 1 栋底层带商铺的商住合用住宅。虽然有人在东京中心城区以外或郊区持有大片耕地，但继承土地时要缴纳高额继承税，很多情况下只能出售部分土地用于交税，这也促使土地逐渐被细分。

由于东京城市轨道交通发达，商业设施几乎都集中在轨道交通站点周边，轨道交通站点周边的各类转手或再开发项目层出不穷，租用店铺的需求也一直十分旺盛，商业设施改造更新后许多之前的商户重新入驻经营的情况也很普遍。随着时间推移，租地和租房等权利关系越来越复杂，不仅土地所有人，各种情况的租客（租地或租房）也成为影响城市更新项目是否成立的相关权利人，这是东京城市再开发项目普遍面临的状况。将零碎化的土地集中起来开展兼有城市道路等公共设施建设和房地产再开发项目的城市更新，需要面对一大批不同情况的土地权利人。土地所有人会强调“从祖上继承的土地不能在自己这一代轻易放手”，租地或租房的相关权利人则强调“在这块土地上苦心经营了 20 年之久，好不容易走上正轨，如果搬迁到其他地方还要从头开始”等各种诉求，与土地权利人达成一致意见的沟通和谈判必然是一个漫长和艰难的过程。

对于政府而言，完善城市基础设施和公共设施是政府推进城市更新最基本的要求，在此基础上通过再开发项目激发城市的经济活力，二者结合，可实现提升城市竞争力的目标。如果按照《街路整备事业法规》新建或扩建规划道路，在规划道路范围内的土地权利人除了领取补偿金搬迁之外没有别的选择。因为对土地权利人的生活和经营产生严重影响，尤其对医院、餐饮和商铺等更为不利，政府征收土地的谈判环节面临重重困难。在这种背景下产生了土地区划整理事业和市街地再开发事业等城市更新推进模式，并推出以容积率奖励为主的各种激励措施。

在土地细分程度很高的日本，大型城市再开发项目往往会有多位甚至多达一两百位土地权利人参与，但大型再开发项目仅靠土地所有人的自有资金和技术力量很难实现，因此，寻求开发商参与项目成为通常的操作途径。从这个角度看，再开发项目不仅涉及土地权属的整合，也涉及建成物业权益的重新分配问题。

概括而言，政府推动的一个城市区域的更新必然包含城市公共性服务（包括公共空间和公共设施网络）提升和商业性质的再开发项目两方面内容，城市再开发项目的确立必须以三方（土地权利人、政府和项目实施主体）达成共识为前提。

### 4.2.2 多主体利益协调与合作模式

国家层面，都市再生政策认为城市问题的解决本就应该是相关部门、地方政府和私营企业之间共同合作和参与的行动。而且认为都市再生项目更多的是要充分吸纳私人部门的意见，激发民间的活力，由民间部门主导，公共部门进行支持。此外，还规定如果在东京都等都市再生紧急整备地域中，需要协调整合相关政府单位、地方公共团体等意见时，则可以组成紧急都市再生整备协议会，进行协调。在这种都市再生机制下，政府的作用主要是制定都市再生地区范围，制定都市再生方针，对都市再生项目进行批准，提供技术支持、监管等。私营部门则负责提供更为具体的建造及规划成本，土地业主贡献土地或建筑物。

日本明确将城市更新实施者区分为公共部门(地方政府、UR 都市机构、房屋供应公司)和民间部门(个人、工会、再开发公司),将日本更新实施方式区分为第一种市街地再开发、第二种市街地再开发,其中第二种仅限由公共部门管理,民间部门实施者仅能以“权利转换”方式参与。

个人实施者指 1 人或数人根据相关规定拟订规约、规章及事业计划,经地方政府认可后,即可以“权利转换”方式实施。更新单元内土地所有权人及租地权人 5 人以上共同发起订定规章及事业计划,提经地方政府认可即可组成“工会”法人,可担任第一种城市更新的实施者。“再开发公司”,是指符合下列条件成立的公司:①以实施城市更新为主要目的;②公司章程内载明其股份转让必须提经股东会议通过;③更新单元土地所有权人及租地权人公司股东,必须拥有超过半数议决权;④上述公司股东其所有面积应占总面积 2/3 以上。不论公共部门或民间部门是否在再开发法等法令内,日本城市更新实施者,经载明得以以实施者身份将更新建筑全部或部分委托民间业者、城市更新机构协助执行,具体的实施组织包括特定建筑者、特定事业参加者和特定业务代行者。其中,特定建筑者允许民间业者等承购更新建筑楼楼层同时,应就其取得的部分,自行进行规划、设计、施工,以求能充分满足其需求,同时可减轻实施者的工作量及财务负担,特定建筑者多由实施者以公开征选方式选任。特定事业参加者属于保留面积的预定取得者,非属实施者一员,在实施过程中不同于工会参加者,不必分担必要事业费,仅须支付保留面积取得费用。特定业务代行者主要任务在于工程施作及保留面积处置,故多数参与征选的营造业者均与不动产业所有者联手参与投标。因特定业务代行者公开招标时间在城市更新计划核定后,相较于特定事业参加者征选会在事业计划核定前,其承担的时间风险较小。

### 4.2.3 案例:品川站东口开发

(1)分期开发与多方合作机制

品川站东口用地达 $16hm^2$ 的开发项目分为两期:第一期用地 $4.6hm^2$ 通过招投标出让给民营房地产企业日铁兴和不动产(原为兴和不动产);第二期用地 $11.4hm^2$ 先由国铁清算事业团(负责国铁资产清算的机构)持有,待确定规划方案后再分割为若干地块转让给民营企业进行开发。第一期用地出售和开发商的介入是整个东口开发项目的第一步,标志着政府和民营资本将合力进行城市区域改造开发,将准工业用地和影响周边区域交通情况的地段改造为东京一个高档办公区的工程正式启动。

东京都都市整备局通过组织项目协调会议来推进项目规划方案的落实,协调会议主要由三方组成:一是再开发项目权利人,有日铁兴和不动产、国铁清算事业团和 JR 东海(东海道新干线的运营主体);二是行政管理方,包括东京都和港区两方的城市规划管理部门;三是由日本设计担任的规划设计顾问单位。由政府管理部门主持协调会议目的是在公平保障民营企业开发行为的同时,寻求开发项目对该城市区域的贡献度与合理容积率之间的平衡。为达到这一目的,在2年时间里共召开了100次以上的协调会议。

(2)两期用地间的衔接问题:城市公共空间质量和容积率

在制订规划方案过程中,针对两期开发用地衔接问题的讨论,主要集中在城市公共空间两期用地之间是否设置道路,还是都在面向分界线的部分设置公共空间。考虑到将这样的准工业用地土地性质进行大幅转变时,必须完善城市公共配套服务设施,如何确保城市公共空间,并实现高容积率建设是重点关注问题。一方面,为保证项目开发的合理盈利,不论是已获得第一期用地的日铁兴和不动产,还是暂时持有第二期用地的国铁清算事业团,都提出了必须实现容积率9以上的规划诉求。另一方面,在此之前,高层建筑项目的常规做法是在各自地块内设置公共空间,然而根据当时的综合设计标准,若按常规方式确保各个地块的公共空间则根本不可能实现容积率目标。在这种情况下,国土交通省制定了新制度,即《再开发地区规划》(现为《再开发促进区的地区规划》),根据开发项目对周边城市的便利性和环境改善的贡献程度,通过一定的计算公式可对其容积率进行奖励,这一制度为利用民营资本的城市开发项目带来更多选择。在这样的政策激励下,规划设计顾问单位向协调会议提出了多轮方案,最终确定将两期开发用地内各个地块的公共空间都集中布置在中央,所有地块都拥有舒适的公共空间。

除了设在两期土地之间的步行大空间“中央花园”外,整个开发区域规划了无障碍步行平台网络——步行大平台,所有新建筑的2层标高都与这个大平台一致,相互无缝连通并和品川站2层站厅相连。大平台环绕中央花园,使包含若干栋高层建筑的开发区域具有城市空间上的统一感,也塑造了区域的场所特征。此外,设置的地下环形车道在地下连接各个高层建筑,减缓了地面道路压力。这三项改善周边城市环境、提升便捷度的重要举措,对地区公共设施提升具有重大作用。根据东京都相关开发奖励标准可获得容积率奖励,从而使该项目的容积率能达到一期的9.1和二期的10.1。

## 4.3 城市更新背景下轨道交通沿线土地整备制度及实施路径

### 4.3.1 城市更新下的土地整备

为推进城市更新而产生的土地区划整理事业和市街地再开发事业是促成东京实现成片改造更新、大幅提升城市能级的两个重要模式。由于土地私有,从土地所有人手里收购土地用于道路、公园或其他城市基础设施或公共设施建设的难度巨大,因此产生了将规划建设城市各类基础设施或公共设施与提升相关建设用地价值相结合的政策方向,以此实现城市公共利益与私人或民间资本利益的共赢,推进东京城市更新持续进行。土地区划整理事业和市街地再开发事业都需要通过容积率奖励制度大幅提升建设项目规模，基于规模再进一步落实具体规划内容。

（1）土地区划整理事业

土地区划整理事业针对明显存在各类问题，需要进行包括路网等公共设施和住宅、办公等建筑物综合改造更新的区域。由于历史原因，这些区域普遍街道狭窄曲折，土地划分零碎且形状不规整，很难利用的零碎化土地归属不同的土地所有人。土地区划整理事业的规划和实施模式是对整个更新区域重新规划路网并重新划分土地，按照新的规划全面重建，形成新的规整路网，并结合道路建设增加公园等公共设施。除了街道和公园等公共设施用地以外的土地被重新划分为比较规整的形式，由各个土地所有人各自建设。这种模式是将改造更新范围内所有地块合并后重新规划与彻底重建，但除了城市公共设施，各个土地所有人仍拥有重新划分后的私人土地。整个区域改造更新后，因为道路和公园等公共设施用地增加，各个土地所有人持有的土地面积会减少，但整体改造更新提升了整个区域的土地利用效率和经济价值，土地所有人重新持有的土地市场价值并未减少，反而会因土地形状规整和容积率提升等因素而升值。此外，既有土地所有人减持的土地除了用于公共设施建设外，往往还会专门形成一部分所谓“保留地”的可以转让给第三方（新的土地所有人）的土地，转让这部分土地的资金用于该区域更新所需的部分建设开支，尤其用于建设服务整个区域的公共设施。

**案例：汐留地区开发——统一规划，分块开发**

汐留地区开发由东京都和都市再生机构负责制订规划方案，日本设计作为都市再生机构的支持力量也参与其中。根据土地区划整理事业相关法规，规划将 31hm$^2$ 的基地划分为 11 个大地块，并对道路及其他公共基础设施统一进行规划，在统一规划的基础上，再划分项目建设用地，分别出让给多个民营企业进行开发。基于项目基地的优势条件，与相关方面反复协商后，最终确定进行办公、商业、文化、酒店、住宅等复合功能的开发建设，将开发目标定位于打造总部办公、五星级酒店和高档公寓。

通过招投标获得项目建设用地的民营企业有电通、日本电视、三井不动产、住友不动产等，在遵守规划方案的基础上，各个地块陆续开发，进入全面建设阶段。2002 年，土地区划整理事业项目的规划确立，并将该区域定名为“汐留 Sio-Site”，同年都营地铁大江户线和百合海鸥号汐留站正式运营；2003 年，日本电视台和全日空航空公司总部等入驻汐留 Sio-Site，汐留城市中心和松下电工东京总部大厦等主要建筑竣工，位于电通总部大厦地下一层、地下二层的商业设施“Caretta 留”开业；2004 年，有 13 栋超高层办公楼建成，4 家酒店以及数量众多的餐厅、商店通过地下通道和步行平台相互连通，汐留地区发展成为就业人口达 61000 人、居住人口达 6000 人的东京新的金融、商业和文化副中心（表 4-1）；2011 年，汐留被指定为战略综合特区——亚洲总部特区，助力东京提升国际竞争力。

汐留地区整体开发部分建筑项目概要　　表 4-1

| 街区 | 建筑名称 | 高度(m) | 地上/地下层数(层) | 竣工时间 | 项目基地面积($m^2$) | 总建筑面积($m^2$) |
|---|---|---|---|---|---|---|
| A 街区 | 电通总部大厦 | 213 | 48/5 | 2002 年 10 月 | 17244 | 231701 |
| B 街区 | 松下电工东京总部大厦 | 119 | 24/4 | 2003 年 1 月 | 19709 | 47308 |
| | 汐留城市中心 | 215 | 43/4 | 2003 年 1 月 | | 187750 |
| | 旧新桥车站建筑(铁路历史展示厅) | 10 | 2 | 2003 年 4 月 | | 历史建筑重建 |
| C 街区 | 日本电视台大楼 | 192 | 32/4 | 2003 年 4 月 | 15659 | 130726 |
| | 汐留大楼(东京皇家花园酒店) | 172 | 38/4 | 2003 年 4 月 | | 79800 |
| D 北街区 | 汐留媒体大楼(共同通信社) | 172 | 34/2 | 2003 年 6 月 | 38511 | 66489 |
| | 日本通运本社大厦 | 136 | 28/4 | 2003 年 6 月 | | 54214 |
| | 汐留住友大厦 | 126 | 27/3 | 2004 年 7 月 | | 99913 |
| | 东京汐留大厦 | 172 | 37/4 | 2005 年 1 月 | | 190257 |
| D 南街区 | 东京 Twin Parks | 165 | 47/2 | 2002 年 10 月 | 15565 | 149209 |
| Ⅰ-2 街区 | 汐留芝离宫大厦 | 112 | 21/3 | 2006 年 6 月 | 15472 | 35015 |
| | 汐留大厦 | 133 | 24/2 | 2007 年 12 月 | | 118573 |

此外,该地区还通过联合协议会确保了整个地区的完整统一性。1995 年,土地由国铁清算事业团出售给民营企业的同时,成立了汐留地区城市建设联合协议会,这个由各块土地业主组成的协议会是规划方案能被严格执行的重要保障之一。联合协议会与推动地块开发的政府规划部门,以及推动市政基础设施建设的市政部门密切合作,在明确竣工后公共设施的维护管理由土地业主负担的前提下,保证了各地块的开发都能遵守规划制定的规则,从而确保地区内的公共系统和设施能有效合理地与各个地块相衔接。例如,所有地块的地上二层和地下二层都为统一高程,各个地块通过地下步行空间和地上步行平台实现了彻底的无障碍连通(图 4-3)。这种复杂、高质量和便利的公共网络使该地区价值大大提升,并优化入驻企业的形象,各块土地业主所持有的物业价值也得到提升,对各地块开发和整体都有益,而各个地块内的建筑形式则可完全自由发挥,彰显个性。

六层立体交通和公共空间系统,以及高质量的环境设计成为汐留地区的重要特征,也为所有业主获得了更大开发权益。这些改善周边城市环境和提升便捷程度的举措符合东京都相关开发奖励标准,开发容积率由 4.0 提高到 9.6(个别地块除外)。各块地业主联合起来共同建设城市公共交通和设施网络,并由此获得利益,这也离不开联合协议会的作用。

(2)市街地再开发事业

市街地再开发事业是日本 1969 年首次颁布的《城市再开发法》中提出的一种城市更新实施模式,针对城市中的老旧木结构建筑集中区域,整合被细分的土地,重新规划建设耐火等级较高、具有复合功能的公共建筑,并同步建设街道、公园和广场等城市公共设施,使整个区域的土地得以高效利用,并实现城市功能和能级的大幅提升。这种城市更新推进模式早期主要用于建设城市防灾街区和开发轨道交通车站站前重点区域,1986年,利用这一模式再开发的ARKHills竣工,产生了广泛影响,市街地再开发事业也由此开始在中心城区被广泛应用。

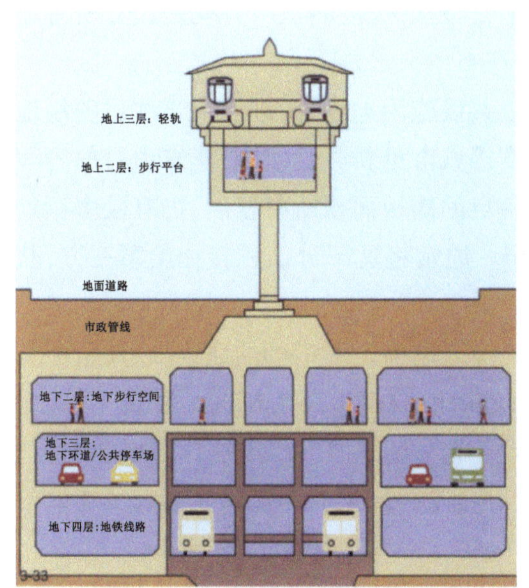

图4-3　汐留地区六层立体交通和公共空间系统、地上地下步行平台

与土地区划整理事业相同,市街地再开发事业的实施基础是确保土地所有人在城市更新实施前后的资产实现等价交换,且都必须统一规划。不同之处在于,市街地再开发事业的实施是整体化建设,即城市更新范围内的城市公共设施和建筑物再开发同步建设,由一个项目实施主体自始至终推进建设实施。这种模式适用于附带商业设施的公共住宅、大型办公楼、商业设施、文化设施和酒店等综合体再开发项目。

市街地再开发事业原则上仅限在城市规划确定的市街地再开发促进区域、高度利用地区,或属于特定街区和城市更新紧急建设区域等指定的区域才能实施。成为这类区域的条件包括:区域范围内的耐火建筑比例较低,土地利用情况明显不合理,提升土地利用效率有助于该区域整体更新等。根据政府对城市更新的规划要求、项目实施主体和土地所有人再开发完成后获得资产权益的形式等因素,市街地再开发事业分为两种类型——“第一种市街地再开发事业”和“第二种市街地再开发事业”。政府对第二种市街地再开发事业实施区域的城市防灾和公共交通等涉及城市基础设施水平的规划要求十分严格,因此第二种市街地再开发事业项目都是由政府部门或公共机构作为土地再开发项目主体,再开发建成的物业优先出售给有购买意向的原土地所有人。第一种市街地再开发事业项目则主要由各个利益相关方共同组成的“再开发项目组合”(简称“再开发组合”)为项目主体，根据第一种市街地再开发事业的“权利更换”原则，再开发实施前，项目主体对土地所有人在再开发区域内持有的土地、建筑物和租赁情况进行资产评估，再开发项目竣工后，土地所有人将获得与评估价值等值的“楼板面积所有权”。如果再开发的建筑物是集合住宅，这个楼板面积所有权被称为“建筑物区分所有权”；如果再开发的建筑物是商业设施，则被称为商业出租楼面的“共同持有权益”。无论楼板面积所有权是区分所有还是共同持有，土地所有权都转变为共同持有。

在市街地再开发事业项目中，虽然因城市公共设施用地增加，开发建筑项目的用地会减少，但通过高度利用地区制度和特定街区制度等城市更新激励机制，建筑项目的容积率上限通常会大大提高，确保原土地所有人获得各自的楼板面积所有权后，仍有较多额外的楼板面积，被称为“保留楼板”，即剩余楼板面积。通常将这部分面积转让给第三方，获得部分再开发项目建设资金。

针对轨道交通，通常涉及城市主干道和轨道交通站前交通广场的建设，以及轨道交通车站周边地区更新。这类实施内容通常由东京都政府或都市再生机构为项目主体，作为第二种市街地再开发事业项目实施。少数情况下作为第一种市街地再开发事业项目，通过再开发组合推进项目实施，在这种情况下，政府会向再开发组合提供包括人员在内的各项支持和引导措施。

### 4.3.2 城市更新下的容积率奖励与调整

为了提高轨道交通站点周边土地利用率及增加周边人群使用相关设施的便利性，东京在轨道交通站点周边采用容积率调整办法来促进以站点为中心的高强度开发，形成具备充分魅力和活力的商业聚集中心，并与周边住宅地块相衔接，其中最主要的调整办法为容积率奖励制度、容积率转移制度、特例容积率制度和容积率调整制度。

(1)容积率奖励制度

1970 年，日本在《建筑基准法》中正式引入“容积率奖励”机制，旨在通过设定建筑区内有效公开空地面积比例不低于 20% 的门槛，并允许超过此比例的公共开放空间按比例换取额外的容积率，以激励开发商为社会贡献更多的公共开放空间。随后，东京政府发布了《东京高度利用地区指定方针及指定基准》，明确界定了如轨道交通枢纽周边等高密度开发区域的容积率上限和下限，并依据地区和奖励内容的差异制定了相应的奖励政策。

以云雀丘地区为例，该区域街道充分实施了容积率奖励政策，对其站点周边的土地进行了重新规划与开发。在遵循《东京高度利用地区指定方针及指定基准》所设定容积率上限的前提下，该地区采用了标准容积率与补贴容积率相结合的方式来确定地块容积率的最大上限(图 4-4)。其中，标准容积率是由政府设定的基准值，而补贴容积率则是开发商在满足政府规定的开发项目后所能获得的额外容积率。这些项目包括必须执行的共同项目和可自愿选择的选择项目。共同项目通常涉及交通线路的改善、建筑高度的限制等，而选择项目则可能包括增设人行天桥、增加自行车停放设施等。

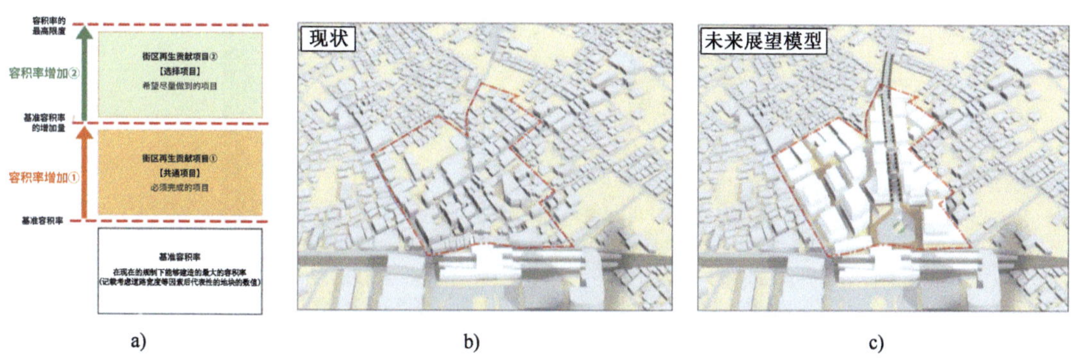


图 4-4　云雀丘站地块最高容积率计算方法图、云雀丘站点周边地块现状及未来展望模型

图片来源：西东京市官网《云雀丘地区街道再生方针》(https://www.city.nishitokyo.lg.jp/siseizyoho/sesaku_keikaku/keikaku/toshi/hibakita_machinami.html)。

通过上述方法，云雀丘地区不仅鼓励在建筑物底层增设商业设施以提升商业街的活力，还积极倡导对现有步行网络的整治和有效利用人行道周边空地来改善行人的整体环境。这些举措不仅提升了车站使用人员和购物顾客的便利性，也进一步促进了地区的繁荣与发展。

(2)容积率转移制度

在 2001 年，东京推出了《特例容积率适用地区制度》，这一创新性的城市规划举措旨在促进未利用容积率的灵活应用，使其在城市规划指定区域内的多个建筑之间实现有效转移。通过这一制度，东京成功地将特定区域指定为特例容积率适用地区，以推动城市空间的优化利用。

其中，东京站丸之内站舍作为该地区的典型案例，充分体现了该制度的应用效果。作为日本的国家重点保护文物建筑，丸之内站舍在保护其历史价值的同时，也面临着城市发展的挑战。根据该制度，丸之内站舍实际使用的容积率被设定为 2，而原规划中指定的容积率高达 9。这意味着丸之内站舍拥有 7 个单位的未利用容积率。

为了充分发挥这些未利用容积率的潜力，东京政府决定将其转移到周边建筑。这一举措不仅优化了城市空间布局，还带动了周边地区的发展。如图 4-5 所示，这些未利用的容积率被成功转移到周边建筑，为城市的发展注入了新的活力。更为重要的是，这一容积率的转移还带来了经济效益。通过这一操作，东京站丸之内站舍获得了高达 500 亿日元的资金，用于车站的修复与改造。这不仅保障了历史建筑的保护与传承，也为城市的可持续发展提供了有力支持。

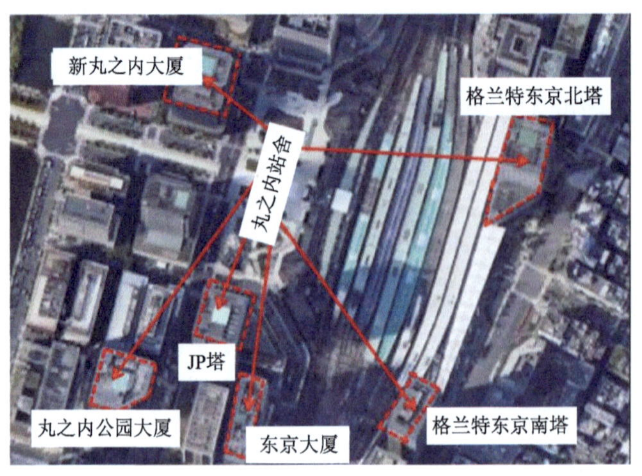


图 4-5 丸之内站舍容积率转移情况

丸之内、大手町和有乐町三个地区共同构成了东京的“大丸有”地区，这一地区位于东京都的东南部，是特例容积率适用地区的典型代表。在这里，容积率的灵活应用不仅推动了城市空间的优化利用，也为城市的经济发展注入了新的动力。如表 4-2 所示，各建筑物在容积率转移前后的变化情况清晰展示了该制度在“大丸有”地区的实际应用效果。

容积率转移具体情况　　表 4-2

| 序号 | 项目 | 转移前基准容积率 | 转移后容积率 | 容积率提升 | 性质 |
|---|---|---|---|---|---|
| 1 | 格兰特东京北塔 | 9 | 13.04 | 4.04 | 商业、办公 |
| 2 | 格兰特东京南塔 | 9 | 13.04 | 4.04 | 商业、办公 |
| 3 | 东京大厦 | 10 | 12.66 | 2.66 | 商业、办公 |
| 4 | JP 塔 | 13 | 15.20 | 2.20 | 邮局、商业、办公 |
| 5 | 新丸之内大厦 | 13 | 16.65 | 3.65 | 商业、办公 |
| 6 | 丸之内公园大厦 | 13 | 14.30 | 1.30 | 商业 |

数据来源：贺鹏，毛保华，李妍，等. 城市群交通与土地利用互动策略研究[M]. 中国：中国铁道出版社，2023.

（3）特例容积率制度

2002 年，东京制定了《城市再生特别措施法》，设立“城市更新紧急建设区域”，规定根据基地条件和所在地区的特点提出容积率上下限设置，不设统一标准，关键是具有独特性，并引入有效的功能设施，其中广泛使用到了特例容积率制度。

特例容积率制度主要针对某一特定区域进行单一城市功能改造或者历史文化保存转变，该制度可以帮助这样的地区将特例容积率有偿转移到别的区域，使容积率指标得到再利用，东京都市再生地区是一个受到特例容积率制度调整最多的地方，如东京丸之内车站的修复就采用了特例容积率转移，实现了轨道产权单位共享城市发展成果。东京都大崎副都心品川区大崎二丁目项目，将老厂房转化为办公楼，其指定容积率为 3.0，提升后最高可达 7.5。

(4)容积率调整制度

根据东京都都市整备局颁布的《都市计划提案制度》,获得容积率的放宽需要经过如下审批程序:

①东京都都市整备局颁布各地区获得容积率放宽的依据。例如东京都都市整备局颁布的《东京都高度利用地区指定方针及指定基准》是东京都高度利用地区容积率奖励的依据。

②拥有土地所有权、租赁权者或城市建设团体等向东京都政府提出变更城市规划的提案,说明所提供的公共贡献与适用奖励政策。

③东京都政府对根据提案进行城市规划变更的必要性进行判断。

④举办对周边居民等利害关系人的说明会。

⑤由城市规划审议会审批。城市规划审议会是日本地方政府依法设立的对有关城市计划的事项进行调查审议的审议会。根据《东京都城市规划审议会条例》,委员会由 35 人以内组成,主要包括学者、有关行政机关职员、东京都议会议员、区市町村长代表人等。

## 4.4　本章小结

本章主要探讨了轨道交通在城市更新中的优化支撑政策和实施路径,在城市更新与轨道交通建设的关系方面,首先回顾了日本城市更新的两个阶段。第一阶段是第二次世界大战后的重建,而第二阶段则聚焦于 1997 年后的城市政策变革。城市更新面临的新问题包括用地产权复杂、利益主体多元以及规划空间零散。同时,论述了轨道交通与城市更新的关系,包括提升土地利用率的制度保障、市街地再开发事业开发模式、站点周边跨街区一体化开发等。

在处理既有线存量空间更新时,涉及多主体的利益博弈。城市更新的利益相关方主要包括土地权利人、政府以及开发实施主体。本章详细介绍了这三个主要利益相关方的关系,并提出了多主体利益协调与合作模式。通过具体案例——品川站东口开发,展示了多主体之间的协调与合作。

此外,本章也聚焦城市更新下的轨道交通沿线土地整备制度及实施路径,讨论了土地整备的两个主要方面,包括土地区划整理事业和市街地再开发事业。此外,对城市更新下的容积率奖励与调整进行了详细说明。

纵观东京轨道交通和城市空间发展的经验,二者形成了相互支撑的结构关系和彼此促进的演进规律。一方面,轨道交通建设起到了引领城市空间结构发展的作用。东京轨道交通建设作为工业化和现代化的象征,始于现代城市建设初期,具有时代引领性,形成了城市建设开发的重要骨架。另一方面,城市规划对轨道交通建设起到了保驾护航的作用。东京历版城市规划均将轨道交通建设作为重要的规划内容。此外《土地区划整理法》《城市再开发法》等城市规划法规为轨道交通沿线土地整理、站前广场建设、站域开发提供了制度保障。

综合来看,本章全面剖析了城市更新与轨道交通的紧密关系,阐述了在城市更新过程中的政策变迁、利益博弈、协调机制以及实施路径,为深入理解城市更新与轨道交通互动提供了有力支持。

# 第 5 章
CHAPTER 5

# 轨道交通既有线存量空间更新的投融资

日本当代城市更新始于 20 世纪 90 年代。泡沫经济崩溃后，地价下跌、大城市病和高度老龄化等问题凸显，这使得日本亟须开辟城市发展的新道路。日本政府迫切希望解决这些问题并激活发展动力，因此开启了以再生为核心价值的城市发展进程。以 2002 年《都市再生特别措施法》的颁布实施为标志，日本的城市更新正式启动。其中，轨道交通的发展始终引领着东京城市结构的更新，轨道交通既有线存量空间更新项目始终是日本城市更新项目的重要组成部分。城市轨道交通既有线存量空间更新项目建设投资庞大、周期长，目前主要依赖政府部门投资和银行贷款，融资渠道相对狭窄，建设资金难以及时到位，导致项目进展缓慢，工程效益受限。面对快速发展的既有线存量空间更新项目规模和较大的建设资金缺口，有必要结合国内外已有的城市更新或轨道交通既有线存量空间更新案例经验，总结国内外轨道交通引领城市更新典型案例的可复制机制模式，分类研究城市轨道交通沿线存量空间更新项目的投融资模式，科学、合理地进行投融资决策选择，安排合理的投融资结构，研究有利于拓宽轨道交通资金渠道的项目融资和企业融资实施路径。

## 5.1 既有线存量空间更新项目的投融资体系

### 5.1.1 开展投融资体系分析的必要性

城市轨道交通具有运量大、速度快、准时性高的优势，大力发展城市轨道交通是解决当前日本城市交通拥堵问题的可行解决方案。日本作为国际上城市轨道交通发展较早以及较为发达的国家之一，如表 5-1 所示，截至 2022 年，其城市轨道交通运营里程达到 27901km，年输送旅客达到 250.61 亿人次，其中东京、名古屋、大阪三大都市圈的城市轨道交通运营里程达到 4944km，占全国运营里程的 17.7%，年输送旅客达到 219.81 亿人次，占全国年输送旅客人数的 87.7%。同时如表 5-2 所示，三大都市圈铁路交通分担率分别达到59.3%、21.6%、48.7%。日本是世界上最依赖城市轨道交通的国家之一,这也决定了日本依然要大力发展城市轨道交通。

日本三大都市圈城市轨道交通运营里程与年均输送旅客人数统计表　　表5-1

| 都市圈 | 运营里程 | | 年均输送旅客人数 | |
|---|---|---|---|---|
| | km | % | 百万人 | % |
| 东京圈 | 2459 | 8.8 | 1590 | 63.5 |
| 名古屋圈 | 982 | 3.5 | 1258 | 5.0 |
| 大阪圈 | 1503 | 5.4 | 4820 | 19.2 |
| 三大都市圈 | 4944 | 17.7 | 21981 | 87.7 |
| 全国 | 27901 | | 25061 | |

注:2017年数据,数据来源于国土交通省。

日本三大都市圈铁路交通分担率统计表　　表5-2

| 都市圈 | 铁路 | 汽车 |
|---|---|---|
| 东京圈 | 59.3% | 40.7% |
| 名古屋圈 | 21.6% | 78.4% |
| 大阪圈 | 48.7% | 51.3% |

注:2017年数据,数据来源于国土交通省。

另一方面,日本城市化水平非常高,但是这也伴随着一系列问题,例如,长时间的通勤、慢性的交通堵塞、绿色和开放空间的不足等,再加上信息化、少子高龄化、国际化、对近年来社会经济形势的变化反应迟缓等。在这种情况下,日本把目光从城市的扩张转向城市内部,从增量空间的发展转向存量空间的更新,提出了城市更新的政策。在城市更新的过程中,日本都市圈城市轨道交通既有线的存量空间更新也是重要的组成部分。

但是既有线存量空间更新项目作为城市轨道交通建设改造与城市更新融合的项目,也必然存在上述项目投资大、收益周期长、风险性高的特点,仅仅依靠传统的政府财政投资并不现实,必须思考引入政府资本以外的社会资本共同发展既有线存量空间更新的项目。

(1)经济方面,经过疫情三年冲击,日本宏观经济增速下降,经济发展减缓,仅依靠地方政府财政难以维持城市轨道交通可持续发展以及完成轨道交通存量空间更新项目(新线建设和既有线更新改造项目)的巨额投资。如图5-1所示,2020年日本GDP总量为535兆日元,相比2019年降低了3.9%,这也是自2008年经济危机以后的首次负增长,在之后两年时间里面虽然呈现增长趋势,但是增长缓慢,到2022年底依然没有恢复到疫情前的水平。同时日本的政府债务水平也是居高不下,如图5-2所示,日本的国债余额在2016年突破1000兆日元,国债余额与本年度GDP总额比值长期超过200%,由于应对疫情冲击需要投入大量资金,2020年之后的国债余额与本年度GDP总额比值超过250%。如图5-3所示,日本政府的债务水平居于所有发达国家之首,几乎是第二位的两倍。

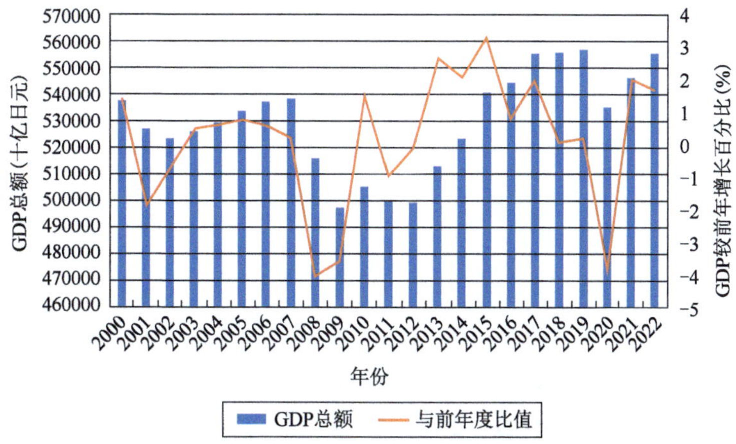


图 5-1　2000—2022 年日本 GDP 及 GDP 增速统计图

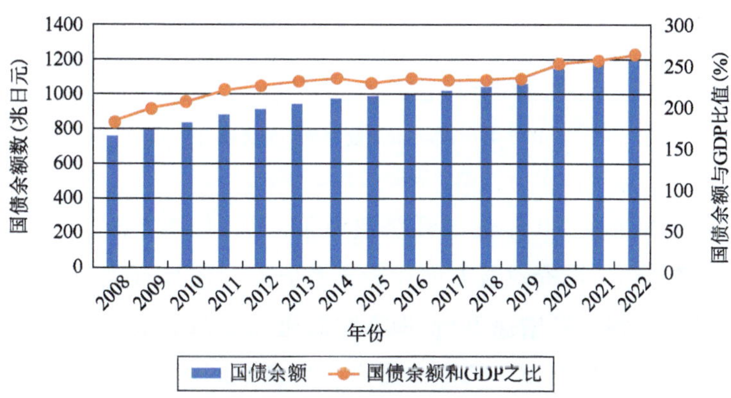


图 5-2　日本国债余额和国债余额与 GDP 比值统计图

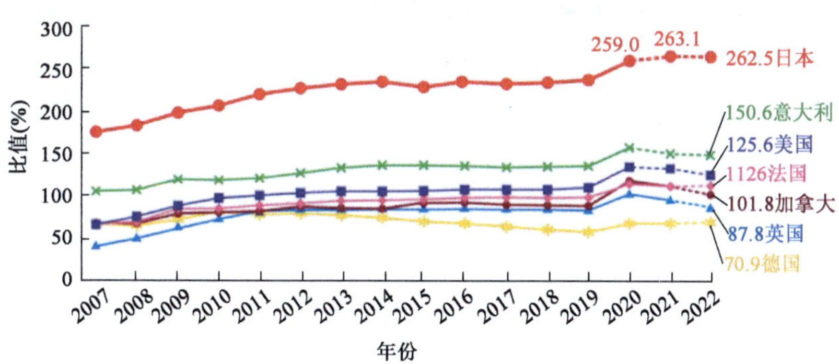


图 5-3　主要国家的国债余额与 GDP 比值对比图

注:2022 年数据,数据来源于财务省。

日本经济下降,债务水平居高不下的同时,轨道交通的建设却需要大量的资金。如图 5-4所示,日本对于整备新干线的财政投资预算在 2014 年达到了 156 亿日元,之后逐年上涨,在 2021 年超过了 240 亿日元。同时城市轨道交通的财政投资预算在 2014 年之后基本处于稳定水平，每年投资预算在80亿日元左右。每年巨大的财政投资给日本带来了巨大的负担。

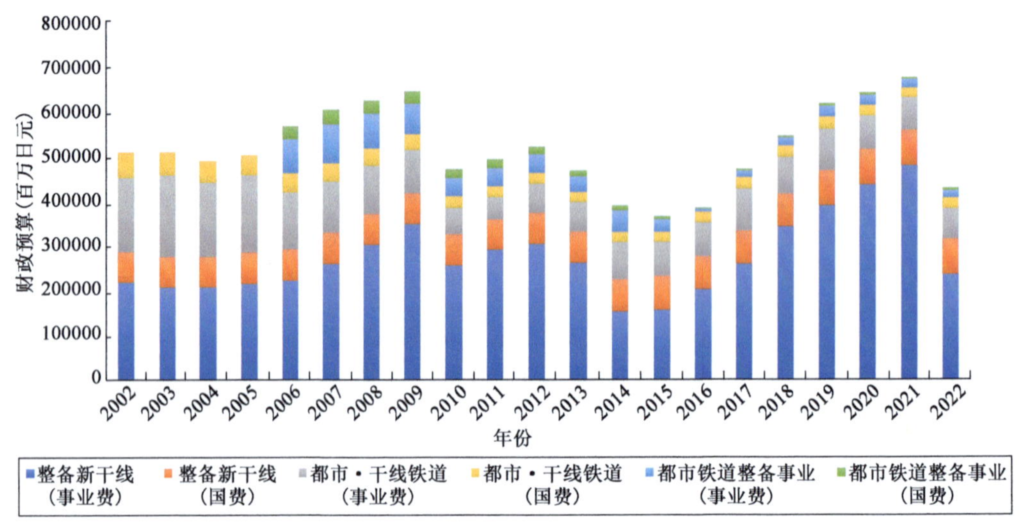


图5-4　日本铁路年度财政预算统计图

数据来源：国土交通省。

(2)日本在经过20世纪90年代的经济萧条期之后，如表5-3所示，社会资本发展迅速，在技术水平、管理能力、投资效益方面相较于政府部门还具有优势，尤其是在生产效率方面优势更大。基于宏观经济增速下滑、地方财政难以支撑的双重背景下，引入社会资本建设城市基础设施显得尤为重要。轨道交通沿线存量空间更新项目作为城市内部的大型基础设施建设项目，应该鼓励引入社会资本加入建设。即使在引入社会资本的初期会出现部分难点、问题，也必须坚定地推动引入社会资本参与轨道交通沿线存量空间更新项目的建设，只有社会资本真正参与城市基础设施建设，才能从根本上缓解目前地方财政的压力，从源头上化解地方债务快速增长导致的系统性风险，实现轨道交通沿线存量空间更新产业的可持续发展。

日本民营企业数量年度统计表　　表5-3

| 年份 | 2006 | 2009 | 2012 | 2014 | 2016 | 2019 |
|---|---|---|---|---|---|---|
| 民营商业机构数量(个) | 5722559 | 4480753(企业数量) | 5453635 | 5541634 | 5578975 | 6398912 |

数据来源：国土交通省。

## 5.1.2　投融资制度

投融资是指投资和融资，而投资与融资本属于两个不同的概念。投资是指以获取经济、政治、环境、社会等各类利益为目标，将资源投入某个组织和项目中去；融资是指基于组织运营发展需求,通过多种渠道获取资金的活动。轨道交通既有线存量空间更新投资融资是指对已经建成的轨道交通线路场站以及沿线存量空间进行升级改造,以适应城市发展需求,同时采取多种投融资渠道来筹集改造资金。投融资模式是指组织开展投融资活动所选择的主要方式。

日本轨道交通建设改造的投融资制度按照资金筹措体系可以分为政府补助制度、利用者负担制度、受益者负担制度、发行债券、贷款五类直接投融资方式,以及政府税制优惠间接资金补助方式。

(1)政府补助制度

日本轨道交通建设改造政府补助制度是指日本各级政府并不直接参与轨道交通建设投资,而是通过各种政策对轨道交通投资者给予财政补助。日本轨道交通建设改造的政府补助制度最早可以追溯到1881年日本第一条私营铁路的建设,而自1911年起,日本中央政府就通过立法等形式,先后制定了建设补助、技术开发补助、防灾补助等多种补助制度,目前已经形成了一套完整、系统的补助机制,为日本轨道交通发展提供了全方位的支撑,成为了日本轨道交通发展资金来源最重要的组成部分。

日本当前轨道交通建设补助制度主要包括城市铁路便利增进事业费补助制度、地下高速铁路整备事业费补助制度、空港专线铁道等整备事业费补助制度、干线铁路等活性化事业费补助制度、铁路车站综合改善事业费补助制度、铁路设施安全对策事业费补助制度、转让线建设费等利息补给金制度、新干线整备事业补助费制度八项制度。

①城市铁路便利增进事业费补助制度。

在2005年,日本城市发展已经从增量扩张转向存量更新为主的大背景下,为了有效利用已有的城市铁路网络,提升利用者的便利程度,推进联络线的整备和相互直通化,加快提高运输效率,此外通过与车站周边的整备相结合,改善车站设施的移动通畅性等方面,进一步提升交通结点功能,政府着手制定了《都市铁道等便利性增进法》(2005年法律第41号),其中提出了城市铁路便利增进事业费补助制度。

城市铁路便利性增进事业费补助制度的补助对象包括速度提升改进项目和促进车站设施使用的业务两个部分。速度提升改进项目是指建设连接城市轨道交通既有线的联络线、连接多条线路所需的城市铁路设施和修建列车越行所需的城市轨道交通设施等项目;促进车站设施使用的业务是指对日平均乘坐量15万以上的现有车站的站台、检票口或是过道等设施维护更新,与上述开发相结合的汽车停车场或自行车停车场的开发,以及与上述发展相关的铁路线路布局的变更和其他与上述改善措施相适应的铁路设施变更。该补助制度会对建设对象中涉及的基本工事费、附带工事费和用地费进行2/3的补助,其中国家和地方政府各自补助1/3。

城市铁路便利增进事业费补助制度涉及的机构如图5-5所示。

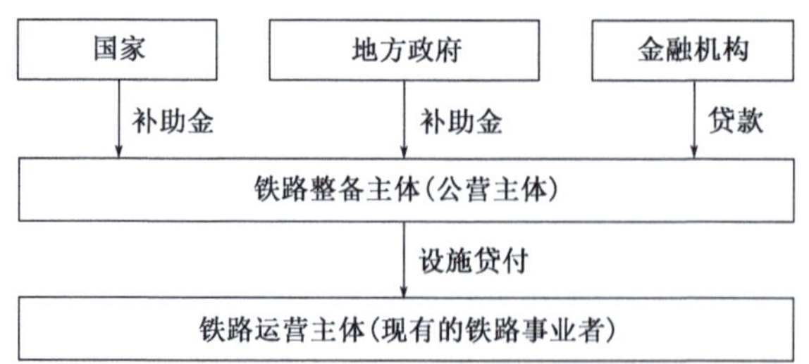


图 5-5　城市铁路便利增进事业费补助制度组织结构图

图 5-6 所示为 2011—2023 年日本国家和地方政府每年对于城市铁路便利性增进事业补助费用,可以看出,在 2015 年之前日本政府每年对于城市铁路便利性增进事业的补助金额不超过 200 亿日元,2015 年到 2022 年这 9 年时间内补助费出现了较大增长,均维持在 280 亿日元以上,甚至在 2017 年一度超过 500 亿日元,但是 2023 年的补助金额有了大幅度削减,这是因为日本主要的城市铁路便利性增进事业主要指于 2006 年通过批准、2010 年动工、2023 年 3 月竣工的相铁・JR 直通线和相铁・东急直通线工程。在相铁・JR 直通线和相铁・东急直通线相继通车运营之后,日本国家和地方政府尚没有规模较大的城市铁路便利性增进事业,因此在 2023 年对该项事业的补助金额大幅度削减。

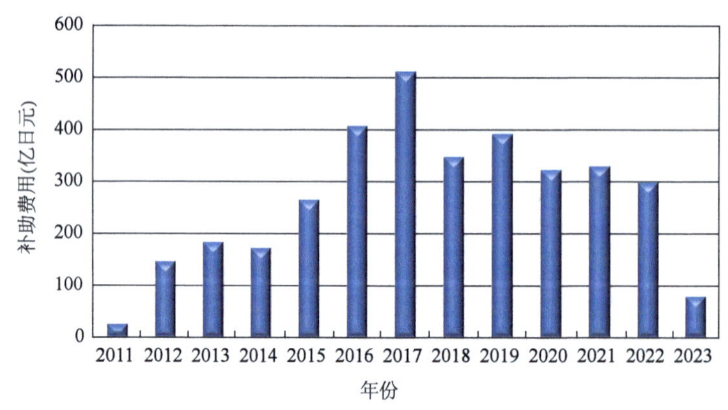


图 5-6　城市铁路便利性增进事业年度补助费用统计图

数据来源:国土交通省。

②地下高速铁路整备事业费补助。

1956 年,都市交通审议会(运输省设置的具有法律效力的专家审议会)第 1 号决议明确,要加快大都市地下铁路建设,替代路面有轨电车来缓解交通拥堵。1962 年,为了加快城市地下铁路建设,运输省出台了“地下高速铁道整备事业费补助制度”。

地下高速铁路整备事业费补助制度的目的是促进大城市及其周边地区以通勤、通学为主要目的而在地下建造铁路,将向开发此类铁路的地方政府和其他经营者提供一定的补助资金来促进建设和大规模改善工作。

地下高速铁路整备事业费的补助费用项目包括新线建设费、抗震加固工程费、防洪工程费、车站无障碍化大规模改造工程费等。补助比例为国家和地方政府各自承担上述补助对象事业费的35%以内。

地下高速铁路整备事业费补助制度涉及的机构如图5-7所示。

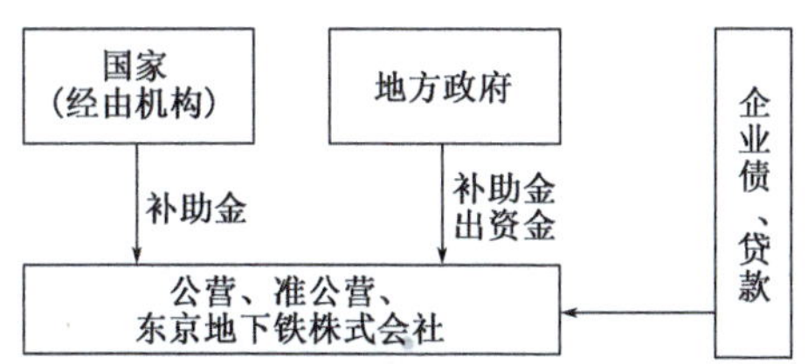


图5-7　地下高速铁路整备事业费补助制度组织结构图

从图5-8看出，2011—2015年日本政府每年对于城市铁路整备事业补助规模较大，均在300亿日元以上，但是逐年减少，2016年降至最低的85.73亿日元，之后几年当中补助金额基本稳定，在180亿日元上下。

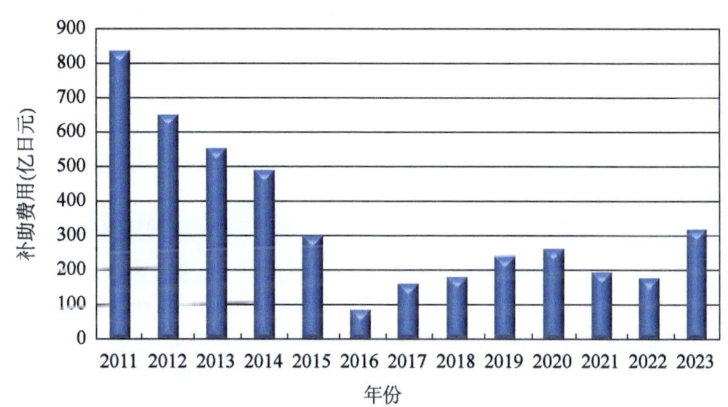


图5-8　地下高速铁路整备事业费补助制度年度补助费用统计图

注：地下高速铁路整备事业费补助包含在城市铁路整备事业补助费当中。

③空港专线铁道等整备事业费补助制度。

日本空港专线铁道等整备事业费补助制度来自1956年日本政府制定的《空港整备法》(1956年第31号法律，2008年后改为《空港法》)。该法律提出要加快推进国际机场快线(即空港专线铁道)建设，中央政府和地方政府分别为铁道事业者提供18%的事业费补助，形成了“空港专线铁道等整备事业费补助制度”。

20世纪60年代初，日本开始大规模的新城建设，为了强化铁道对新城建设和开发的支撑，日本政府推出了《新住宅市街地开发法》(1963年法律第134号)，其中提出了开发者负担金制度。1973年，上述措施形成了“新城铁道等整备事业费补助制度”，要求除了开发者负担金等费用以外，中央政府和地方政府也要分别按照事业费的18%(2001年改为 15%）给予资金补助。

2005 年，以上两个制度统一合并称为"空港专线铁道等整备事业费补助制度"，只是对空港专线铁道和新城铁道的补助比例不同。

空港专线铁道等整备事业费补助制度主要是为了促进为机场使用者的使用率而建设、改良的国际机场快线和主要为新城居住者使用而建设的新城铁路的修建，对修建这些铁路的地方公共团体、第三方部门，补助其修建费的一部分。具体补助内容如表 5-4 所示。

空港专线铁道等修建事业费补助制度详细内容表　　表 5-4

| 项目 | 空港专线铁道等修建事业费补助制度 |
|---|---|
| 补助内容 | 新线建设、抗震补强、安装铁道安全门等工程，事业费计算方法如下：<br>事业费 =（建设费 – 总系费① – 车辆费 – 建设利息 – 开发者负担金等）×80%<br>1996 年以前：事业费 =（建设费 – 间接费② – 开发者负担金等）×80%<br>1997 年以后：事业费 =（建设费 – 总系费 – 车辆费 – 建设利息 – 开发者负担金等）×1.02 ×90% ×95% |
| 补助率 | 空港专线铁路：国家和地方政府各自对于补助对象事业费的 18% 以内进行补助（成田快速轨道交通线修建事业费为 1/3）<br>新城铁路：国家和地方政府各自对于补助对象事业费的 15% 以内进行补助（1996 年以前为 15%） |

注：①总系费指直接人事费、事务费等。
②间接费指测量监督费、总系费和建设利息费等。

空港专线铁道等整备事业费补助制度涉及的机构如图 5-9 所示。

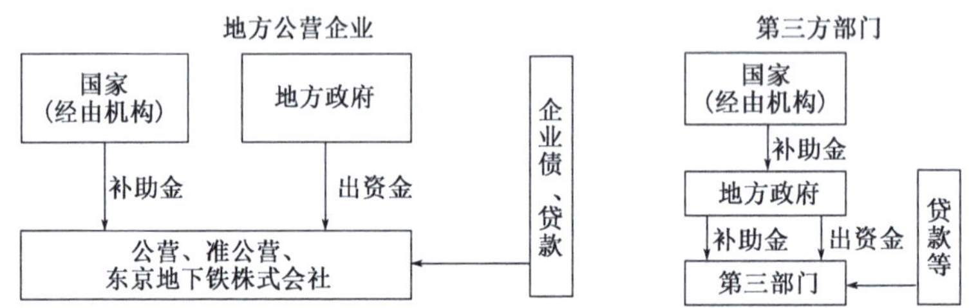


图 5-9　空港专线铁道等整备事业费补助制度组织结构图

④干线铁路等活性化事业费补助。

1985 年，运输政策审议会第 7 号决议制定了"提高铁道便利性、强化沿线土地开发、提升铁道活性化"等发展战略。按照这一决议，运输省开始推进"干线铁道活性化事业"（1988 年），并形成了相应的补助制度。2007 年，出台《地域公共交通活化性再生法》，以法律形式再次重申了对于干线铁路活性化事业进行相应的补助。

干线铁路等活性化事业费补助制度是指根据《地域公共交通活化性再生法》，针对在大型地方城市及其附近路线等存在潜在铁路利用需求的地区，利用地区公共交通网络形成计划框架，促进地方铁路的利用并提升地区活力，政府将为改善铁路便利性的设施建设项目提供部分资金补助。

干线铁路等活性化事业费补助制度所涉及的工程项目如表5-5所示。

干线铁路等活性化事业费补助制度涉及工程项目统计表　　表5-5

| 干线铁路等活性化事业名称 | 具体内容 | 补助率 |
|---|---|---|
| 既有铁道高速化改造 | 为了使原有干线铁路高速化而进行的铁路设施改造事业 | 国家和地方政府各自补助对象事业费的20% |
| 城市建设合作高速化工程 | 与城市建设合作的为了使原有干线铁路高速化的铁路设施改造事业 | 国家和地方政府各自补助对象事业费的1/3 |
| 货运铁路旅客线化工程 | 大城市及其周边的货物铁路实现旅客线化而进行的铁路设施的改造事业 | 国家和地方政府各自补助对象事业费的20% |
| 换乘便利性增进工程 | 为了顺利换乘而进行的铁路设施改造事业 | 国家和地方政府各自补助对象事业费的20% |

注：对象事业费=(土木费+线路设备费+开业设备费+用地费)×90%×80%×90%。

干线铁路等活性化事业费补助制度涉及的机构如图5-10所示。

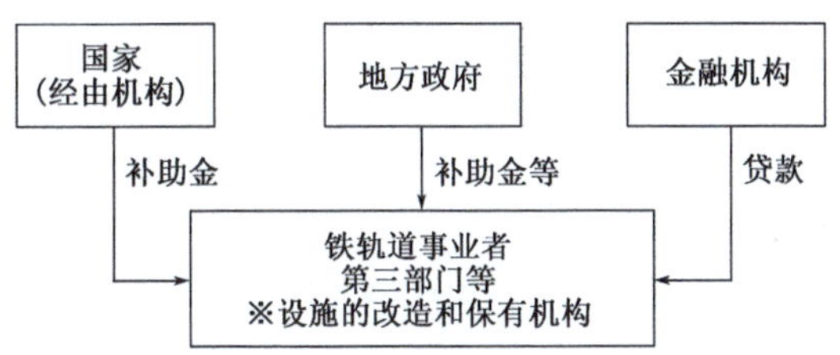


图5-10　干线铁路等活性化事业费补助制度组织结构图

如图5-11所示，日本政府对于干线铁路等活性化事业的补助在2018年之前水平较高，均超过30亿日元，2013年和2016年超过100亿日元，2019年之后补助维持在较低水平且逐年降低，均在20亿日元以下。

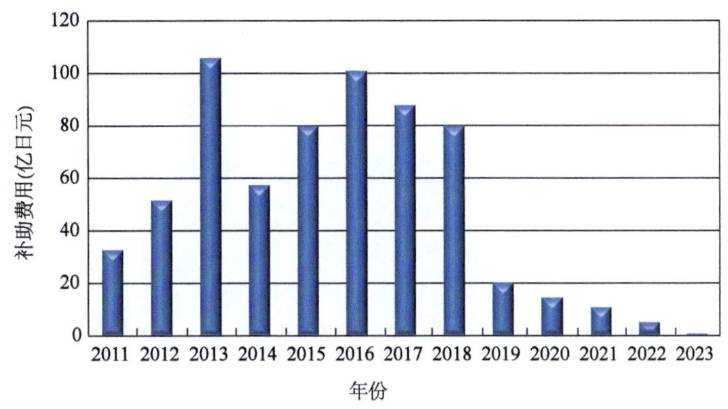


图5-11　干线铁路等活性化事业补助制度年度补助费用统计图

⑤铁路车站综合改善事业费补助。

城市交通服务需要在进一步提升用户便利性、确保老年人等群体的顺畅出行、减轻交通拥堵、提高安全性等方面做出努力。此外，还需从环境负荷减轻、促进地区发展的城市活力和城市建设等角度应对全球变暖等环境问题。特别是考虑到日本未来人口老龄化和少子化社会的到来，以及未来住宅外扩等因素导致换乘交通增加，需要提高以换乘便利性为核心的交通质量。为此，日本政府在 1999 年提出了铁路车站综合改善事业费补助，按照《独立行政法人铁道建设·运输设施整备支援机构法》(2002 年法律第 180 号)和执行补助金等相关预算的法律(1955 年法律第 179 号)的相关规定，国家和地方政府同时对相关工程事业费给予 20% 的补助，到 2010 年，补助费用由原来的 20% 提高到 30%。

铁路车站综合改善事业费补助对象是指车站改良及与其一起进行的无障碍设施、车站空间高度化功能设施的整备事业，具体指的是相关的土木费、线路设备费、电路设备费、停车场设备费、车站附带设备费、附带工程费、用地费等费用。其中对于被定位成无障碍理念的车站进行设施维护的补助比例为 50% 以内。

铁路车站综合改善事业费补助制度涉及的机构如图 5-12 所示。

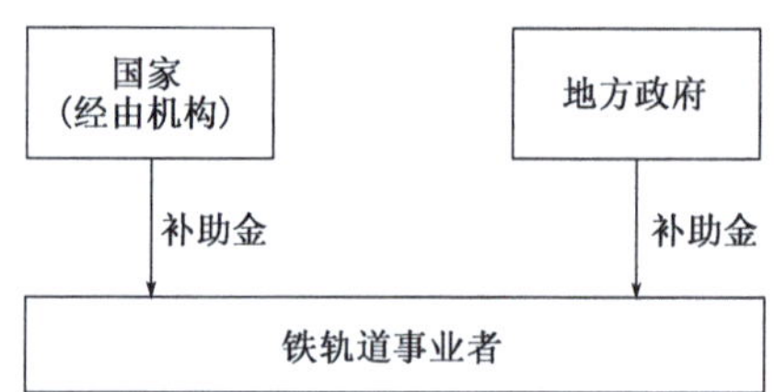


图 5-12 铁路车站综合改善事业费补助制度组织结构图

如图 5-13 所示，日本政府每年对于铁路车站综合改善事业的补助金额在 2014 年之前较少，均在 20 亿日元以下，在 2015 年出现了大幅度增长，增加至 53.5 亿日元，之后连续保持较高的补助水平，2019 年最高时达到 73.6 亿日元。

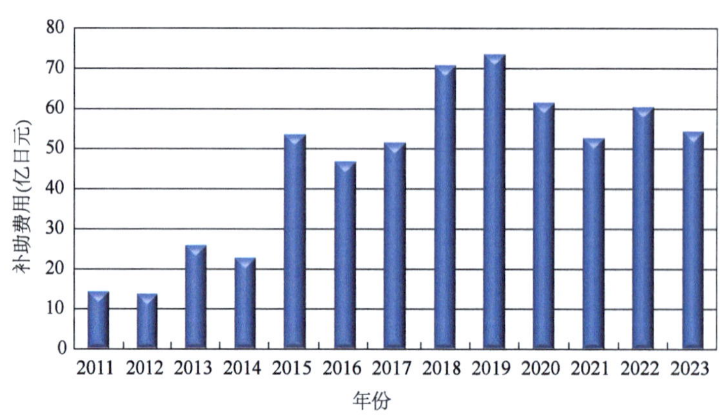


图 5-13 铁路车站综合改善事业费补助制度年度补助费用统计图

⑥铁道设施安全对策事业费补助制度。

1961 年，日本政府颁布了《平交道口改良促进法》(1961 年法律第 195 号)，要求加强平交道口的安全管理，包括安装大型阻隔器、警报设备等，以及通过资金补助、费用分担等形式协助铁道公司逐步取消铁路和公路的平交道口，其中提出了平交道口安全保障设备整备事业补助制度。1969年开始，运输省为基础薄弱、经营困难的地方铁道提供补助，支持他们升级保障运输安全的相关设备，实现铁道运输的现代化变革并提升安全性。为此，设置了"地方铁道轨道合理化设备整备费补助制度"，该制度后来几经调整，2010年确定为"铁道轨道输送对策事业费补助制度"。2012年，考虑到部分既有铁道年久失修，而中小型私铁普遍缺乏修缮能力，国土交通省推动"铁道设施安全对策事业"，制定了"铁道设施安全对策事业费补助制度"。并且将同属于安全设施类的"平交道口安全保障设备整备事业补助制度"和"铁道轨道输送对策事业费补助制度"整合到"铁道设施安全对策事业费补助制度"。

铁道设施安全对策事业费补助制度的补助比例为国家补助工程费用的1/2或1/3，地方政府补助1/3。

如图5-14所示，日本政府对于铁道设施安全对策事业的补助在2014年之前金额非常少，均为2.5亿日元，2015年补助金额出现大幅度增长，超过50亿日元，2016年之后均超过100亿日元，在2019年一度超过200亿日元。

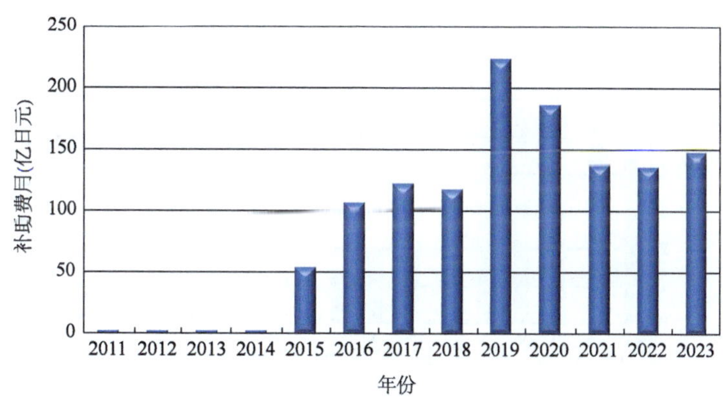


图5-14　铁道施设安全对策事业费年度补助费用统计图

⑦转让线建设费等利息补给金制度。

1964年，日本政府颁布了《日本铁道建设公团法》(1964年法律第3号，2001年废止)，成立了由国家和JNR共同出资、运输省管辖的日本铁道建设公团(简称铁道公团)，取代原来日本国营公司的铁路建设业务，其中一项重要内容就是要全力支持三大都市圈私铁线(P线)的建设和改造。1972年，铁道公团制定了"转让线建设费等利息补给金制度"(P线制度)，明确"由铁道公团负责施工、私铁公司分期25年还款(新城铁道为15年)并获得产权，国家和地方共同给予利息补助"。

转让线建设费等利息补给金制度具体补助方式是国家和地方政府对于利息超过5%的部分均按照50%予以补助。

转让线建设费等利息补给金制度涉及的机构如图 5-15 所示。

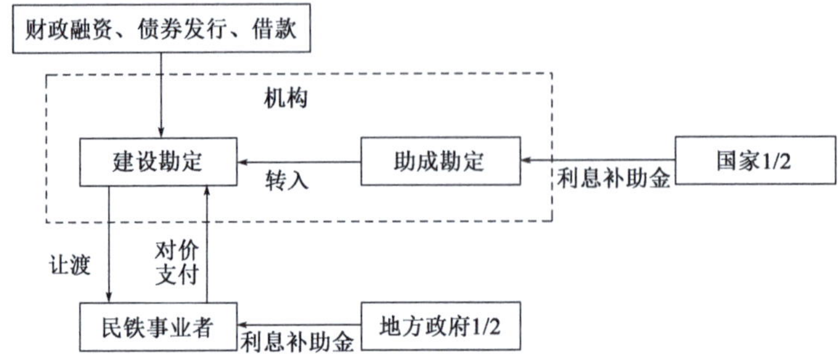


图 5-15　转让线建设费等利息补给金制度组织结构图

注："建设勘定"指进行基础设施建设的预算审定或核算。"助成勘定"指对某个项目或组织进行助成资金的勘定或核算。"对价"指的是对某种服务、商品或权利所支付的报酬、代价。

如图 5-16 所示，日本政府对于转让线建设费利息补给金的补助金额相对其他种类补助较少，2007 年和 2008 年补助金额为 7.4 亿日元，2009—2011 年的补助金额为 3.3 亿日元，之后一直持续到 2023 年，补助金额均在 20 亿日元以下，其中 2016 年以后补助金额减少至 1 亿日元以下。

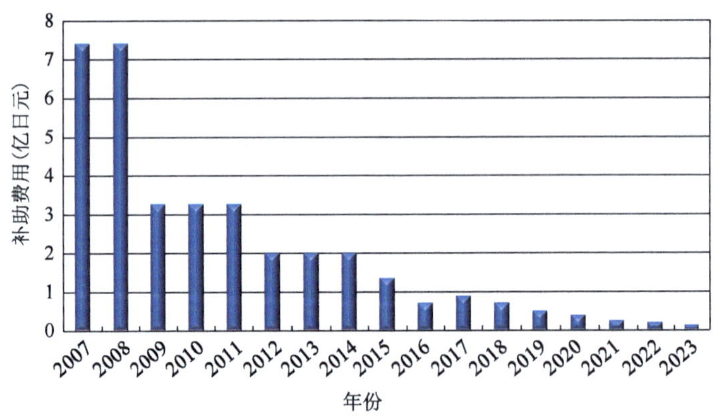


图 5-16　转让线建设费等利息补给金制度年度补助费用统计图

⑧新干线整备事业补助费制度。

自 1964 年东海道新干线开业以来，新干线担负着城市间旅客快速运输的重任，为日本经济和社会的发展作出了重要贡献。随着日本认识到新干线在国民运输中的重要作用，日本政府开始加快新干线的建设改造。日本于 1970 年颁布《全国新干线整备法》（1970 年法律第 71 号），目的是通过新干线铁路的建设，实现全国范围内的铁路网络整合，促进国民经济的发展和地区的振兴，其中提出国家和地方政府要对新干线建设费进行补助。到 1984 年之前，国家和地方政府补助比例并没有明确。1984 年 6 月 22 日，日本自民党决定除国铁的自筹资金之外，国家负担 40%，地方政府负担 10%，这一比例持续到

1988 年。之后 1989 年《关于平成元年度预算编成的整备新干线的处理》中规定 JR 公司承担工程费用的 50%，国家和地方政府各自承担 35% 和 15%。到了 1997 年，除 JR 公司的自筹资金之外，国家和地方政府的负担比例改为 2/3 和 1/3，持续至今。

新干线整备事业补助费制度涉及的机构如图 5-17 所示。

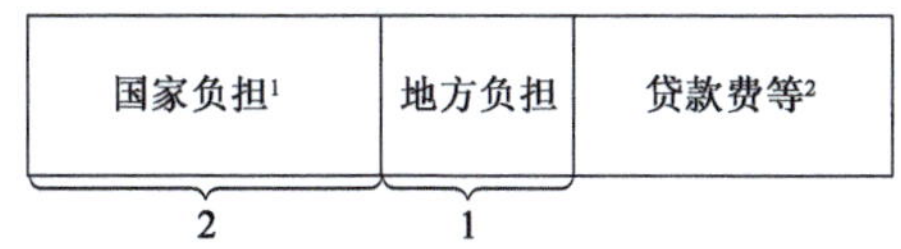


图 5-17　新干线整备事业补助费制度组织结构图

注：1. 国家负担包括公共事业相关费以及既有新干线转让收入；
2. 贷款费用等包括提前利用的借入款。

如图 5-18 所示，新干线整备事业补助费的补助金额远超上述几种制度，这是因为日本政府在大力发展新干线，补助的金额主要用于日本新干线的新线建设。2011 年之后每年的补助金额均超过 1500 亿日元，最高达到 4590 亿日元。

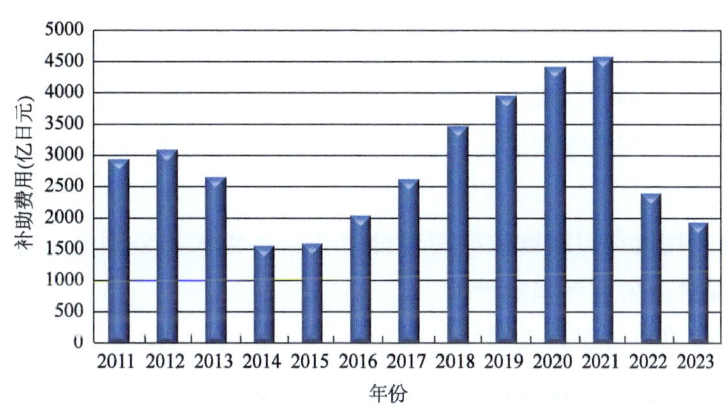


图 5-18　新干线整备事业补助费制度年度补助费用统计图

日本的铁路建设补助制度在日本铁路建设更新过程中扮演着重要的角色。该制度通过提供资金和支持，推动铁路设施的现代化、安全性的提升以及技术创新，为日本的铁路事业发展作出了重要贡献。

(2)利用者负担制度

日本的利用者负担制度是指在基础设施建设和公共服务提供过程中，通过让利用者承担一定的费用来分担相关的成本。日本利用者负担制度和受益者负担制度并没有明确的区分，因为两种制度的基本思想较为一致，利用者也是受益者，反之也是如此，因此，当前日本政府将所有的相关制度统一归类为利用者负担制度。

日本利用者负担制度最早可以追溯到 1919 年，在 1919 年的旧《道路法》和旧《都市规划法》中，日本首次正式确立了利用者负担制度。当时的报纸《法律新闻》（1056 号，1919 年 2 月 10 日）对此积极评价道："以前矿山业者、地主、房主等即使因自治体的道路新建改建而获得特别利益,也不被课赋负担,利用者负担制度的设立改变了这一不合理状况,合乎时宜”。在东京市1911年度都市规划财源中,利用者负担金额收入达8.8%,成为当时较重要的财源。第二次世界大战后,日本先后于1952年和1968年制定了现行的《道路法》(1952年法律第180号)和《都市规划法》(1968年法律第100号),利用者负担制度仍延续于新法之中。《道路法》第61条规定:“如果有人因有关道路的工程显著受益,道路管理者可以在受益的限度内承担该工程所需费用的一部分”。《都市规划法》第75条规定:“存在因都市规划事业而明显受益者时,都道府县或市町村可以让受益者在受益的限度内负担该事业所需费用的一部分”。1983年后,日本地价开始明显上涨,东京市中心的地价更是暴涨。为此,日本于1989年制定了《土地基本法》(1989年法律第84号),其中第15条规定:“国家及地方公共团体在由于社会资本的完善导致土地所有者等方面显著受益的情况下,考虑地方的特性等因素,认为适当时,对于该社会资本的完善应采取必要的措施,以对土地所有者等方面施加与其利益相适应的适当负担。”“利用者负担”成为该法的重要精神,这为利用者负担制度提供了新的权威性法律依据。除此之外,日本还在《河川法》《港湾法》《防沙法》《共同沟法》《企业合理化促进法》等许多法律中规定了利用者负担制度。在前述法律中,很多都授权内阁、部委、地方制定相应的政令或条例,如关于下水道建设中的利用者负担金,建设省就制定了条例,而后,市町村以建设省条例为模本制定了自己的条例。

日本当前的利用者负担制度包括特定都市铁路整备积累金制度、铁路新线建设的加算运价制度、新城区开发者负担制度。

①特定都市铁路整备积累金制度。

日本都市圈轨道交通建设改造的利用者负担制度主要指的是“特定都市铁路整备积累金制度”。为应对日本大都市圈铁路运输需求的增大,促进城市铁路运力的计划性增强,并且解决轨道交通建设改造成本不断上涨的问题,日本政府认识到轨道交通建设改造的成本不应只由政府或铁路公司承担,于是在1986年通过法律《特定都市铁道整备特别促进措置法》(1986年法律第43号),制定了“特定都市铁路整备积累金制度”来平衡和减轻铁路公司和铁路用户的负担。

特定都市铁路整备积累金制度的实施对象主要是进行整体、大规模建设或完善城市铁路设施的工程。该制度只在以下情况下实施:将城市铁路复线数量增加到4条以上,或政令规定的其他对增加城市铁路运输能力具有显著效果的建设项目,或铁路改善工程的费用超过政府规定的金额。工程费用包括与城市铁路相关的线路、停车场、车辆等运输省规定设施的建设、改良或取得与这些设施相关的用地所需费用。申请该补助金的工程费用条件为:东京都市圈的工程费用应该在100亿日元以上,其他区域的工程费用应该在80亿日元以上。积累金的额度在2004年以前要求不超过工程费用的50%,2004年以后调整为不超过工程费用的 40%。

特定都市铁路整备积累金制度具体的实施模式整体来说就是要求铁路运营商(认定事业者)将部分费用预先加到票价上,由铁路用户承担,认定事业者将其增收部分作为“积累金”储备,并将其用于铁路整修费用的一部分,同时在工程完成后将增加的部分返还给用户。如图 5-19所示,当轨道交通更新工程经交通省大臣认定可以运用特定都市铁路整备积累金制度之后,铁路运营商可以在工程审核和工程建设的 10 年之内(这里的工程项目周期要求不能超过 10 年)将乘坐该条线路旅客的票价提升 10% 以内,提高部分的运费就将作为工程费用的一部分转入积累金账户,从而减轻工程事业者的融资负担,对于不利用该线路的旅客则无影响。值得注意的是,日本政府根据《税收特别措施法》(1957 年法律第 26 号)对积累金实行免税的优惠,进一步减轻了轨道交通开发事业者的负担。

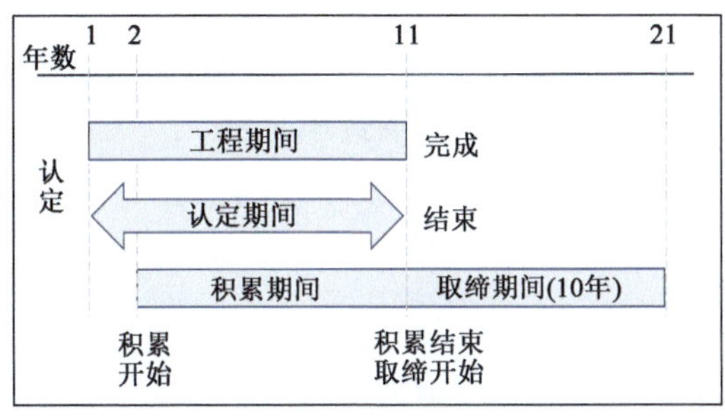


图 5-19　特定都市铁路整备积累金制度流程图

特定都市铁路整备积累金制度并不是纯粹地要求铁路乘客分担部分工程费用,而是在工程竣工后的 10 年之内,积累金制度经交通省大臣批准后取消,铁路运营商将之前 10 年期间从乘客那里获取的积累金通过降低票价的方式返还给乘客。所以特定都市铁路整备积累金制度实质上是铁路公司提前预支部分未来铁路运营收入作为当前铁路建设的资金。

特定都市铁路整备积累金制度对于日本铁路发展产生了积极的作用。通过向铁路用户征收额外费用并建立资金储备,该制度为大规模运输能力增强工程提供了必要的资金支持。这促进了铁路基础设施的改善和升级,提高了运输效率和服务质量。同时,制度中的返还机制保护了用户权益,增强了用户对铁路的信心。这一制度的实施提升了城市铁路的运输能力、缓解了交通拥堵问题,为居民提供更便捷的出行选择。它也为城市经济的发展注入了活力,吸引了投资和商业活动,促进了就业和地区发展。总的来说,特定都市铁路整备积累金制度在推动日本铁路发展、提升交通效率和促进经济增长方面发挥了积极作用。

②铁路新线建设的加算运价制度。

日本轨道交通建设的另一种利用者负担制度是加算运价制度。加算运价制度是为了促进新线路建设,以减轻拥挤并扩大铁路网络而设立的制度。新线路建设完成后会产生大量的摊销费用等,仅通过现有设置的运价很难实现收支平衡。因此,为了给予经营者投资激励,考虑到投资的早期回收以及受益和负担的公平性,在新线路开通后的一定期间内允许对新线路的使用者在已设定的运价上增加一定金额。值得注意的是,加算运价制度最早在大型民营铁路公司中于1965年左右首次引入。

与特定都市铁路整备积累金制度不同的是,加算运价制度对于票价并没有规定固定的上浮比例,而是根据具体运营公司以及具体的项目设置,但是要求基本票价收入加上加算票价收入后的新线总收入不超过人工费、经费、修缮费、折旧费、事业报酬等与新线有关的总成本。

加算运价可以从新线投入使用持续设置到资本成本回收完毕(即回收率为100%),但即使在结束时期之前,铁路运营商可以根据经营判断决定减少或取消加算运价。

回收率计算方法:

$$回收率=\frac{加算运价收入累计金额+基本运价收入回收累计金额}{资本费用总额}\times 100$$

式中,加算运价收入累计金额为每个财政年度的加算运价收入累计额;基本运价收入回收累计金额(根据以下计算的金额累计):铁路事业的分红后最终利润(如有亏损则为0)×基本运价收入比例(加算区间/全线);资本费用总额为包括加算运价设定时的设备投资金额以及与加算运价设定相关的设施使用费、支付利息等的累计金额(图5-20)。

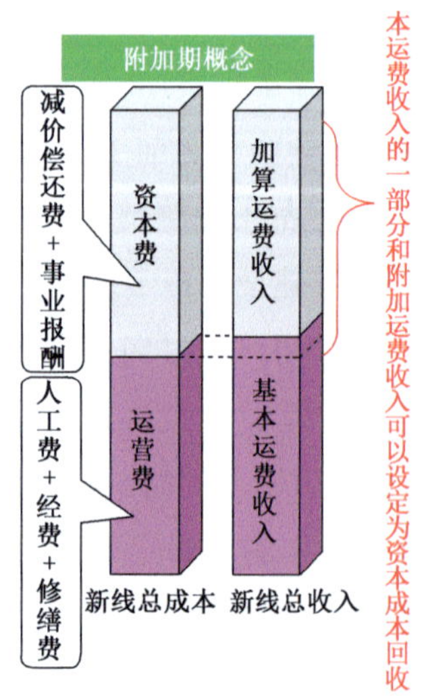


图5-20　铁路新线建设的加算运价制度流程图

③新城区开发者负担制度。

日本政府于1968年制定了《城市规划法》,其中提出了利用者负担制度,要求因城市整备事业而明显受益者在一定程度上负担城市发展的建设费用,新城区开发者负担制度则是在上述利用者负担制度基础上发展而来。新城区开发者负担制度开始于20世纪70年代初,最早应用于东京都多摩新城开发。

多摩新城相关的铁路事业是为了实现从多摩新城到都心的交通,计划将小田急线和京王线从现有线路分岔延伸。1972年9月30日的《关于对大都市快速轨道交通建设提供援助措施的备忘录》中明确了多摩新城具体的最近铁路车站和土地价格,决定从新城区域延伸的铁路负担问题将与其他新城开发采取不同的解决方式,具体将通过另行协商确定,之后决定采用新城区开发者负担制度。

多摩新城铁路建设中采用的新城区开发者负担制度基本原则整理见表5-6。这一原则通常被称为“多摩新城规则”,概述如下:土地费用方面,新住区的开发商以基准价格(以用地购买成本加利息计算,定为3000日元/m²)向铁路运营商出售土地;而规划整理区的开发商将土地作为预留地保留,并以市场价格向铁路运营商出售,而基准价格与市场价格之间的差额由新住区的开发商承担。此外,对于新城区域外的最近车站(不包括车站建筑部分),新住区的开发商承担铁路运营商购买价格与基准价格之间的差额。换句话说,铁路运营商以较低的基准价格购买土地,差额部分由新住区的开发商承担。此外,对于工程费用,新住区、规划整理区和新城区域外的最近车站(不包括车站建筑部分),新住区的开发商承担施工基面以下工程费用的一半。

新城区开发者负担制度费用明细表　　表5-6

| 项目 | 新住宅事业地区 | 区划整理事业地区 | 到区域外最近的车站 |
|---|---|---|---|
| 用地费 | 以基准地价出售 | 将土地保留起来,并以正常市场价格出售,出售额和基准地价之差由新住区开发商承担 | 铁路事业者以正常市场价格收购,收购额和基准地价之差由新住区开发商承担 |
| 工程费 | 新住区开发商负担施工基面下工程费的二分之一 | | |

注:土地基准价格为3000日元/m²。

此外,小田急多摩线在1969年获得工程批准,1974年首次开通至多摩新城区的永山站,同年京王相模原线开通至多摩中心站。随后,根据多摩新城区开发进展,小田急多摩线于1990年延伸至唐木田站,京王相模原线延伸至桥本站,至今仍在运营。这意味着在工程批准后的短短5年内,铁路已经延伸至多摩新城区,这得益于达成多摩新城规则的协议,使得新住区的开发商承担了相当大的铁路运营费用。根据表5-7显示,小田急多摩线和京王相模原线总的项目费用为1147亿日元,新住区开发商承担了598亿日元,占52%。其中,东京都负担了209亿日元,占18.3%;日本住宅公团负担了375亿日元,占32.7%;东京都住宅供给公社负担了14亿日元,占1.2%。

铁路事业费开发者负担统计表　　表5-7

| 项目 | 总事业费 | 新住区开发商负担费用 | 具体费用 | | |
|---|---|---|---|---|---|
| | | | 东京都 | 日本住宅公团 | 东京都住宅供给公社 |
| 京王相模原线 | 72270 | 43656 | 15597 | 27079 | 980 |
| 小田急多摩线 | 42430 | 16159 | 5337 | 10392 | 429 |
| 合计 | 114700 | 59815 | 20934 | 37472 | 1409 |
| 负担比例(%) | 100 | 52.2 | 18.3 | 32.7 | 1.2 |

④其他利用者负担制度。

除了上述三种利用者/受益者负担制度之外,日本还有另外几种沿线居民、开发者负担的例子,见表5-8。

其他利用者负担制度统计表 表 5-8

| 制度名称 | 制度内容 | 使用案例 |
| --- | --- | --- |
| 基于住宅开发指导纲要负担 | 沿线开发商无偿提供轨道交通建设用地，全额负担施工基面以下工程费，并部分负担其他建设费 | 神户地铁建设过程中要求在须磨新城内站的站势圈内进行大规模开发的开发者，全部或部分负担除国库补助之外的用地费、施工基面下工程费 |
| 请求设站负担 | 车站周边开发商全额负担工程费、无偿转让车站用地、建设站前广场及相关道路 | 东京地铁日比谷线虎之门新站总工程费 170 亿日元，要求都市再生机构除了国家补助费用以外，全额负担 |
| 轨道车站改良负担 | 车站周边开发商全额负担车站改良费用 | 东京地铁日比谷站改良工程中三井不动产公司全额负担了连接日比谷线和千代田线的日比谷站无障碍通道和地下通道整备费 |

(3)税制优惠制度

轨道交通建设改造的税制优惠制度是指为促进轨道交通基础设施建设和铁路运输业发展而设立的特殊税收政策。这些优惠政策旨在鼓励铁路公司和相关企业投资于铁路建设、技术创新和运营改进，以推动现代化的铁路系统，并提高交通运输的效率和质量。

日本近十年的轨道交通建设改造税制优惠制度主要集中于新干线建设与城市轨道交通更新方面。通过减少或者免除轨道交通事业者相关税费来减轻其资金负担。减免的税种包括固定资产税、都市计划税、登记许可税、不动产取得税、法人税等。具体措施包括针对东京都正下方地震或南海海槽地震通过抗震措施而获得的铁路设施制定特别措施、针对铁路安全性提高设备的特例措施、针对通过城市铁路便利增进事业取得的铁路设施特别措施、新干线不动产购置免税措施、有关铁路车站无障碍化的课税标准特例措施、基于地区公共交通活性化・再生法的铁路事业再构筑事业相关课税标准的特例措施、建设新干线新线而取得的铁路设施特例措施和铁路事业者等有关市区隧道的免税措施等九项减免税制度。

①针对东京都正下方地震或南海海槽地震通过抗震措施而获得的铁路设施制定特别措施(固定资产税减轻)。

自 1995 年阪神大地震导致车站和高架桥严重受损甚至倒塌后，为确保旅客安全，并保障紧急避难和紧急运输功能等公共需求，日本全国主要车站进行了优先抗震加固，如采用钢板包裹支柱等措施。此举进一步提高了铁路系统的抗震能力。

抗震加固的重点对象包括日均乘降量超过一万人次且与多条线路连接的车站，以及仙台地区、东京圈、东海圈、近畿・山阳圈等交通繁忙地区高峰每小时有 10 班以上车次的区段。

然而，到了 2013 年，日本对这一工程进行了一定的修改。将事业对象调整为日均乘降量超过一万人次的车站和日均断面客流量超过一万人次的线路。同时，为减轻事业者的资金负担，该工程在 2013 年至今，实施了固定资产税减免措施，将涉及的固定资产税减少至原本税费的2/3。

这些措施旨在进一步加强日本铁路系统的抗震能力，确保公众的安全，并提高抗灾和应急响应的能力。这些工程对于维护交通的稳定和高效运营，尤其在面对自然灾害时，起着至关重要的作用。

②针对铁路安全性提高设备的特例措施（固定资产税减轻）。

从1961年开始，日本实施了铁路安全提升事业，并于2012年确定了铁道设施安全对策事业费补助制度。该制度旨在为年久失修和存在安全隐患的线路和车站提供资金补助，进行安全性改良工程。除了政府补助，另一种减轻工程资金压力的方式是减少固定资产税。这项措施同样有助于提高铁路的安全性。

为确保铁路的安全运输，持续改进线路设备和信号安全设备等安全设施至关重要。然而，近年来日本区域铁路的经营环境非常严峻，仅靠铁路事业者自身难以承担设备整备后增加的固定资产税等费用负担。因此，在2013年，为确保安全运输，日本决定延长铁路安全性提高设备固定资产税减免措施的适用期限，以及与相关补助措施一起分担铁路安全提升工程的资金压力。

该项税制优惠制度适用于为提升铁路安全性而购置的折旧资产，且该资产是通过接受"地区公共交通维护改善事业费补助金"等拨款所取得的。在满足一定标准时，相应的固定资产税将减少至原来的1/3。这些措施共同支持了铁路安全提升工程的顺利实施。

③针对通过城市铁路便利增进事业取得的铁路设施特别措施（固定资产税/城市计划税的减免）。

为了进一步提高都市铁道的便利性，有必要有机地利用现有的都市铁道网络，并促进都市铁道功能的提升。同时，还需要协调铁道事业者等在实施与自身直接增收无关的项目时可能存在的消极态度，以平衡各方的利益。

为此，根据《都市铁路等便利增进法》（2005年法律第41号），政府除了进行必要的补助以保证各项目的顺利开展外，还实施了城市铁路便利增进事业取得铁路设施的税制优惠制度。该制度针对的是根据《都市铁道等便利增进法》规定的都市铁道便利增进事业，其中包括速度提升改进项目和促进车站设施使用项目，由第三部门等机构获得铁路设施。

根据该制度的规定，相关工程中涉及的隧道资产将全部免除固定资产税。而除隧道之外的其他铁路设施，在2013年至今的11年里，将固定资产税和城市计划税减少至原来的2/3。这样的税制优惠措施，有助于鼓励各方积极参与城市铁路便利增进事业，推动铁道设施的改进和现代化。

④新干线不动产购置免税措施（登记许可税、不动产购置税）。

中央新干线计划在2027年连接东京和名古屋，以及在2045年连接名古屋和大阪，自2014年已经进行了办理相关手续等工作。交通政策审议会中央新干线委员会的答申中指出,中央新干线将尽快直接连接三大都市圈,预期将促进沿线地区的发展,并显著提升国际竞争力。为实现这一目标,减轻建设主体的负担并促进设施的建设是至关重要的,必须在规定的时间内确保稳步开通,并为其提供相应的环境支持。

为此,日本政府制定了免除手续办理过程中特定税种的制度。该制度的具体内容是为了实现中央新干线东京—名古屋间以及名古屋—大阪间在目标年度内的稳步开业,将促进取得必不可少的土地。根据《全国新干线铁道整备法》(1970 年法律第 71 号)第 6 条,由国土交通大臣指定的中央新干线建设主体,在为新干线建设取得必要的土地、房屋等不动产时,可以免除相应的登记许可税和不动产取得税。其中的登记许可税包括所有权转移登记、所有权保存登记以及地上权设定登记。

⑤有关铁路车站无障碍化的课税标准特例措施(固定资产税、城市规划税的减少)。

日本铁路车站无障碍事业采用了政府补助和税制优惠两种措施。一方面,无障碍化工程在不断推进,但另一方面,由于车站物理结构的限制,一些车站仍存在电梯整备困难的问题,以及进一步提升对应的挑战,如站台门的设置。为解决这些难题,日本政府制定了有关铁路车站无障碍化事业的税制优惠。

该制度的对象是日均客流量超过 5000 的铁路车站,具体包括站台门系统[站台门主体、控制装置、就地停止装置(TASC)等]以及电梯系统。2014 年,政府决定将该制度扩大至日均客流量超过 3000 的车站。根据该制度,对于日均客流量超过 3000 的车站,其进行车站无障碍化建设过程中的站台门系统和电梯系统将获得原固定资产税和城市计划税 2/3 的减免,持续至今。

铁路车站无障碍化事业补助制度和税制优惠制度共同为日本铁路车站的更新和改造提供了充分的资金支持。这些措施有助于提高车站的无障碍化,使更多的乘客能够便利使用铁路交通。

⑥基于地区公共交通活性化・再生法的铁路事业再构筑事业相关课税标准的特例措施(固定资产税・都市计划税减轻)。

由于区域铁路的经营环境日趋严峻,铁路事业者利用促进政策和合理化努力逐渐达到极限,导致全国各地出现了路线废止的例子。鉴于这样的状况,日本于 2007 年 5 月制定了《关于地区公共交通活性化及再生的法律》(2007 年法律第 59 号),旨在对于努力创新、主动致力于铁路重建的地区提供综合且强力的支援,以改善地区的生活条件。其中包含了针对铁路事业再构筑的税收优惠制度。

该制度针对的是实施铁路事业再构筑的铁路事业者,这些事业者接受地区公共交通确保维持改善事业费补助金以及铁道设施综合安全对策事业费补助金(包括桥梁和隧道改良)等补助资金,用于改善线路设备、电路设备、停车场、车辆等设施。根据该税制优惠标准,涉及上述设施的工程项目,固定资产税和城市计划税可减少至原来标准的 1/4。

该税制优惠旨在鼓励铁路事业者推进铁路重建和再构筑项目，以提高地区铁路的运营水平，为地区的发展和居民的生活带来积极影响。

⑦《一体化法》规定特定铁道事业者资本分成课税标准的特例措施（法人事业税）。

根据《关于大都市地区宅地开发及铁路整备一体化推进的特别措施法》（1989 年法律第 61 号）的规定，常磐新线（筑波快线）是一条直接连接大都市近郊和都心区域的大规模铁路。在整备该铁路时，地方自治团体提供了一定比例的整备资金。然而，由于整备资金一定比例由地方自治团体出资提供，导致筑波快线的整备和运营主体——首都圈新都市铁道株式会社的资本额（1850 亿日元）相对于其营业规模来说非常庞大。

考虑到这种特殊性，2004 年引入了外形标准课税，并制定了有关法人事业税资本分配的特例措施。该特例措施旨在从资本分配的课税标准中扣除一定比例，以减轻首都圈新都市铁道株式会社的法人事业税负担。具体来说，如表 5-9 所示，根据该制度，首都圈新都市铁道株式会社的资本金等金额的 2/3 将从资本税的税基中扣除。

常磐新线（筑波快线）建设资金来源明细表 表 5-9

| 建设资金总额 | 8081 亿日元 | | | |
|---|---|---|---|---|
| 来源明细 | 无息贷款（80%） | | 出资（20%） | |
| | 中央政府<br>40%<br>3232 亿日元 | 地方政府<br>40%<br>3232 亿日元 | 出资金<br>14%<br>1131 亿日元 | 借款<br>6%<br>485 亿日元 |

这样的措施旨在促进常磐新线的建设和运营，同时减轻首都圈新都市铁道株式会社的税务负担，鼓励其继续为大都市地区的交通发展作出贡献。

⑧建设新干线新线而取得的铁路设施特例措施（固定资产税减轻）。

新干线是作为有机且高效连接大都市圈和中心都市的广域交通工具，在日本扮演着非常重要的骨干运输网络的角色。考虑到新干线的国家重要性以及投资和维护等负担，日本政府采取了固定资产税减免的特例措施。

根据该特例措施，新铺设的新干线运营线路的铁路设施在前 5 年内的固定资产税将减少至原来课税标准的 1/6，之后 5 年减少至 1/3。2015 年，日本政府将该措施的适用范围扩大，将北海道新干线、东北新干线、北陆新干线及九州新干线的新营业路线的铁路设施也纳入优惠对象中。

总之，为了应对新干线的国家重要性以及投资和维护等负担，日本政府采取了固定资产税减免的特例措施，对新干线的新线建设提供了一定的税务优惠。这一措施为促进新干线的发展和运营作出了贡献，并在后续阶段逐渐扩大适用范围，纳入更多新营业路线的铁路设施。

⑨铁路事业者等有关市区隧道的免税措施（固定资产税的免除）。

在已建成的城市地区，为确保道路交通和城市规划，通常会采用隧道结构来满足轨道交通事业的需求。然而，由于建设费用非常昂贵，固定资产税的负担也变得很重，因此针对这个问题采取了免税措施。大阪市交通局正在形成以大阪市为中心的地铁线路网络，作为公有事业者，该局的固定资产税被视为免税对象。另一方面，民营化后的新公司需要获得地铁运营所需的资产，并支付新的固定资产税等。然而，为了公平考虑市区隧道所涉及的固定资产税，与其他轨道交通事业者一样，也采取了免税措施。

该制度于 2017 年将固定资产税的免税对象扩展到在市区等区域，铁路轨道交通事业者直接从事铁路事业或供轨道经营使用的隧道，并至今持续有效。例如，随着大阪市交通局的民营化(预定于 2018 年 4 月进行)，新接手地铁事业的公司运营所需资产中，有关大阪市及其近郊区域的市区隧道固定资产税被免除。

以上九项税收优惠措施在日本铁路交通领域发挥着重要的作用。这些措施鼓励了铁路建设和运营的发展，减轻了企业的负担，提高了铁路系统的运营水平和服务质量，增强了铁路系统对自然灾害和紧急情况的应对能力，改善了公共交通的便利性和无障碍性，为全体市民提供更加便利的出行选择。这些税收优惠政策对于日本的整体交通运输体系具有战略性意义，为实现可持续、智能化的铁路系统和现代化的国家交通网络奠定了坚实基础。

(4)贷款和债券制度

日本都市圈轨道交通建设更新的资金除了政府的补助制度、利用者负担和税制优惠制度这些外部来源之外，也包括了贷款和债券两种重要自筹资金渠道。政府补助一直是轨道交通项目的重要支持来源。日本政府通过各种补贴和拨款计划，积极支持轨道交通系统的建设和改善。利用者负担则是指通过票价、通行费等形式由使用者承担一部分成本。同时，税制优惠制度也为企业和项目提供了一定程度的财政支持。然而，这些渠道并不能满足所有需求。因此，贷款制度和发行债券成为日本轨道交通存量空间更新项目中不可或缺的一部分。银行和金融机构提供的这些贷款通常具有较低的利率或特殊的还款条件，债券则是铁路建设主体通过自己或政府担保来筹集资金，为铁路建设更新项目的顺利实施提供了重要支持。

①贷款制度

日本铁路建设中的贷款主要包括政策性贷款(低息贷款和无息贷款)和普通贷款两种。日本铁路建设中的低息贷款和无息贷款制度是其铁路基础设施发展的重要支柱，为铁路公司提供了资金支持和成本优势。这些资金的来源主要是通过政府设立的专门机构，如日本铁路运输机构、日本开发银行、日本国际协力银行或其他政府相关机构。同时铁路建设主体也可以通过国际机构进行贷款。普通贷款则是铁路建设主体从各类银行或财团获取的贷款。

低息贷款和无息贷款通常是通过向铁路公司提供有利条件的贷款来实现。低息贷款以较低的利率提供给铁路公司，从而使它们能够以较低的成本获得所需资金。而无息贷款则是以无利息或极低的利率提供给铁路公司，从而减少它们的财务负担。这些贷款通常具有较长的还款期限，使铁路公司能够更好地规划资金运用，并在更长的时间内分期偿还贷款。

举例来说，在新干线的建设中，初期建设的东海道新干线、山阳新干线以及东北新干线的一部分（上野—盛冈）是由国铁作为建设主体进行的。除了公司的自有资金外，建设资金的相当一部分是通过贷款（包括财政投融资贷款和来自民间金融机构的贷款）筹集的。东海道新干线全长515.4km，建设工程为1959年4月至1974年10月，工程建设费用约为3300亿日元。其建设资金筹措方式主要包括以下几个方面。a. 投资资金：自有资金投入；b. 大藏省资金运用部的资金低息贷款：政府提供的低息贷款，占比约为30%；c. 铁路自行发行的铁路债券：铁路公司自行发行的债券，占比约为50%；d. 世界银行低息贷款：世界银行提供的低息贷款，约为288亿日元，占比约为7.6%，该贷款得到了日本政府的担保。世界银行提供贷款的条件包括年利率为5.75%，包含3年半的宽限期，在20年内偿还全部贷款。具体的还款办法是每半年偿还一次，按照本利均等偿还的原则。从1964年11月15日开始，每年支付27亿日元，到1985年5月15日全部还清，本利合计共偿还455亿日元。

如表5-10所示，日本为了支持有计划、可持续地推进私营铁路大规模建设工作，利用日本开发银行向大型铁路公司提供稳定、长期、低息的贷款资金。

日本开发银行每年向大型铁路公司提供贷款资金统计表　　表5-10

| 年份 | 工事费（亿日元） | 融资额度（亿日元） | 比例（%） |
|---|---|---|---|
| 2013 | 1774 | 1092<br>（1227） | 61.6 |
| 2014 | 2162 | 971<br>（1084） | 44.9 |
| 2015 | 2020 | 965<br>（1000） | 47.8 |
| 2016 | 2184 | 1009<br>（1102） | 46.2 |
| 2017 | 2433 | 1189<br>（1238） | 48.9 |
| 2018 | 2756 | 1383<br>（1436） | 50.2 |

注：1. 数据来自国土交通省；
2. 融资额度下括号内为除大型民铁以外的民铁运营商的融资业绩（包括出资）。

②债券制度

日本轨道交通建设更新采用的另一项融资方式是发行债券。债券融资制度最早起源于1892年《铁路铺设法》，该法律明确了铁路建设的具体规划及其建设主体，同时规定由日本政府作为主体向民众募集公债作为铁路建设的资金，由此开始了通过发行债券来筹集资金支持铁路建设的历史。

债券融资制度是铁路公司或政府机构通过发行债券，吸引投资者购买这些债券以获得资金。这些债券通常承诺在未来特定时间内按照一定利率偿还本金和利息。这种方式使得铁路公司能够一次性获得大额资金，用于新线路建设、设施更新、列车购置或维护等方面。日本为轨道交通建设而发行的债券主要有地方债券、交通债券、铁道建设债券。

例如，日本东北、上越新干线是根据《日本公司铁路整备法》，按照国土均衡开发原则进行修建的。东北新干线（东京—盛冈）由国铁施工，工程建设费用约为26600亿日元。其投资也主要来源于两方面：国家投资包括政府出资，占2%左右，工程费用补助金占6%左右，共计8%左右；自筹资金包括从资金运用部进行贷款、发行政府担保债券，占60%左右，发行铁道债券，占30%左右。

在日本铁路建设更新中，贷款和债券融资制度扮演着重要角色。这两种方式共同为日本铁路建设提供了稳定、长期的资金来源。贷款的优惠条件和债券的大额筹资，为铁路更新项目提供了资金保障，促进了铁路系统的现代化和发展。贷款和债券融资制度的灵活性和资金规模使得铁路公司能够有效规划、实施和维护其建设，从而推动了日本铁路行业的可持续发展。

## 5.2 既有线存量空间更新项目的社会融资渠道

### 5.2.1 既有线存量空间更新的公私合营模式

（1）公私合营模式

公私合营（Public-PrivatePartner-ships，PPP），最早于1982年由英国政府提出，是一种公共部门与私营机构之间为了共同建设和运营某个项目或提供某种服务而形成的一种长期合作机制。在这种模式下，公共部门和私营机构共同承担责任和风险，并通过合同约定各自的权利和义务，以确保项目的顺利进行和高效运营。PPP模式的核心在于实现资源的优化配置和风险共担。通过引入私营机构的资金、技术和管理经验，可以提高项目的运营效率和服务质量，同时减轻政府财政压力，广泛应用于基础设施建设、公共服务等领域。在城市轨道交通项目中，PPP模式可以帮助政府吸引更多的私营资本参与，加快项目建设和运营速度，提升城市轨道交通系统的整体效益。

目前，最常见的PPP模式有建设-运营-移交（Build-Operate-Transfer，BOT）模式、设计-建设-融资-运营（Design-Build-Finance-Operate，DBFO）模式、建设-移交-运营（Build-Transfer-Operate，BTO）模式、建设-租赁-移交（Build-Lease-Transfer，BLT）模式以及移交-运营-移交（Transfer-Operate-Transfer，TOT）模式等。

根据公共部门、私营企业双方在项目中的投资与职责分配不同,可将 PPP 模式大致划分为外包类、特许经营类及私有化类。在外包类的公私合营模式中,公共部门通常承担大部分或全部的投资责任,拥有资产或项目的所有权,而私营部门只负责某一项或几项职能,如运营或维护等,风险责任较小。在特许经营类的公私合营模式中,私营企业通常直接参与项目的融资、设计、建设和运营等各个阶段,并可能在特定时间内拥有项目的所有权,而公共部门则可能在项目初期提供某些形式的支持或投资,并在特许经营期结束后收回项目的所有权。在私有化的公私合营模式中,私营企业承担项目的全部投资,并长期或永久地拥有和运营项目,而公共部门可能通过政策制定、监管或提供某些支持来参与项目,但不直接拥有或运营项目。三种公私合营模式中,私营企业承担的责任逐步扩大,其相应的收益与风险也逐步扩大。

随着城市化进程的加快,轨道交通建设的投资需求日益增长,而政府财政往往难以单独承担如此巨大的资金压力。通过引入 PPP 模式,政府可以与社会资本合作,共同分担轨道交通建设的投资成本,从而缓解财政压力。而在 PPP 模式的选择上,由于不同项目的实际情况、政府政策、私营企业参与意愿及市场需求等不同,往往需要根据具体情况进行灵活选择,以实现项目的最佳效益。

(2)日本的 PPP 模式

①PFI 模式

20 世纪 80 年代的日本经济经历了从“泡沫经济”到“失去的二十年”的剧变,20 世纪 90 年代的日本政府面临着经济低迷、财政状况恶化、老龄化现象加剧、公共设施老化等多重问题。为了走出以上困境,政府开始探索新的融资路径,以改变依赖一般财源及公债的体制带来的财政负担。因此,日本政府借鉴了英国的私人融资活动(Private Finance Initiative,PFI),将私营企业资金引入公共服务项目中,有效缓解政府的财政压力。在这种模式下,公共部门将通过招投标的方式,选择私营企业并授予其项目特许权,由私营企业主导项目的融资、建设及运营。在特许期结束时,项目的所有权将由私营企业收归至公共部门。需要注意的是,与 BOT 模式相比,该模式下私营企业将会直接负责资金的筹措,且在招投标阶段政府只提出具体的功能目标,而不给出具体的建设方案。

PFI 之所以在日本受到瞩目并被引入,主要源于其在英国及欧美地区的成功实践,同时这也是日本政府在应对泡沫经济后财政困境与民间投资意愿下降等问题的策略选择。当时,日本经济陷入低迷,政府财政紧张,而民间投资意愿亦显疲弱。为了刺激经济增长、扩大国内需求,政府选择通过 PFI 模式,引导民间资本参与公共建设,从而提高社会资本投资的积极性。由于日本的法律制度和经济环境与英国存在显著差异,因此,在引入 PFI 时,日本进行了本土化的改造,以适应本国社会的特点。与英国 PFI 模式注重有效利用税收资金、提升公共事业品质与效率,并将其视为行政改革的一环不同,日本的 PFI 模式更加强调民间资本的引入,用于建设预算不足的公共项目,并将其视为促进经济景气和推动公共事业发展的重要手段。因此,尽管英日两国在 PFI 的推动背景上相似,但其背后的理念和重点却有所不同。

关于日本是否适宜采纳 PFI 模式的讨论,最早可追溯至 1997 年。当年,桥本政权大力推进的五大结构改革方案中,公共事业政策的缩减成为一项关键举措。具体来说,从 1997 年起,连续三年每年削减公共建设投资 15%,此举对建设行业产生了直接且显著的影响。建设行业的各相关团体和代表开始积极探讨应对策略,政府也迅速出台多项紧急措施以应对。同年 11 月,政府发布了"第二次紧急经济对策",提出了包括充实中小企业支持、推行住房政策、加强信息通信基础设施建设、推进都市基础设施完善,以及实施环境保护政策等在内的五项经济措施。在这之中,PFI 被视为实现这些政策目标的有效途径,这也是 PFI 这一术语首次在日本官方文件中出现。

1999 年,日本国会正式颁布了《有效应用民间资金等促进公共设施等整备的法律》,即通常所说的《PFI 推进法》。该法律的核心在于鼓励民间资本参与公共设施建设及公共产品和服务的提供。此后,《PFI 推进法》经历了数次修订,并据此出台了一系列与 PPP 相关的政策。进入 2000 年,日本政府制定了 PFI 项目实施的基本方针,相继发布了公共服务改革的政策框架与 PPP 实施指南,从而构建了日本 PFI 的法律制度框架,标志着 PFI 正式被日本官方采纳并推进。由于日本 PPP 的法律体系与实践应用主要基于 PFI 模式发展,因此日本的 PPP 模式通常也以 PFI 作为代表。

为确保 PFI 模式的有效实施,日本内阁特别设立了民间资金促进公共设施推进室(简称 PFI 推进室)和民间资金促进公共设施推进委员会(简称 PFI 推进委员会)。PFI 推进委员会的秘书处设在 PFI 推进室内,委员会成员包括 9 名委员和若干名专家委员,均由内阁总理大臣亲自任命。该委员会的主要职责是调查日本 PFI 的实施状况,并定期向内阁提交报告。而 PFI 推进室则主要负责根据《PFI 推进法》制定基本方针,并对 PFI 推进委员会的日常管理工作进行统筹协调。

②BOT 模式

BOT 模式,即"建设-运营-移交"模式,是民间参与公共基础设施建设的重要方式之一,也是日本最常见的公私合营模式之一。该模式的核心特点在于将基础设施的有限期经营权作为融资担保,实现项目的民营化运作。在 BOT 模式中,项目发起人首先通过竞标从政府或相关机构获得项目的特许经营权。随后,组建公司进行项目的融资、建设以及运营管理等。在特许经营期内,项目公司通过项目的开发运营以及政府提供的优惠政策来回收投资成本并获取合理利润。特许期届满后,项目将无偿转交给政府。

值得注意的是,BOT 模式中的投资者通常要求政府确保项目的最低收益率。若特许期内未能达到预期的收益水平,政府需给予相应的补偿。这也带来了一定的问题:在盈利不达标的情况下，投资者可能随时申请加价，在一定程度上削弱了政府对价格的监管能力。因此，在 BOT 模式的实践中，需要更加精细地平衡投资者的利益与政府的监管职责，确保项目的可持续发展和公共利益的最大化。

在 BOT 模式的运作中，投资者通常会要求政府给予其最低收益率的保障。如果特许经营期内项目的盈利未能达到这一标准，政府便需要向投资者提供特定的补偿措施。然而，这种机制也带来了一些问题，当盈利状况未达到预期时，投资者可能会频繁地提出加价申请，而无须经过烦琐的审批流程，这在一定程度上削弱了政府对项目价格的监管能力，也增加了 BOT 模式运营的不确定性。因此，为了维护 BOT 模式的稳定和可持续发展，需要更加审慎地考虑最低收益率保障与加价机制之间的平衡问题。

③第三部门

日本对第三部门的定义为“由公共团体（地方自治团体）和民间团体共同出资，采用股份公司的形态，共同经营的组织，以提供具有公共性和效率性的服务”，简单来说，就是公私合营的部门。

1973 年 2 月，内阁会议决定并通过了“经济社会基本计划”，其中明确提到了“如欲保障事业的公共性，或是欲吸引企业投资回收报酬率较长时间的事业时，公共部门可以规划以公私合营的企业形态进行经营，达到活用第三部门之目的”，这是第三部门战后首次在官方用语中出现。随着 1987 年国铁改革，日本一些地方线路开始采用第三部门的形式，此时第三部门才开始受到国民的普遍认知与关注。

第三部门作为公私合作的产物，其运营目标并非完全追求利润最大化，而是聚焦于更好地提供具有“公共”属性的服务或业务。公共部门之所以愿意放弃市场独占地位，转而与私营部门合作，通过第三部门的形式共同提供服务，主要基于以下三个方面的考量：首先，公私合作能够带来经营上的灵活性与适应性。由于第三部门以公私合营的股份公司形式运作，相较于传统公共部门的僵化经营模式，它更能引进私营企业更加高效、灵活的经营手法。此外，私营部门或第三部门在预算审核或投资管理上，无须经历冗长的审查或行政程序，因此能够迅速响应外部环境的变化与需求。在人事管理上，它们也不受公共部门定额管理原则的限制，能够灵活调配人力，有效解决冗员问题。其次，公私合作有助于引入民间资本，提升财务筹措的便利性。在公共部门经营的情况下，即便面临财务困境，由于相关法规的限制，往往难以自主、灵活地筹集资金。而第三部门则不受此限，在财务筹措方面更具弹性。最后，公私合作能够为公共服务的质量与稳定性提供保障。私营企业完全运营下的公共事业服务品质难以得到保证，而公共部门完全运营下的公共事业资金难以为继，运营稳定性难以保障，通过公私合作的方式，结合两者的优势，既确保服务的公共性和质量，又提升资金筹措和运营的灵活性。综上所述，日本型第三部门通过公私合作的方式，既能够发挥公共部门的公共属性优势，又能够借助私营部门的灵活性和效率，实现共赢的局面。

## 5.2.2 日本轨道交通整备模式

(1)补助管理模式

为了支持轨道交通事业的推进,日本推出了一系列的轨道交通补助制度,同时也形成了一套较为完善的轨道交通补助管理模式。早在1955年,日本政府就出台了《关于适当执行补助等预算的法律》(1955年第179号法律),以规范和指导政府各类补助的申请和发放,之后针对铁道的建设和补助,又于2003年设立了独立行政法人——铁道建设·运输设施整备支援机构(JRTT),日本国土交通省通过JRTT实施大部分的铁道相关补助,已经形成了一套相当成熟的补贴管理流程。

首先铁道运营商需要根据规定在指定时间内向JRTT提交申请表,申请表中应包含要申请的补贴项目、补贴内容、所需费用以及其他必要事务;在收到申请之后,各部和JRTT负责人应对申请表进行审查,包括其补贴项目、内容等是否符合法律法规的要求、补贴金额是否计算有误、是否符合预算等,必要时应进行现场调查,国土交通省根据调查和审查结果确定是否发放补助金;在补助金额下放之后,受补助企业应按照规定在指定时间内定期汇报执行情况、上交执行情况报告,各部和JRTT负责人可根据执行情况决定是否继续补助;在补助项目完成后,受补贴企业应在完成后的一定时间内提交成果报告,若无法完成,则应提前提交相关的完成情况报告并说明理由,同时JRTT也会对补助项目完成情况进行现场审查;补贴计划的变更需要经各部和JRTT负责人的同意。具体的事务审定流程见图5-21。

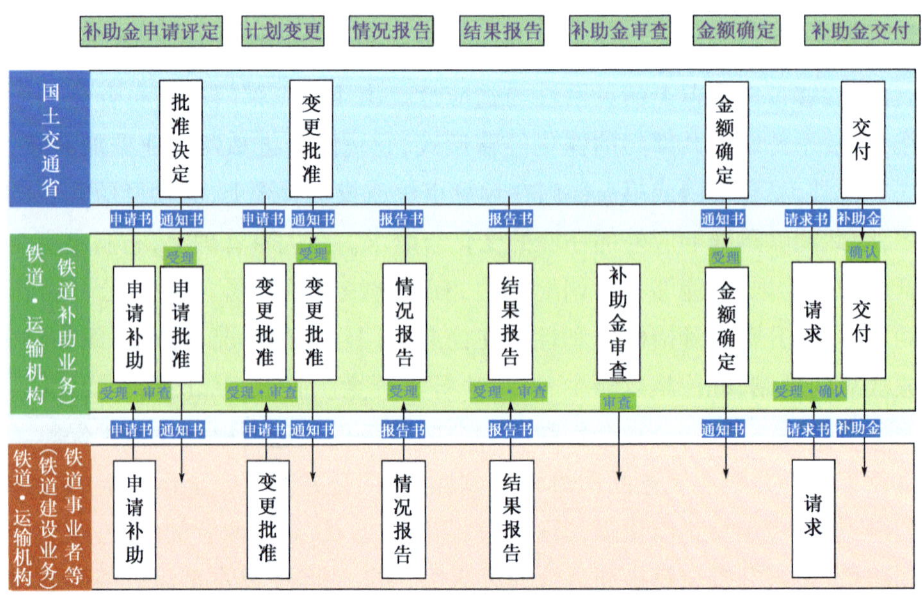


图5-21 补助金的相关事务审定程序

除了上面的流程之外，日本国土交通省还会每年对相关的补助政策进行政策评估，根据其补助项目的完成情况和产生的社会经济效益等对其进行分级，并根据实际情况的必要性对政策进行调整，例如扩大或缩小补助范围、调整补助率、整合同类补助等，当补助政策无较大的现实意义和必要性时，国土交通省也会适时地终止补助政策，避免资源的浪费。

(2)建设运营模式

迄今为止，日本的轨道交通主要由三种主体建设运营。第一类是公共运营商，第二类是私人运营商，第三类是由各级政府等公营部门和私营部门共同出资组成的第三部门。这三种运营商的铁路建设目的略有不同。公共铁路运营商和第三部门的铁路建设目的是满足地区开发、交通便利性改善、铁路运输能力增强、道路拥堵缓解等社会需求。而私营铁路运营商虽然努力改善服务以提高用户体验，但基本上其铁路建设主要以提高收益性和增强与其他铁路的竞争力为主要目的。尽管铁路建设目标有所不同，但这三种运营商原则上都是独立运营、自负盈亏。由这三种主体进行的轨道交通建设使得日本轨道交通得到了长足的发展。随着经济和城市的发展，日本轨道交通由大规模新建时期进入更新改造时期。然而，一方面轨道交通更新改造费用投入大、回收周期长，运营商难以独立筹措；另一方面，更新改造涉及的多方利益主体难以协调且可能影响原有的运营模式，有较大的投资风险，更新改造事业推进困难。

运输政策委员会针对上述情况提出了大都市地区的轨道交通发展计划，包括第7号报告(1985年)中的东京地区、第10号报告(1989年)中的京阪神地区和第12号报告(1992年)中的中京地区的高速铁路网。在1998年6月的第16号报告中，提出了需要考虑引入新的建设运营模式来推进整备社会所需要的轨道交通。在这样的背景下，上下分离制度被引入日本轨道交通的整备事业中且得到了广泛应用。其中，“下”指的是轨道交通建设及维护事业，“上”指的是轨道建设完成后的运营事业，上下分离是指将轨道交通建设持有与经营相分离，具体在更新改造事业中来说，就是轨道交通更新改造主体及设施持有者与后期运营主体相分离。事实上，上下分离模式早在此之前就已广泛应用于日本轨道交通的建设之中。1958年，为解决山阳电铁、阪急电铁、阪神电铁和神户电铁在神户的接驳问题，由这四家公司和神户市政府共同出资组建了名为“神户高速铁道”的第三部门，负责接驳线路的建设和持有。1968年，阪急三宫站、阪神“元町—高速神户—西代”区间以及“凑川元町—新开地”区间开通，神户高速铁道以租赁的方式委托四家公司提供车辆和乘务员负责运营，这成了日本“上下分离”的开端。神户高速铁道开创的“上下分离”模式解决了以往私营轨道无法获得中央政府补贴的问题，同时还争取到了来自地方政府的投资，此后该模式被日本多地推广运用，即：成立新的第三部门专门负责轨道持有，既有的私营业者专门负责轨道运营。

上下分离模式在具体的应用模式中又可以分为“偿还型上下分离”和“受益活用型上下分离”两种模式。

所谓偿还型，即运营主体需在一定时间内（一般为30年或40年）分期支付给整备主体设施使用费以偿还线路建设时期的部分成本，包含本息。设施使用费根据整备主体的维护费用由整备主体和运营主体双方协商决定。这样一来，运营主体相当于分期承担了线路改造的部分成本，一定程度上降低了财政压力。同时，运营主体由于需缴纳设施使用费，运营成本上升，有利于充分调动运营主体的运营积极性。

2005年，日本政府颁布了《都市铁道便利增进法》，首次提出了“受益活用型上下分离”模式，运营主体仍然需向整备主体支付设施使用费，只是与偿还型上下分离不同，该费用除需考虑整备主体的改造维护成本，还应考虑运营主体的受益相当额，具体的金额由整备主体和运营主体双方协商确定。所谓的受益相当额不仅包含运营主体在整备区间获得的收益，还包含整备事业给非整备区间既有线带来的收益，即若整备线路为A线，受益相当额则为运营主体在A线上的受益以及整备后既有线B、C相较于整备前增加的收益，具体计算方式为整备后相较于整备前增加的收入减去整备增加的支出费用。在整备计划制定初期，整备主体或国土交通省会对相关线路开通后的客流量或客流增量进行预测，并依此计算线路开通后运营主体每年需支付的设施使用费，当然，国土交通省也会在不同阶段适时进行客流预测并计算设施使用费，以保证最大限度地贴近实际的“受益相当额”。另外，根据《都市铁道便利增进法》，当开始运营后的客流与预测情况有较大偏差时，运营企业可以向国土交通省提交“速达性提升计划变更书”，对原本的设施使用费进行协商调整。

无论是哪一种上下分离模式，维护主体都会面临建设费用收回周期的问题，一般情况下为30～40年，这一部分取决于运营主体的运营情况，尤其是受益活用型上下分离模式。而运营主体除正常的运营成本外，还要保证设施使用费的按时缴纳，运营成本的增加使得仅靠目前制定的票价难以实现收支平衡，因而日本政府出台了“附加票价制度”，并于1965年首次实施，考虑到尽早收回投资以及新线路开通后一定时期内用户的利益和负担的公平性，该制度允许在已确定的票价基础上增加一定的金额。根据《铁路商业法》第16条，附加票价的制定须经国土交通省批准，该条第2款规定，只有经审查后确认票价和其他收入“不超过有效管理下的合理成本加合理利润”的情况下才可批准附加票价。即在制定附加票价时，需要从收益与负担相匹配的角度出发，审查包括附加票价在内的收入是否不超过与新线路相关的人工费、运营费、设施使用费等成本。

### 5.2.3 案例分析

（1）浪速筋线整备事业——偿还型上下分离模式

早在1989年5月，日本中央政府交通政策委员会第10号报告的“大阪地区以高速铁路为中心的交通网络发展基本计划”中，指出浪速筋线为“2005年之前要开发的线路”。2004年10月，在近畿地区交通委员会第8号报告“近畿地区理想的交通”中，再次提到要修建浪速筋线。2009年，国土交通省对修建浪速筋线的相关事宜进行了相关的调查研究。2014年，由大阪府、大阪市、JR西日本和南海电铁成立了浪速筋线事业研究小组。2017年5月，该小组向有关方面公布了浪速筋线项目的概要，其目的是修建浪速筋线，早日实现浪速筋线及周边地区的开发。经过一系列的审查、协调之后，直到2019年7月10日，国土交通省发布了浪速筋线的铁道事业许可。该项目于2019年开始动工，目前仍在推进之中，预计将于2031年完工，其概要可见表5-11。

浪速筋线整备事业概要　　表5-11

| 区间 | 大阪—西本町（共同运营）、西本町—JR难波（JR）、西本町—新今宫（南海） |
|---|---|
| 建设延长 | 双线：约7.2km（地下6.5km，护城河和堤防0.3km，高架0.4km） |
| 新设站点 | 中之岛站、西本町站、南海新难波站 |
| 费用 | 3300亿日元 |
| 整备模式 | 偿还型上下分离 |
| 整备主体 | 关西高速铁道株式会社（第三部门） |
| 运营主体 | JR西日本、南海电气铁道株式会社（民营铁道运营商） |
| 补助 | 地下高速铁道建设费用补助 |
| 补助率 | 35%（中央政府），35%（地方政府） |

现阶段规划下的浪速筋线是一条计划连接大阪站、JR难波站、新今宫站并途经浪速筋的地下铁道，它将成为贯穿大阪市中心的南北向城市铁道，并与现有铁道线（JR线，南海线）相连接，强化现有铁道网络，并进一步改善关西国际机场和新大阪的交通情况，形成连接新大阪、大阪（梅田）、中之岛、难波、新今宫、天王寺和关西国际机场的新轴线。浪速筋线的建设不仅可以促进铁道枢纽的发展，增强城市活力，形成交流中心，还有助于加强大阪的国际竞争力和振兴关西地区。

浪速筋线建设事业应用了“偿还型上下分离”模式，建设主体为关西高速铁道株式会社，建设完成后交由运营主体JR西日本、南海电气铁道运营，且关西高速铁道每年将向JR西日本与南海电气铁道收取设施使用费用于偿还建设时的债务本息，所以事实上相当于运营企业分期（40年）承担了线路的部分建设费用。该方法可以在一定程度上降低政府的财政压力，并促进民营铁道运营商积极参与改造。由于设施所有者和运营企业分离，民营企业可以更加专注于铁道的运营与管理，有利于提高城市交通的服务质量和效率。

其中建设主体关西高速铁道是第三部门，最初是作为JR东西线建设事业（1989年开工，1997年完工）的主体于1988年5月成立的，主要的出资方有地方政府、JR西日本以及其他金融机构。JR 东西线的项目是由关西高速铁道以出资和借款为资金，进行铁路建设的项目。该项目的借款金额正通过 JR 西日本作为列车运营主体向其收取的轨道使用费进行偿还，预计在 2026 年偿还完毕。因而，关西高速铁道公司在铁道建设事业，尤其应用上下分离模式的建设事业上拥有丰富的经验。同时，将浪速筋线的建设事业纳入关西高速铁路公司的业务范畴中，避免了额外设立新的第三类铁道事业者（以建设、保有铁道设施为主的铁道事业者）。这样可以实现人员配置和行政监督的高效运作，提高运营效率。

浪速筋线建设事业得到了“地下高速铁道建设费用补助”制度的支持，中央政府与地方政府为此项目各提供 35% 建设费用的补助，剩余资金由关西高速铁道通过借款筹措，需在 40 年内还清，具体的出资明细可见表 5-12。

**浪速筋线整备事业资金及筹集方式**（2020 年暂定）　　表 5-12

| 类目 | | 筹集方法 | | 年份 |
|---|---|---|---|---|
| | | 筹集来源 | 筹集主体 | |
| 投资金 | 660 亿日元 | 大阪市 | 关西高速铁道 | 2018—2031 |
| | | 大阪府 | | |
| | | 铁道运营商 | | |
| 补助金 | 1470 亿日元 | 中央政府（地下高速铁道建设费用补助） | 关西高速铁道 | 2019—2031 |
| | | 大阪府（浪速筋线整备事业费补助） | | |
| | | 大阪市（浪速筋线整备事业费补助） | | |
| 借款 | 1170 亿日元 | 财政贷款（1148 亿） | 关西高速铁道 | 2020— |
| | | 私人金融机构 | 关西高速铁道 | 2018— |
| 总费用 | 3300 亿日元 | | | |

注：财政贷款从 JRTT 借入，利息设定为 2.5%。

其中大阪市和大阪府承担的费用比例称为府市负担比例，日本暂时对其并没有相关的法律规定，因而二者的负担比例由二者协商确定。在浪速筋线建设事业中，浪速筋线虽然整个线路都在大阪市内，但它是一条连接起大阪市中心地区、关西国际机场及新大阪地区的轴线，对整个大阪府的城市轨道网络及广域区域都将有重要意义，且参考之前 JR 东西线和大阪东线整备事业中，府市的负担比例为 1∶1，因而，在此项目中，府市负担的比例也被确定为 1∶1，这意味着大阪府、市在整个项目建设过程中将以相等的比例分担费用。

不管是建设还是运营，难免出现意料之外的情况，使得建设事业偏离原有计划，因而，相关的协定中还界定了应对建设事业风险的责任。关于开业前的事业费用增加，基于上下分离的原则，除了铁路运营商外，府、市等政府部门也应承担部分费用；对于开业之后的风险，一般情况下由铁道运营商承担。在事业难以为继的情况下，政府财政不兜底、不借款，但自然灾害造成的运营困难，政府将与运营商共同协商，适当给予补助，具体见表5-13。

风险应对策略　　表5-13

| 风险 | | 风险负担 | | 负担方法 |
|---|---|---|---|---|
| | | 府、市 | 铁道运营商 | |
| 建设期间 | 建设延期、建设成本上升（建设期利息增加） | √ | √ | 政府：投资金、补助金<br>铁道运营商：投资金、设施使用费 |
| 开业后 | 客流需求变动 | | √ | 运营商的努力经营 |
| | 利率变动 | | √ | 运营商的设施使用费 |

（2）神奈川东部方面线——受益活用型上下分离模式

早在2000年，日本中央政府交通政策会议第18号报告就提出了修建相铁、JR、东急三方直通线的初步方案，名字定为“神奈川东部方面线”，但在当时情况下，难以筹措巨大的建设资金。直到2005年，日本《都市铁道等便利增进法》颁布，“都市铁道便利性增进事业费补助”设立，神奈川东部方面线的融资难题才得到解决。2006年，日本中央政府批准了神奈川东部方面线计划，该项目于2010年开始动工，截至2023年3月18日，神奈川东部方面线已全面开通运营，其概要见表5-14。

神奈川东部方面线概要　　表5-14

| 线路 | 相铁·JR直通线 | 相铁·东急直通线 |
|---|---|---|
| 营业区间 | 西谷站—羽泽横滨国大站（约2.7km） | 羽泽横滨国大站—日吉站（约10.0km） |
| 费用 | （782）4022亿日元 | |
| 补助率 | 1/3（中央政府），1/3（地方政府） | |
| 整备主体 | 铁道·运输机构（JRTT） | |
| 运营主体 | 相模铁道 | 相模铁道、东急电铁 |

神奈川东部方面线主要涉及两条线路的直通运营改造，分别是相铁·JR直通线和相铁·东急直通线。对于相铁·JR直通线，主要是在相铁本线的西谷站和JR东海道货运线的羽泽横滨国大站之间新设了一条连接线（约2.7km）。对于相铁·东急直通线，主要是在JR东海道货运线的羽泽横滨国大站和东急东横线的日吉站之间新设了一条连接线（约10.0km），如图5-22所示。通过本线的开发和互通运营，横滨市西部、神奈川县中部和东京都中心部紧密地联系了起来，由此，相铁、东急、东京地下铁、东京都交通局、东武铁道、埼玉快速铁道、西武等7家铁道形成了一个广域铁道网络，大大降低了乘客的出行时间和换乘次数，同时新设的车站还提高了新干线的可达性。

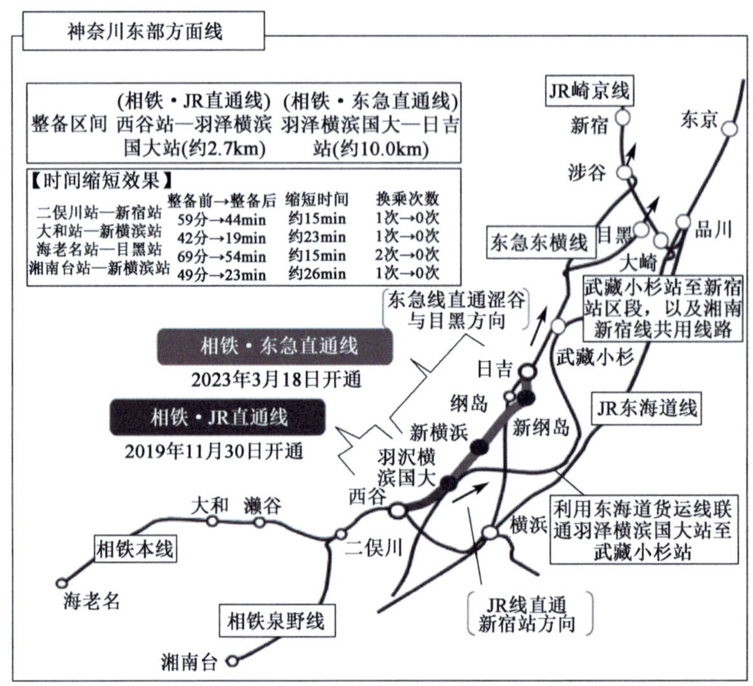


图 5-22 神奈川东部方面线

该项目采用了“受益活用型上下分离”模式，即铁道的整备主体与运营主体相互分离。在神奈川东部方面线的整备中，整备主体为 JRTT，运营主体则为相铁和东急公司。建成之后，铁道交由民间铁道运营企业运营（东急电铁、相模铁道），运营企业充分遵循市场化、商业化规则，盈亏自负，政府财政不补贴、不兜底。除此之外，运营主体每年还向 JRTT 支付设施使用费，JRTT 则以所获租赁费作为资金来源偿还其改造事业的债务本息。其中设施使用费为运营主体的受益相当额，即整备后相较于整备前增加的收入减去整备增加的支出费用，根据这一计算方法，结合不同年份的预测客流，得到神奈川东部方面线设施使用费，见表 5-15。

神奈川东部方面线设施使用费（2022 年暂定） 表 5-15

| 年份 | 线路 | 设施使用费（百万日元/年） |
|---|---|---|
| 2019 | 相铁 · JR 直通线 | 948 |
| 2020 | 相铁 · JR 直通线 | 948 |
| 2021 | 相铁 · JR 直通线 | 1231 |
| 2022 | 相铁 · JR 直通线 | 1515 |
| 2023 | 神奈川东部方面线 | 1523 |
| 2024 | 神奈川东部方面线 | 2708 |
| 2025 | 神奈川东部方面线 | 3893 |
| 2026 年及以后 | 神奈川东部方面线 | 5671 |

根据“都市铁道便利性增进事业费补助”制度，该项目的整备主体 JRTT 得到了来自中央政府和地方政府各 1/3 的建设费用补助，剩余的 1/3 则通过债券、贷款等资金借入方式获取，JRTT 需在 30 年内还清债务，具体的出资明细见表 5-16，具体的资金筹措过程如图 5-23 所示。

神奈川东部方面线出资明细　　表 5-16

| 资金来源 | | 金额/利率 | 备注 |
|---|---|---|---|
| 补助金(中央政府) | | 1341 亿日元 | — |
| 补助金(地方政府) | | 1341 亿日元 | 神奈川县：横滨市 = 1:2 |
| 借入金 | | 1340 亿日元 | 铁道・运输机构债券 |
| 借入金及利率 | 债券 | 绿色债券 | 需由环境部核定批准 |
| | 短期贷款 | 1.09% | 开业 10 年内 |
| | | 1.49% | 开业 10 年后 |
| 整备总费用 | | 4022 亿日元 | |

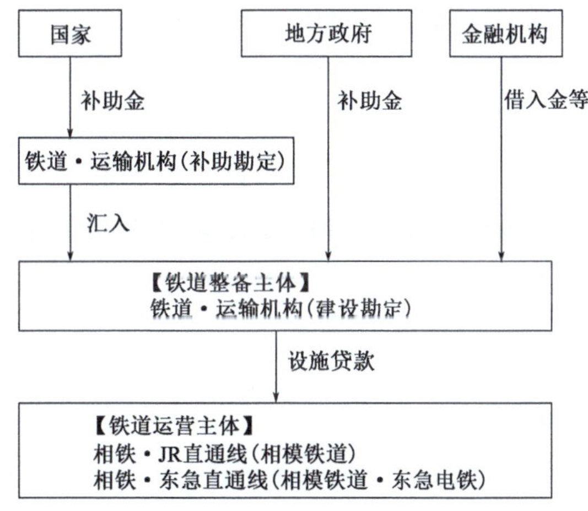


图 5-23　神奈川东部方面线的资金筹措

上文提到，维护主体通过每年向运营主体收取的设施使用费来偿还债务，设施使用费又由开通后线路的收益情况决定，在原本的计划中，JRTT 将在 30 年内完成资金的周转赤字，但若按原本的基本票价计算得到的设施使用费难以实现这一目标，因而在 2019 年，相铁向国土交通省提出了附加票价申请，国土交通省审查后通过了该申请，从 2019 年下半年开始，对于乘坐相铁・JR 直达线西谷站—羽泽横滨国大站区间的乘客，在基本票价的基础上将额外加收一定金额，具体为：普通票追加 30 日元/次，通勤月票追加 1140 日元/月，通学月票追加 430 日元/月。出于相同的原因，相铁・东急直通线于 2022 年申请并通过了附加票价的申请，对于乘坐相铁・东急直达线新横滨—新纲岛区间的乘客，在基本票价的基础上将额外加收一定金额，具体为：普通票追加 70 日元/次，通勤月票追加 2620 日元/月,通学月票追加970日元/月。同年,相铁·JR直达线的附加票价再次调整,通勤月票上调为1520日元/月,通学月票上调为580日元/月。

## 5.3 本章小结

日本既有线更新改造的资金主要来源于政府补贴、利用者负担、税收、债券以及贷款等。日本政府从20世纪60年代开始对轨道交通进行补贴,从大规模新建时期到更新改造时期,几十年间,始终支撑着日本轨道交通的发展,补贴类目包含轨道交通的建设维护、安全防灾、技术开发等各个方面,补助对象涵盖公营铁道、私营铁道以及第三部门。日本还出台了利用者负担制度,使得轨道交通事业带来的外部效益得以反哺于轨道交通事业,减轻了政府的财政负担。除此之外,还有一系列相关的债券、税收及低息或无息贷款制度,为轨道交通的既有线改造事业拓宽了筹资渠道。

日本从20世纪开始在轨道交通事业中积极引入公私合营模式,目前应用较为广泛的模式有BOT模式以及PFI模式。在这样的背景下,经过几十年的发展,日本已经形成了较为成熟的轨道交通既有线整备模式。针对补助制度,日本政府出台了一系列的补助管理办法,建立了专门的机构JRTT对补助事业进行管理。在建设运营模式方面,日本充分将上下分离模式应用到既有线改造事业中,并发展出了偿还型、受益活用型上下分离模式,且已成功应用于多项既有线改造事业中,如浪速筋线、神奈川东部方面线的修建等。

# 第6章
CHAPTER 6

# 轨道交通既有线存量空间更新模式

## 6.1 TOD的概念、特征及发展趋势

### 6.1.1 TOD的基本概念与特征

（1）TOD的概念

最早最深入的TOD（Transit-oriented development）研究出现于美国。在小汽车出行方式占主导地位的美国，其城市或地区经历了以郊区蔓延为主的大规模空间扩展过程。此举导致了城市人口向郊区迁移，土地利用密度降低，城市密度趋向分散化，城市中心地区衰落，社区纽带断裂，以及能源和环境等方面的一系列问题。20世纪90年代初，基于对郊区蔓延的深刻反思，新传统主义规划（New-traditional planning）逐渐在美国兴起，后来演变为广为人知的新城市主义（Newurbanism）。Peter Calthorpe作为该运动的倡导者之一，提出的以公共交通为导向的开发（TOD）逐渐被学术界认同，并在美国的一些城市得到推广应用。

TOD在本书中的定义为："公共交通站点和核心商业区600m步行范围内的混合功能社区。TOD区域将住宅、零售、办公、开放空间和公共功能混合在一个步行友好的环境中，为附近的居民和上班族提供便利的使用公交、自行车、步行或小汽车的出行环境。"

在近30年的发展过程中，TOD概念得到广泛的关注和研究。其中最大的扩展出现在TOD中的D，即Development。最初，人们认为良好的TOD项目应满足"3D原则"，且其关注点更多在于土地利用。3D模式即密度（Density）、多样性（Diversity）和设计（Design）。其含义分别为：①Density高密度——指高强度、紧凑布局，有利于提高公共交通使用率的用地开发，旨在增加站点周边的住房和就业岗位；②Diversity多样性——指混合使用的土地形态，包括了办公、居住、商业等多种用地功能，拟通过多元化的土地利用，在社区范围内尽可能地满足居民的生活需求；③Design合理的设计——指以适宜步行、方便自行车为交通设计的首要任务，在车站周边形成以城市轨道交通为主体，道路交通、自行车、P + R（停车 + 换乘）小汽车相衔接的综合交通系统。通过良好的慢行交通环境和换乘设计，以

减少机动车行驶里程(VMT)并提高公共交通出行率。3D原则成为许多领域TOD研究的理论指导,尤其是在规划、政策、实施领域,在土地利用、交通和城市设计领域次之。

在TOD不断发展过程中,人们发现,仅在站点周边进行高强度和高混合的开发可能会使TOD变为TAD(Transit-adjacent development),无法起到TOD的预期效果,即减少小汽车出行的同时改善居民的社区生活,TAD模式也引起了人们对TOD的误解,即单纯地认为TOD是公共交通站点周边较高开发密度和开发强度较大的建筑物。

因此,交通系统和土地利用的良好协同受到了更广泛的关注。“3D”模式也逐渐演进为“6D”模式。“6D”模式增加了目的地可达性(Destination accessibility)、站点的距离(Distance to transit)和需求管理(Demand management),相关概念如下:④Destination accessibility目的地的可达性——指公共交通应该提供给乘客更大的可达范围、更高的可达性以及更高效的流动性;⑤Distance to station站点的距离——指围绕公共交通站点的开发应该随着与站点距离的增加而逐渐降低,在缩短乘客出行距离的前提下鼓励步行、自行车以及公共交通等绿色出行方式;⑥Demand management需求管理——指从需求侧入手通过采取影响出行行为的政策、技术和管理措施来促进公共交通的发展、提高交通系统的效率。

虽然以上的相关概念把TOD限定在一个站区级(站点周边区域),注重区域内的土地开发、公共交通可达性和综合交通一体化。但是TOD概念背后包含的是一种“注重街区和邻里生活”的城市发展模式,是“新都市主义”的迭代产物。“新都市主义”则是一种为解决以小汽车为导向引起的郊区化问题的思维方式。

TOD作为一种指导城市发展的理念,在不同的地理空间范围和要素上都有不同的体现。在城市层面,TOD强调的是城市发展与线网发展的融合,以支持城市管理者的相关分析和决策,例如目前正在埃塞俄比亚首都亚的斯亚贝巴进行的相关项目;在线网层面,则是廊道和线路的整合,强调单一线路上站区级TOD项目之间的相互配合,不同站区级TOD项目虽然都能满足居民的出行和生活需求,但是每个TOD项目都具有其独特的核心功能,以区分其特殊性。例如A站区的核心功能为医疗,B站区的核心功能为商业。不同项目相辅相成,从而形成一个良好的以公共交通为导向的系统,例如东京的田园都市线。在站点层级,其尺度则为单个建筑物,即车站或者车辆段上盖的大型交通综合体,其关注点为建筑内各种功能的配合、建筑的设计和建筑与交通车站之间的衔接,具体如香港的九龙站、伦敦的国王十字站以及日本的新宿站等。

TOD项目具体的操作过程十分复杂,涉及不同部门和利益主体之间的博弈。范围越大的TOD项目涉及的主体越多,实施难度也越大。因此,目前世界范围内成功的TOD案例多为站区级和站点级,对TOD的主流认识,也多在于站区级和站点级。

虽然TOD具有多类要素,且在不同空间范围有着不同的体现,但是各概念与其初始概念并不矛盾,都强调公共交通的引导作用。综上所述,本书将TOD概念总结如下:

"TOD是一种在公共交通网络周围谨慎协调城市结构的城市规划和设计理念。其目的是依靠绿色出行方式为主的出行模式的支持,创造一种以多样化、充满活力的社区为核心的城市发展模式,以实现社会经济活动在社区范围内的集中。其实现手段是通过可持续的城市形态、支持性的政策以及公私合营,在公共交通站点步行5~10min范围内进行高强度和高混合度的开发。"

需要指明的是,TOD中的T,Transit原义为,一群人沿着固定线路移动。显然,Transit包含地面公交系统和城市轨道交通系统,并不包含出租汽车。

(2)TOD的起源

TOD概念虽然是Peter Calthorpe提出,但这一概念事实上并不新颖。如上小节所述,TOD是新都市主义的衍生品。彼得·卡尔索普自己也认为TOD概念的灵感源于19世纪末期霍华德所提出的"花园城市"。花园城市是因轨道交通而得以发展的卫星城。二者的区别在于活动中心和工作中心的不同。花园城市中的居民活动以市民广场展开,其就业集中在城市边缘,而TOD的中心则是公共交通站点,其就业集中在城市中心,体现了基础设施的重要性。

与"花园城市"同时期出现的"线性城市"概念也与TOD相呼应。这一概念由阿尔图罗·索里亚伊·马塔在1882年的文章提出。"线性城市模型"中,社区应沿着公共交通走廊或者轨道交通线路布置,以形成线性化的城市。同时,TOD也是以轨道交通站点为核心的社区规划的延续。也有学者认为,TOD概念是以"公共交通站点为视角"的传统社区规划的改良版。

TOD的实践也早于其概念提出的时间。自轨道交通出现以来,围绕轨道交通进行开发的实践已经不断涌现。在20世纪50年代,日本就已经修建了大量矗立在轨道交通车站上方、容纳各种商业设施的车站大楼。20世纪70年代,美国艾灵顿在Rosslyn-Ballston轨道交通沿线已经进行了一系列的混合开发。

值得注意的是,在彼得·卡尔索普的书中,重点是"步行口袋"的概念,TOD仅仅是作为实现的手段。其愿景是创造一个宜居的、可负担、环境友好的优质社区生活方式。然而,正如前文所述,在TOD实践和研究的过程中人们的关注点多在于"Development"上,对TOD出发点的认识还存在一定的匮乏。

(3)不同国家的TOD

①美国的TOD

美国TOD是一种城市发展概念,致力于在公共交通与土地利用相结合下,打造可持续的新城市主义社区,其发展历程经历了多个阶段。起初,有轨电车项目为TOD的初步形态,通过利用有轨电车的使用范围,开发易开发的土地并推动地产建设。然而,随着小汽车的快速普及,城市发展模式转向"小汽车导向的公共交通",导致TOD发展短暂断层。

后来,TOD 又回归“与公共交通相关联的土地开发”和“公共交通导向的土地开发”,在新城市主义理念的推动下,提倡“反蔓延”的交通建设与土地利用。

然而,TOD 的发展也引发了一些问题。其中,最显著的是绅士化现象。一般的 TOD 项目能使财产价值增加多达 150%,但若缺乏公平性政策,增值收益往往偏向高收入社区和个人,而有许多人却仍然依赖汽车。这导致社会不平等加剧。为了解决这些问题,衍生概念公平 TOD(ETOD)逐渐兴起。ETOD 旨在让所有人群都能享受到交通枢纽附近高强度混合和以行人为导向的开发模式,关注经济保障房、公共卫生、社会公平和可持续发展。

美国 TOD 的未来发展趋势将以 ETOD 为主导,政府部门积极推行相关法令和战略。例如,芝加哥市提出 ETOD 模式,其发展战略分为三个阶段,即构建支持 ETOD 发展的城市能力,实现更公平、更易于推进的 ETOD,以及将 ETOD 融入城市规划中。ETOD 的目标是缩小社区间的社会经济差距,解决种族隔离问题,激发城市活力,并促进社会可持续发展。

综上所述,美国 TOD 是一种以公共交通和土地利用相结合的城市发展概念。其发展经历了不同阶段,包括有轨电车时期、小汽车导向时期和新城市主义时期。然而,TOD 的发展也带来了绅士化等问题,因此公平 TOD 成为未来发展的重要趋势,旨在实现社会公平和可持续发展。

②中国的 TOD

轨道交通作为准公共产品,为了保证其公益性,其相关运营需要政府的补贴,但长时间的补贴对政府财政造成了巨大的压力。因此,通过 TOD 业务的开发反哺轨道交通的亏损成为一大趋势,在此过程中,中国的 TOD 发展也经历了不同的阶段。

第一阶段,轨道交通企业仅负责轨道建设,大型市政设施等则由政府负责投资修建,轨道交通的外部效益可促进城市的更新,其税收可反哺政府财政。第二阶段,轨道交通企业进入“轨道建设 + 土地一级开发”模式,外部效益内部化循环体系得以建立。在此模式下,轨道交通企业获得沿线土地的一级开发权,政府通过轨道交通直接分享沿线土地增值收益并以市场化的分配方式来反哺地铁的建设及运营。第三阶段,轨道交通企业进入“轨道建设运营 + 土地一级开发 + 二级开发(站城一体)”新模式,TOD 得到进一步发展。与第二阶段相比,在政府主导下,轨道交通实施主体可进行二级开发并有权参与到其利益分成中。第四阶段,出现了原有模式向“轨道交通 + 土地整备 + 物业开发 + 城市运营(站城人一体)”的迭代升级。得益于客群优势,轨道交通企业业务范围扩大,开始参与以轨道交通站点为核心的城市空间运营,通过为 TOD 客群提供功能性服务获取长期衍生价值。

综上所述,中国的 TOD 发展经历了不同的阶段,从最初的轨道建设与城市更新结合,到现在的站城一体和轨道交通企业的业务扩展。这些特点使得 TOD 在中国的发展趋势越加多样化,并为城市的可持续发展提供了新的可能性。

### 6.1.2　日本 TOD 的概况与趋势

在理论上，尽管美国 TOD 理念的形成与发展日渐成熟，然而在实践层面却是日本领先一步。东京的交通/土地所有权的结合，20 世纪独特的城市发展历史，宽松的管制，前所未有的轨道交通使用，为其 TOD 创造了独特的模式和城市机遇。

(1)发展历史

日本的轨道交通建设始于 1872 年，比西方国家晚了大约半个世纪。在之后 140 年的发展过程中，日本车站逐渐复合化，进行各种形式的枢纽开发，最终形成"站城一体化"模式。

日本的 TOD 发展过程分为以下几个阶段：

1872 年，日本第一条铁路开通，最初的车站建筑外形极具象征意义，其主要大站站舍建筑均以体现中央集权国家的诞生和文明开化为宗旨，建筑壮观绚丽。就东京站来说，其建设在皇居附近的武家遗址上，与周边地区一体化开发，这是"站城一体化的"开端。

20 世纪 20 年代，"枢纽站百货商店"商业模式出现。阪急电铁以轨道交通沿线住宅开发为起点，开展了各种沿线开发事业并与轨道交通事业相互促进。"枢纽站百货商店"最为成功。百货商店开设在枢纽站具有区位优势，可大幅降低顾客迎送的费用，且为轨道交通吸引新的乘客。

20 世纪 50 年代，车站大楼开始普及。在第二次世界大战中，日本轨道交通线路及车站建筑遭到损坏，国铁选择吸收车站周边地区的民间资本进行车站重建。其中，商业设施及事务所被引入车站建筑内并供民间企业使用。之后，国铁将该项目手法运用到"车站大楼"事业中，该类商业复合型车站建筑开始普及。

20 世纪 60 年代，车站地下商业空间——"地下街"扩张。"地下街"的成因主要有两方面：①第二次世界大战之后缺乏建设资金，因为资金不足，当地选择通过在地下建设租赁店铺筹集资金，通过租金收入回收建设成本，推动了地区经济发展。②同一时期，由于治安问题，战前建设的地下通道被封锁。然而，当地的文具店通过在地下通道内安装照明设施，并与相关方进行交易，成功获得了在地下通道内经营的权利。这一创新带动了地下街的发展，并开始真正的"站城一体化"开发。

20 世纪 70 年代，站前再开发事业振兴。1969 年《城市再开发法》制定，轨道交通车站前的街区在期待土地高效利用的同时，出现低层高密度区域不断扩张、交通广场等公共设施建设不充分的问题，因此站前再开发兴起，站前广场、步行者平台等一体化建设在此期间出现，很好地连接了车站及周边地区。

20 世纪 90 年代至今，日本进入"站城一体化"开发新时代。这个时期在车站设施改良、新站建设的同时，国铁分割加速了轨道交通线路周边不动产开发事业的推进。车站建筑的改建，站中、站上车站直通式等一体化开发的"站城一体化"开发以各种形式呈现出来,带来了真正意义上的"站城一体化"开发大潮。

(2)日本 TOD 的特色空间形式

由于东京的土地所有权属于私人,早期开发无组织,以及立法缺乏,连接外部郊区和东京中心的公共和私人开发的铁路线路被挤在东京现有的建筑之间。在 20 世纪中期,东京独特的垂直分层开始形成,同时在地上和地下开发铁路,绕过现有的城市,避免购买额外土地的复杂和昂贵的过程。历史因素加之铁路周围的所有权和经济因素,车站逐渐成为周边社区的转型文化中心,并产生了东京 TOD 的概念。东京三种独特的 TOD 形式,有效利用了轨道交通形成的空间。

①地下餐厅类型(Underground Restaurant)

东京第一个也可以说是最现代的 TOD 形式是铁路车站和周围商业区域的重建。车站和周围的商业 TOD 直接相连,商业开发由铁路公司进行开发和租售,因此,从城市到商业空间,再到交通枢纽,形成了一个无缝衔接的过程,地下餐厅就是其典型代表(图 6-1)。

②有盖拱廊类型(Covered Arcade)

这种类型代表了商业发展和运输基础设施之间的融合,一般与车站毗邻。其商业部分依赖于车站财务,但不依赖于运输基础设施。周围地区许多独立店主相互组织联系并与车站业主公司沟通,各方的影响范围为一条公共街道,以产生一个毗邻交通枢纽的互利的非正式购物中心,这就是有盖拱廊(图 6-2)。

图 6-1　东京 TOD 发展模式——地下餐厅类型

图 6-2　东京 TOD 发展模式——有盖拱廊类型

③高架桥下空间(Underpass Storefront)

这是一个商业开发项目,利用了高架铁路基础设施的结构。Underpass Storefront 存在于高架铁路沿线的任何位置,其中紧挨着车站的店面往往是最突出的。这种类型的存在是东京城市发展历史的产物。第二次世界大战之后东京保留了许多庞大的铁路设施,20 世纪中叶日本的交通发展迅速,直接穿过建筑物顶部的高架线路变得越来越普遍。20 世纪 60 年代,日本国家铁路意识到这些地下通道空间的价值,并慢慢将其合法化。在 21 世纪初，连接火车站的现代室内购物中心日益普及，但人们对私密地下通道空间的怀旧之情日益高涨，由此产生了许多 TOD 项目，如图 6-3 所示。

图 6-3　东京 TOD 发展模式——高架桥下空间

日本 TOD 不仅仅局限于城市空间规划，而是由同一主体同时承担铁路建设和城市开发，从而使城市开发效益直接包含在铁路开发之中，也使得交通与用地实现无缝衔接，创造了土地高效利用、功能配置合理、交通便捷舒适、各交通方式间零换乘、市场驱动主导的优秀的交通一体化案例，这也是日本 TOD 的一大显著特点。

(3) 日本 TOD 和美国 TOD 的差异

①发展主体

日本 TOD：由同一主体承担铁路建设和城市开发，形成了城市开发效益与铁路开发的直接关联。发展主体通常是铁路公司。

美国 TOD：常常由不同的发展主体进行，商业和住宅开发可能由不同实体负责，存在更多的分散性和复杂性。

②建设模式和目标

日本 TOD：建设铁路线后，着重在沿线上开发住宅区、服务性设施、娱乐设施等，以确保客源和提高客流量。强调铁路的服务水平，形成更便于使用铁路的格局。

美国 TOD：城镇建设结构更以方便汽车为主导，TOD 的实现需要重新调整城镇本身的结构。在美国，汽车便利性较高，因此改变城市结构以适应 TOD 可能面临一定挑战。

③土地使用和规划

日本 TOD：站城一体化发展，铁路公司与城市开发直接结合，形成了垂直分层的城市空间。空间形式包括地下餐厅、有盖拱廊和高架桥下空间。

美国 TOD：通常更强调在公共交通与土地利用相结合下打造可持续的社区。土地使用和规划可能会受到更多规范的制约。

④交通文化和便利性

日本 TOD：由于日本的铁路文化久远，形成了更便于使用铁路的文化和格局。服务水平提高，有助于形成人们更多地依赖于铁路出行的情景。

美国 TOD：在美国，城市建设结构更依赖于汽车，TOD 的推进可能需要更大力度地调整城市结构,以满足公共交通需求。

综合而言,日本 TOD 更强调站城一体化,由铁路公司主导整体开发,而美国 TOD 需要更多的城市结构调整,以适应汽车为主导的城市建设结构。

### 6.1.3 轨道交通与城市更新的基本模式

轨道交通作为城市交通系统的核心组成部分,对于城市更新和发展具有重要而独特的作用。在轨道交通与城市更新的基本模式中,可以观察到几种主要模式的实践。

(1)轨道交通枢纽的站城一体化融合更新模式

站城一体化融合更新模式指的是位于大城市的轨道交通枢纽站(可以进行多个轨道交通线路换乘的车站)和周边的城市街区进行一体化开发的模式。因为大多枢纽站选址在城市商业区和中心区,因此需要通过高度复合的土地利用来开发用地。

东日本铁路公司提出"车站复兴"的概念,采用铁路轨道上的桥面施工和利用铁路轨道上未使用的空间建造车站建筑等创新方法,在车站广场空间相当小的情况下,确保了车站建筑内所需的面积。上野站作为第一个车站复兴项目,改造工程于 2002 年 2 月完成,这次的重建促进了上野站客流量的增加、购物中心的成功运营和邻近地区游客数量的增加。

通过有机地将轨道交通枢纽与周边城市空间融为一体,推动城市的综合更新与发展。此模式通过优化轨道交通站点周边的建筑开发、改善交通换乘设施,并提升公共空间的品质,为居民和游客创造了便利的交通体验和宜居的城市环境。

(2)轨道交通既有线优化与沿线存量空间更新模式

既有线优化与沿线存量空间更新模式,即轨道交通建设同步沿线型开发,是一个主要应用在郊区、将轨道交通建设和沿线城市建设一体化进行的开发模式。专注于对现有轨道交通线路的优化,并通过更新沿线存量空间来提升其功能和价值。此模式的目标在于改善轨道交通的运营效率和乘客体验,同时激活沿线地区的经济活力。

1910 年,日本郊区进行了首次住宅开发。阪急电铁(Hankyu)在距离大阪市中心约 20km 的郊区开发了 11$hm^2$ 的土地,计划在铁路运营前取得土地所有权并进行房屋开发,在铁路运营后出售存在建筑的土地。受其启发,其他主要的私营铁路公司在 20 世纪 20 年代沿着所拥有的线路展开了类似的开发。

之后,东京开始进行大规模走廊型住宅开发,以多摩花园城市为例,其目标是创建一个 5000$hm^2$ 的住宅区。东京打算通过延长其现有的铁路线,为居住在那里的通勤者提供前往市中心的交通工具。1963 年在扩建线路和火车站的位置确定后开始建设。开发商将车站周边作为联系城市和轨道交通的重点地段,进行生活服务设施建设,有助于轨道交通开发和居住区开发的一体化建设,同时提升城市形象与居民便利性。

郊区走廊 TOD 为铁路公司收入基础和业务管理的扩展作出了贡献,铁路公司的大量利润来源于轨道交通运营外的多种经营活动。在郊区未被开发的土地上,轨道交通建设和城市开发(土地获取、住宅建设、销售)是同时进行的,将资本收益作为项目收益,用于轨道交通建设。并且通过沿线整体的开发控制,使得沿线地区能顺应时代和流行的变化,维持和提升沿线整体价值。

(3)轨道交通既有线优化与郊外新城开发模式

轨道交通既有线优化与郊外新城开发模式将轨道交通的优化与郊区新城的规划与建设相结合,实现了城市发展与郊区发展的协调与整合。通过这一模式,可以促进郊区地区的可持续发展,提供高品质的居住和商业环境,并解决城市扩张所带来的诸多挑战。

在日本,由于经济的高速增长,人口向大城市迁移,这导致了城市沿铁路走廊的扩张和潜在住房地区土地价格的上涨,优质住宅用地的需求增长。在该背景下,由民间主导的无计划开发引起了城市向地价较低的城市边缘无序扩张的问题。为解决无序开发的问题,公共机构主导模式下新城开发项目开始出现,多摩新城是最典型的例子。该计划于1965年批准,开发商决定通过延长现有的私人铁路线路,为居民提供前往市中心的交通工具。这项扩建工程耗资巨大,因此需要公共资金的援助,资金来源有两种不同的形式:一个是日本铁道建设公司负责建设,并以25年为期转让给民间轨道交通开发商公团的财政投融资等资金投入,利息补给由国家和地方政府进行支付。另一种形式是地产开发商将轨道建设以土地净价(平均收购价格+利息)转让给轨道交通开发商,同时承担一半道路基盘以下的建设费用。

由公共机构主导的城郊新城型TOD,可有效应对人口向大城市集中的问题。该模式通过车站广场和周边区域的高密度、高混合开发,成功构建了铁路与其他区域交通方式的连接节点。从公共角度看,该方法不但解决了与城市中心的交通连接需求,在确保公共性的同时促进了民间的轨道交通开发商的自主开发。

通过对这些不同模式的实践探索,轨道交通与城市更新的相互关系得到了深入研究,为城市的可持续发展提供了宝贵的经验和启示。

## 6.2 模式1:轨道交通枢纽的站城一体化融合更新

### 6.2.1 发展背景与必要性

(1)城市发展空间具有刚性边界

日本山地众多,国土面积狭小,为了保护农业用地安全,对城市开发建设的约束较多,城市空间发展的刚性边界十分明确。在日本,各城市均严格划定了未来10年间供城市化发展的城市化促进区(Urbanization Promotion Areas,UPA)以及城市化控制区(Urbanization

Control Areas, UCA），像东京、大阪等城市的快速发展很大一部分是通过城市更新改造来实现的，逐步形成紧凑型城市建设理念。

"紧凑城市"这一概念作为日本城市的发展目标已有很长时间，从另一方面来看，这一目标也是日本对经济高速成长期形成的大城市郊外无秩序扩张的反省。紧凑城市是指从不同角度出发将城市尽可能紧凑化、集约化，其具体实施方法之一为公共交通指向型开发。该方法以公共交通为基础，通过将办公、住宅等功能安排在距离车站步行可达的范围内，来减少日常生活中对机动车的依赖，以此实现二氧化碳的减排，降低大城市对环境的压力。

（2）城市基础设施陈旧

第二次世界大战后，日本经济进入高速发展期，大量人口涌入城市，20 世纪 60、70 年代建设的一大批市政基础设施经长期运营，大多数陈旧落后，难以满足当前城市发展需求，需要更新改造，其中高速公路、主干街道、轨道交通等大型基础设施更新改造工程量特别大。东京汐留地区货物场、编组站旧址改造及城市再建项目，就是将废弃的铁路货场、编组站旧址改造为大型交通枢纽、商业综合体和高档住宅，提升土地价值，完善城市功能。

（3）人口老龄化问题日趋严重

目前，日本是全球人口老龄化最严重的国家，65 岁以上人口比例达到了 27%，排名世界第一。人口老龄化要求社会提供更多的医疗、保健设施，更便利的市政基础服务。同时，少儿比例降低，也造成大量学校等教育设施空缺浪费，需要重新规划整合。将城市服务设施聚集在车站周边，并通过无障碍设计满足老人小孩及行动不便者的出行需求，可使城市更加人性化。由此，构筑以车站为中心的紧凑城市成为当今日本以及欧洲等发达国家和地区解决"低碳""老龄社会""全民社会"等具有代表性社会新问题的最佳方法之一。

### 6.2.2 站城一体化融合更新的参与主体与发展策略

（1）参与主体

城市更新涉及三个主要的利益相关方：一是土地所有人和租地或租房等相关权利人，统称为土地权利人（包括持有土地所有权、租地建房权、租房权、抵押权等各种权利的所有相关人员）；二是政府；三是政府背景的住宅开发机构或民营资本开发商等项目实施主体。

日本将城市更新实施者明确区分为公共部门（地方政府、城市更新机构、住宅公社）和民间部门（个人、再开发协会、再开发公司）。将日本更新实施方式区分为第一种市街地再开发、第二种市街地再开发，其中第二种仅限由公共部门管理，民间部门实施者仅能以"权利转换"方式实施。个人实施者指 1 人或数人根据相关规定拟定规约、规章及事业计划，经地方政府认可后，即可以"权利转换"方式实施。由更新单元内土地所有权人及租地权人 5 人以上共同发起订定规章及事业计划，提经地方政府认可即可组成"协会"法人，可担任第一种城市更新的实施者。"再开发公司"，是指符合下列条件成立的公司：①以实施城市更新为主要目的;②公司章程内载明其股份转让必须提经股东会议通过;③更新单元土地所有权人及租地权人公司股东,必须拥有超过半数决议权;④上述公司股东其所有面积应占总面积2/3以上。

(2)发展策略

城市发展中,枢纽站点扮演着重要角色,成为人流聚集的发源地,也是城市的核心地区和交通节点,因此其所在地区房地产价值较高。为了最大化枢纽站点所在地区的土地开发价值,采取高度综合一体化开发策略是必要的。具体包含:①通过改善交通枢纽的站点功能,增加步行空间和停留空间,聚集在这里会有宾至如归的感觉,成为展示城市形象的一个窗口。②通过建设连接车站和周边地区的道路网络系统来增加乘客在市区的洄游性,从而提升车站周边地区的价值。③通过城市功能和交通设施的高度复合化,使城市的主要交通方式转向以轨道交通为首的公共交通系统,从而达到减少环境负荷的效果。④作为城市经济引擎的象征来吸引投资,形成城市对内外宣传和形象展示的窗口。

### 6.2.3　站城一体化融合更新的主要内容

(1)主要内容

站城一体化融合更新通常涉及以下四方面实施内容,各具体项目往往集中在一或两方面,同时兼顾其他内容,具体项目之间在目标和侧重点上存在很大差异。

①城市主干道和轨道交通站前交通广场的建设,以及轨道交通车站周边地区更新。

②在城市建成区域内增加高质量集合住宅,并综合提升该区域居住环境。

③提升既有商业街区的利用强度,提升该区域的综合能级和城市活力。

④行政设施、文化设施和公益设施等的建设。

(2)开发类型

在初期,车站的功能相对单一,特别是在国铁体制下,法律规定其仅限于运输业务。然而,随着国铁的民营化,车站的利用灵活性得以增加,逐步实现了与商业大楼的一体化以及车站空间的立体化利用。大阪站便是一个典型的例子,在近年进行了上述改建和发展。值得注意的是,民营铁路在这方面一直以来拥有较高的自由度,因此早期即可实现对车站的综合利用。在这一背景下,不同类型的车站与城市互动模式逐渐涌现。层叠式设计通过站前广场和铁路车站的垂直叠加,强化了交通节点功能,提升了换乘便利性,改善了步行环境。而地下车站与城市连接则通过中庭及庭院的设计加强了地下车站与城市的联系,提供了通透的中庭空间。车站与城市一体化再生追求通过基础设施、建筑一体化的城市功能再配置,解决车站城市的综合性问题。这些设计模式共同构成了现代城市规划中车站与城市互动的多元化面貌。

①车站、基础设施、建筑物层叠式。

这种类型针对现有车站广场空间狭小且平面化的问题,将站前广场和铁路车站以车站大厦的形式进行立体化的叠加，在实现该地区作为交通节点的功能强化和换乘便利性增加的同时，达到改善步行环境的目的。车站正上方的建筑物是百货商店等商业设施和生活服务设施的叠加，并且尝试通过附加值的追加，来促进该地区的节点性进一步增强。

这种类型在维持现有的交通功能的同时，为了能够将道路、铁路和建设工程进行一体化的施工建设，在日程、施工技术、花费、工期等方面会使得施工建设的难度提高。因此，在项目的推进过程中，需要进行良好的项目管理。相关案例：

a. 车站、公交中心、商业实施的叠加：西铁福冈站 Solaria Terminal；

b. "车站、站前广场、车站大楼的叠加：新横滨站 · Cubic Plaza 新横滨。

②地下车站与城市连接型。

连接地上与地下的象征性、开放性中庭及下沉式庭院的设计，隐藏于地下的车站上空城市节点的建设，是一种有效利用的开发类型，可以强化地下车站与城市之间的联系。

这种类型的设计常见于新建或既有的地下铁车站上方或相邻的建筑物中，设置楼梯井、中庭或下沉式庭院等象征性的空间，用于连接地下车站和上方作为城市开发核心的各种设施，从而创造车站与城市的关联性。这样的设计让地下车站拥有来自地上的光线和气流，而明亮的中庭空间成为车站及建筑物的标志。

而连接车站和建筑物的空间是作为公共空间存在的。在店铺营业时段外、电车运营时段外以及非常时期，这里必须发挥作为宽敞开放空间的作用。在享受站点直上型空间带来便利的同时，也必须负担其作为公共空间建设管理的任务。相关实例：

a. 地下站台和一体化的中庭空间的连接：港未来站皇后广场横滨；

b. 导入地下车站大厅的光线和绿色景观：六本木一丁目站泉水花园。

③车站与城市一体化再生型。

这个类型是通过基础设施、建筑一体化的城市功能再配置来同时解决车站和城市的问题。不只限于车站地块，其在整个城市的尺度上来进行城市功能的再配置，一体化解决包含车站与城市问题。

在周边已建成密集的城市基础设施和建筑的大型终点站地区，由于社会状况的变化，需要对站前广场进行重新规划，或者需要对车站正面的大楼进行翻新。由此带来车站城市的一体再生。为了解决干线道路和轨道线路间狭小空间无法满足不断增加的交通流量，以及进深不足的站前广场和车站大楼的拥挤问题，通过实行站前广场区域和建筑地块互换以及根据实际情况采取两个区域立体重叠的城市规划手法，来保证充分的站前广场空间和改造后的建筑地块。

由于基础设施建设和开发的一体化推进需要采用再生的手法，因此通过官民联手的方式来推进能保持周边多个街区关联性的规划。从规划阶段开始，阶段性和长期性地，按照确定的步骤来推进规划是非常必要的。不少案例都是涉及关系着多个分歧点的大项目。相关实例：

a. 通过多种城市基础设施多层化配置营造出的新街区：汐留站汐留 Sio-Site；

b. 首都东京新形象的营造：东京站八重洲口开发。

### 6.2.4　案例分析——涩谷站

东京铁路发展起步早，在 20 世纪 40 年代就形成了较为完善的市郊铁路网。1955 年日本经济开始高速发展，城市人口逐渐激增并向东京、大阪等大城市迅速集聚。20 世纪 90 年代，日本城市发展逐渐由大规模开发建设向城市更新方向转变，对城市相关地区的基础设施进行重新建设、改造和维护，进而激发地区的活力，成为日本政府十分重视的城市事业。以东急集团为代表，许多私营企业在东京开发出多个令人瞩目的城市更新项目。这些项目多数与铁路相关，并充分运用 TOD 理念，取得了很高的收益。涩谷站的开发就是其中典型案例之一。

(1) 背景

涩谷是东京重要的城市副中心之一，历史上涩谷车站自大正时代(1912—1926 年)开始就多次扩建，但由于轨道线路所属公司不同、建造时期不一，导致部分线路之间换乘不便，同时车站占用了大量城市用地，引发步行空间不足和交通混乱等问题。此外，铁路的穿过使得车站与城区被隔断，导致交通网络联络不畅、建筑物老化等问题也逐渐显现。为了解决涩谷站与周边地区积累的这些问题，展开了轨道交通改良事业，包括东急东横线的地下化和东京地铁副都心线的相互直通运营，以及对 JR 山手线、埼京线和东京地铁银座线站台的移设。同时，涩谷站街区进行了土地区划调整和城市基础设施建设，融合了多个开发项目，以在有限的空间内集聚多样的城市功能。

(2) 目标

①强化交通节点功能，促进舒适宜人、简单易懂的步行者网络形成。

针对涩谷站换乘线路复杂、无障碍设施缺乏、步行者空间不足等问题，计划通过综合工程(包括轨道改良和城市基础设施建设)来改善步行者网络，加强车站与周边城区的联系，解决干线道路堵塞问题，提高步行者的安全性和舒适度。

②围绕生活文化传播据点的定位，导入增强街区的魅力及国际竞争力的城市功能。

涩谷作为东京的文化与流行前沿地区，拥有大量的创意产业，尤其是时尚和音乐等流行文化吸引了大量外国观光客。除了城市基础设施的建设，涩谷还计划导入提高国际竞争力和潜力的元素，以增强街区的魅力和吸引力。

③强化防灾技能，改善环境。

考虑到地震灾害的教训，涩谷的开发项目将着重强化防灾能力。通过联合各项目的开发主体，计划在灾害时提供信息、临时收容无法回家的人员、供给食物等物资，并考虑导入可持久性好、低碳高效的分散型能源系统，打造高度防灾的城市。

(3)涩谷站建设历程

在1885年，涩谷站作为日本铁道山手线(现为JR山手线)的车站开通运营。当时的车站周边是广阔的田园，是东京郊区的农村车站。涩谷站的建设历程如下。

①1936—1950年。

1938年12月，东京高速铁道(现地铁银座线)开通。多玛登大厦竣工，3楼和4楼用作银座线涩谷站。1940年5月，帝都电铁与小田原急行铁道合并；7月，山手线站台变为2面2线。

②1950—1969年。

1950年8月，东横线站台改建为3面3线(一期工程完成)。1953年8月，扩建Tamadeen大楼(西楼)；10月，“东横亲善街”在东横百货东馆1楼开业，成为日本第一条著名的商业街；10月30日，东横线检票口移至二楼，拓宽前楼梯(二期工程竣工)。1954年11月，玉殿大厦扩建，11层的“东急会馆”(原东横店西馆)竣工(同时，名称从多玛登大厦改为东急会馆)；11月20日，“东急会馆”(原东横店西馆)开业。1959年，涩谷车站扩建工程完成。

③1969—1978年。

1971年7月，旅游中心开业。1973年，涩谷帕尔科(Parco)开业，车站周边吸引了更多的人，逐步发展为东京最繁华的地区之一。1977年4月，东急新玉川线(现为田园都市线)开通。

④1978—1983年。

1980年10月，JNR车站的货运业务被废除。

⑤1983—1986年。

1986年11月，涩谷地下街区开通，涩谷马克城成为东京最大的地下购物中心。

⑥1986—1990年。

1988年4月，涩谷马克城东地下一楼的地下街区“LOFTMART”开业。1989年，东京都制订涩谷车站周边特定区域复兴方案。

⑦1990—2009年。

1995年，涩谷马克城的地下街区改造并成为东京最大的地下购物中心。

⑧2009—2017年。

2013年3月16日，东急东横线地下站，东京地铁副都心线开始相互直通运营。东急铁路服务的委托业务被取消，成为东急直营车站。2015年，JR东日本站开始改善工程。

⑨2017 年以后。

2019 年 2 月，京王井之头线 2 号站台开始使用站台门；3 月，东急田园都市线和东京地铁半藏门线的站台开始使用站台门；11 月，与该站直接相连的综合体“涩谷 Scramble Square”的东翼开放。2020 年 1 月，东京地铁银座线新站房开始运营；3 月，由于时刻表的修订，它成为开往东海道本线的特快列车“舞女号、Saphir 舞女号”出发和到达新宿的车站；3 月 31 日，东急百货店东横店完全关闭；9 月，连接本站和涩谷马克城的“西口临时通道”，以及连接西口临时通道和涩谷福仓的“涩谷福库拉斯连接平台”开始运营。

(4)更新改造内容

①涩谷站周边大规模开发概要。

2005 年 12 月，涩谷站被指定为都市再生紧急整备地区，并于 2008 年确立涩谷站街区的基本再开发方针。涩谷站周边开发以日本三大副都心的连接为契机，针对城市基础设施进行扩建、改建，意在推动公共交通设施连续性，改善混乱的站内面貌。同时，力求带动涩谷站核心影响区，打造具有更高商业价值和文化价值的街区。

涩谷站及其核心影响区开展了 4 个街区的再开发项目，包括原有车站移位、站前广场改造以及车站周边综合体扩容等方案。首个落成综合体涩谷 · 未来之光(Hikarie)已于 2012 年开业，也标志着涩谷站进入再开发核心阶段。整个项目采用了分期再开发的形式，将于 2027 年正式完工(图 6-4)。

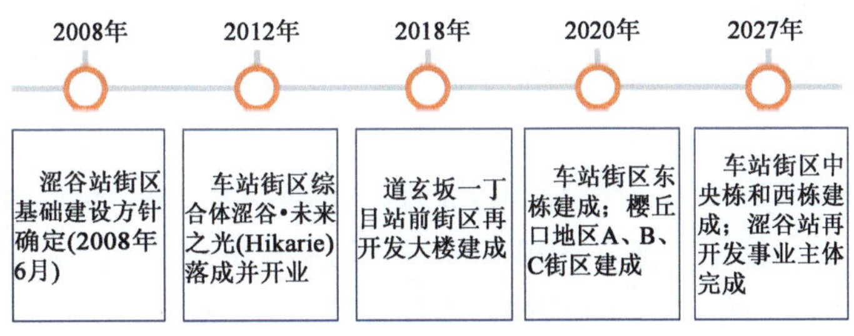


图 6-4　涩谷站分期再开发时间轴

涩谷站街区主要再开发方案及内容如图 6-5 所示。

车站街区：车站区将改建为三座摩天大楼。其中最高的楼约 230m，是涩谷最大的综合商业设施之一。车站区由东栋、中央栋和西栋三个复合商业楼组成，一期工程将在 2020 年建成 230m 的高层涩谷车站东栋，东栋将建成 30000m$^2$ 的商业空间以及 70000m$^2$ 的办公高层，而商业区和办公区的中间则是交流空间；同时，也将对东口广场及八公广场两个站前广场进行改造。二期的中央栋及西栋将在 2027 年完工。

道玄坂街区：道玄坂街区再开发主要方案是东急广场的改造，由东急不动产公司主导，改造后的东急广场将有高级办公业态进驻；并且，在一楼将建造一个公共汽车总站，包括机场公交的出发和到达点，建立旅游支持设施，以创造“城市旅游基地”的色彩。

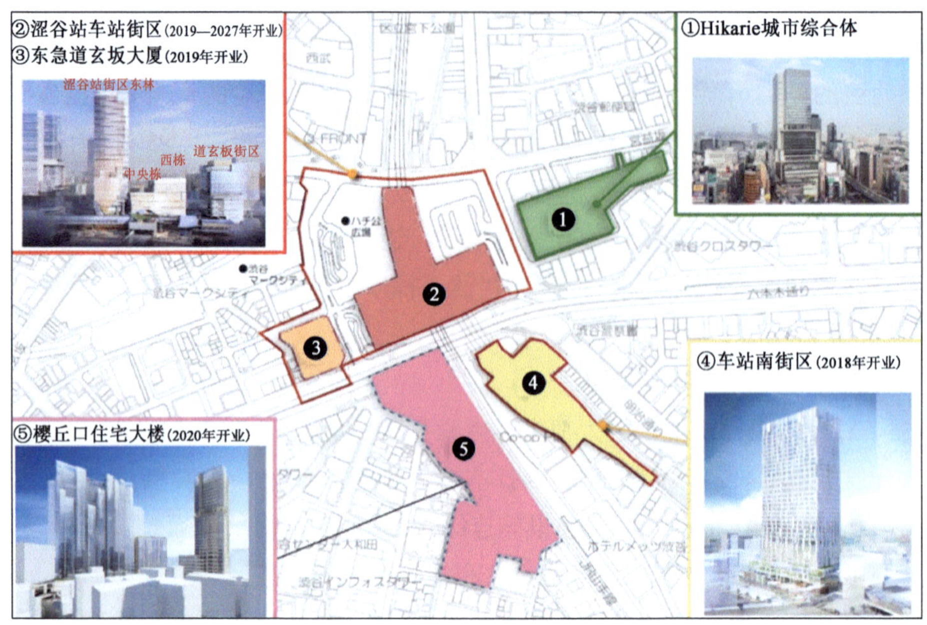


图 6-5 涩谷站混合街区再开发计划

涩谷站南街区：南街区将建成 45000m² 的具有办公、商业、酒店功能的商业综合体。高层区每层配置约 2100m² 的办公区，中层区配置由东急公司主导开发的酒店，低层区设置为活动大厅、商业设施等。

樱丘口街区：樱丘口地区与涩谷站西出口隔着 246 号国道。虽然该地区与车站相邻，但前往该地区却很不方便，计划修建行人甲板，实现从车站到樱丘口地区的直达线路。其次，樱丘口街区再开发包括了在车站西南方向被切割成分散小块状的土地上，整合集中建造超高层大楼，其中包括了一栋为 2020 年东京奥运会提供住宅设施的住宅大楼。

涩谷站周边再开发的一项基本原则是实现轨道交通等城市基础设施与城市功能的一体化融合，大幅提升城市土地价值的同时带动核心影响区发展。涩谷站将轨道交通、商业及其他城市功能融合，将有助于提升商业空间价值、增强城市魅力，以吸引更多客流。在涩谷站步行圈内，聚集商业、文化、娱乐、办公等城市功能，顺畅的人行流线组织可以使人气不被隔断，也可缓解人们的移动压力和枯燥感。

②与大规模开发一体化推进的轨道改良事业、土地区划调整事业。

以东京地铁副都心线与东急东横线实施相互直通为契机，首先将涩谷站周边建筑老化的东急文化会馆拆除，使得周边地权者参与的涩谷 HIKARIE 项目得以推进。为完成该项目的开发，车站中心地区的城市基础设施再建设也得以推进，同时将东京地铁银座线的车站空间并置到该项目用地，轨道设施建设（银座线桥脚）等相关项目也得以推进。

作为轨道改良事业的内容，根据《城区建设指针》和《涩谷站中心地区基础设施建设方针(涩谷区 2012 年 10 月)》,实施从 2013 年 3 月开始推进的东急东横线地下化及东京地铁副都心线的相互直通运行化,JR 山手线、埼京线站台的并列化、岛式化,东京地铁银座线站台的岛式化等具体项目(图 6-6 和图 6-7)。

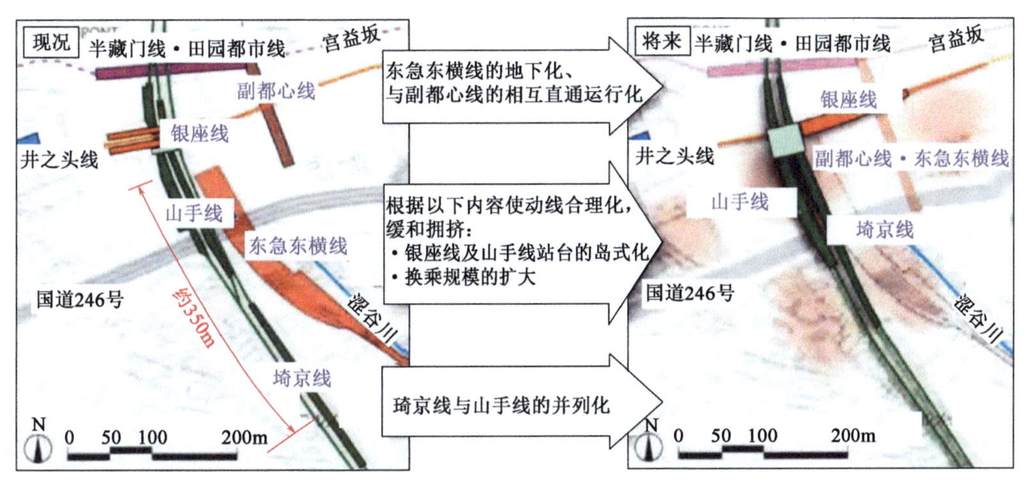


图 6-6　涩谷站的建设方针

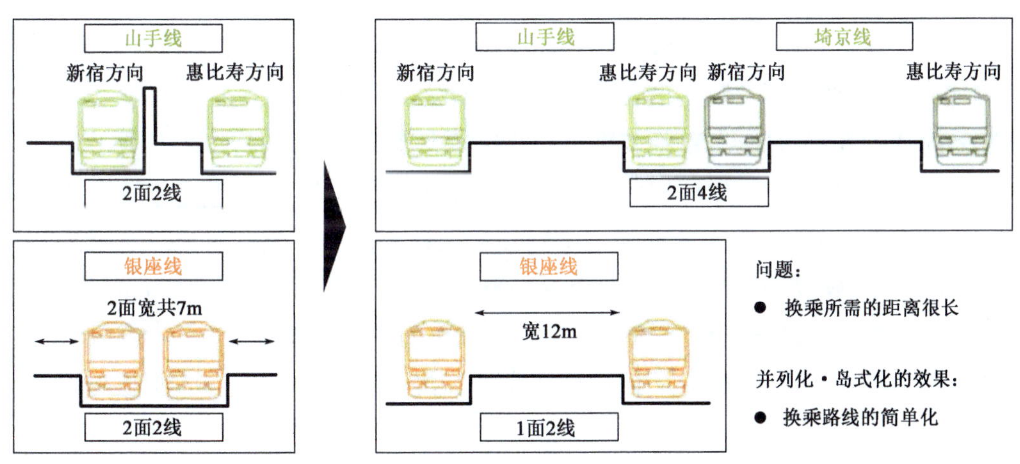


图 6-7　山手线、埼京线和银座线的站台岛式化与并列化
来源:站城一体开发:新一代公共交通指向型城市建设(日建设计站城一体开发研究会)。

城市基础设施建设的核心项目——涩谷站街区地区区划调整工程,以前述的东急东横线地下化及与副都心线实现相互直通运行为契机得以展开。包括为了一体化改善涩谷站周边交通节点功能的项目,如 JR·东京地铁涩谷站的车站设施更新、站前广场的功能扩充、利用民有土地的一部分建设立体交通广场、东西站前广场的再编、雨水储留槽的建设等。

(5)经验

涩谷的城市再生步骤可以总结为:

①首先通过土地区划事业确保站前广场、河川等城市基础设施的更新建设,建筑用地的统一整合、集约使用以及确保轨道阔幅用地等。

②通过开发项目及轨道改良事业,在轨道上方进行车站大楼建设(涩谷站街区),并通过灵活利用“都市再生特别地区”的优势,改善东、西两侧站前广场的连通性,扩充交通广场等实现一体化的整合。

也就是说,涩谷的城市更新,除了大规模开发项目以外,还归功于轨道改良事业及土地区划调整事业。通过这三位一体的推进,才取得了现在的成果。

## 6.3 模式 2:轨道交通既有线优化与沿线存量空间更新

### 6.3.1 发展背景与必要性

在日本轨道交通既有线优化与沿线存量空间更新的过程中,最初的背景可追溯至东京都市圈扩大时期,约在 1910 年左右。当时,由于产业结构的演变,大量人口涌入城市圈,尤其是东京市中心枢纽站周边地区。为满足住宅需求,私营轨道交通公司开始申请建设通往郊区的轨道交通线路,并将郊区农业用地逐渐转变成住宅用地。然而,当时缺乏整体性的战略规划,城市开发和轨道交通建设缺乏有效的相互联系。

随着时代的发展,日本东京都市圈进入快速扩大期后,经济的持续增长导致都市圈进一步扩大,人口增加和城市发展需求更为迫切。在这一阶段,东京的东急电铁采用了阪急模式(轨道交通沿线开发模式),并提出了新的开发计划。这种模式将轨道交通建设与沿线土地获取、住宅建设和销售相互联系起来,通过规划实现了大规模郊区城市开发项目和轨道交通建设的同步推进。这样的开发模式为城市提供了更好的交通运输和居住条件,满足了不断增长的人口需求,对于促进城市发展和提高城市居民的生活质量起到了重要的作用。

### 6.3.2 既有线沿线存量空间更新的参与主体与发展策略

(1)参与主体

①以公共为主导的开发模式。

该模式是一种由公共机构和政府部门主导的城市更新和再开发计划,强调公共利益和城市规划,致力于改善城市环境、提升基础设施和公共服务水平。

②以企业为主导的开发模式。

该模式是政府通过招投标的方式择优选择开发企业作为一级开发主体,政府仅负责开发前期城市规划的颁布、轨道交通土地利用规划的编制和土地利用政策的制定等宏观事务,开发项目的运作模式、融资、施工建设、经营管理等都由企业独立完成。

(2)发展策略

以办公、居住和交通基础设施的一体化为目标的综合开发策略,具体包括以下几个方面。

①同步推进轨道交通建设和城市开发:在未被开发的郊区土地上,轨道交通建设和城市开发(包括土地取得、住宅建设和销售)同时进行。将资本收益用于项目,既推动轨道交通的建设,又实现了新城区的开发项目。

②制订整体规划促进双向客流:通过轨道交通沿线的整体规划,确定用地性质,促进双向轨道交通客流的产生。同时,在沿线提供就业机会和可持续的城市管理,吸引居民增加,确保轨道交通的收益,包括月票收入的稳定。

③控制整体开发以维持价值:通过沿线整体的开发控制,让沿线地区能够适应时代的流行和变化,保持和提升整体的价值,包括房地产价值和品牌效应。

### 6.3.3 既有线沿线存量空间更新的主要内容

日本轨道交通既有线优化与沿线存量空间更新主要内容如下。

(1)居住环境改善:通过改善沿线居住环境,提升居民的生活品质,吸引更多人选择在轨道交通沿线居住。城市更新的重点在于创造宜居的居住区,以满足日益增长的人口需求。

(2)与生活相关的设施建设:在沿线建设高规格的车站集约型设施,为乘客提供更便利的交通服务和出行体验。通过提供多样化的生活服务设施,吸引民间投资在周边建设新的娱乐文化、医疗福祉等设施,进一步提升居住区的吸引力。

(3)吸引大学校区入驻:积极开发沿线区域,吸引大学校区入驻,从而吸引学生和学者等人群在沿线居住和活动,促进沿线地区的发展。与大学合作,打造高科技产业区,为居民提供就业和学习的机会。

(4)基础设施建设:确保居民便利性的轨道交通建设,高效机能的道路建设,提升居住环境品质的公园、绿地规划,以及在土地区划调整工程中增加公共用地比例。通过完善基础设施,提升沿线区域的整体功能和吸引力。

(5)轨道交通运行效率提升:通过提高轨道交通运行效率,创造逆向需求,吸引更多大学和大型集客设施进驻沿线,增加乘客流量和活动需求。推动轨道交通线路双向发展,提升交通系统的运行效率和吸引力。

通过以上措施,日本既有线沿线的优化与存量空间更新以沿线价值创造为主题,有选择地进行社区营造和品牌形成,实现轨道交通和城市发展的有机融合,提升沿线地区的吸引力和综合价值。

### 6.3.4 案例分析——多摩田园都市线

(1)背景

第二次世界大战后,东京依靠地缘政治优势和港口资源,经济与城市建设全面复苏,人口岗位快速聚集。1954—1970 年间,东京都市圈每年新增人口 25 万以上,增量远超大阪和名古屋都市圈。土地供给收紧约束下,快速增长的住房需求难以在城市中心区得到足量、高品质的满足,亟须开发郊区土地、加大住宅供给。作为日本政治、经济、文化中心,东京城市职能过于繁复,各类社会资源日趋紧张,中心区"大城市病"日益突出,部分公共部门与非核心功能亟待疏解,疏解区亟须设施与功能配套。面向产业结构转型升级,资本密集型、人才密集型产业为实现产业集聚、形成规模效应,对都市圈外围区域开发诉求强烈。

(2)建设策略

①初期阶段。

吸引人口定居:初期投资的早期回收时期,东急致力于吸引人们在轨道交通沿线定居,以回收初期成本为目标。

多元土地利用:东急将所取得的土地以独立式住宅用地的形式大量投放市场,同时将土地卖给私营企业和政府出资的住宅开发企业,实现多元土地利用。

"双子城规划":发布"双子城规划"向全社会披露东急多摩田园都市开发的构想和理念,强调在居住区、主要节点和车站前集中设置日常生活设施,形成城市骨架。

低密度田园郊外住宅区:推出"低密度的田园郊外住宅区构想",在完善基础设施的街区中提供宽裕的住宅用地,成功打造了环境优越的住宅区和高品质独立式住宅。

响应房产政策:积极响应政府的"房产政策",降低长期贷款利率和出台贷款所得税减税政策,以促进工薪阶层购买房产。

吸引富裕脑力劳动者:东急多摩田园都市提供高品质的住宅,吸引富裕的脑力劳动者阶层大批入住,进一步加速高品质生活服务设施的开发。

②中后期阶段都市田园线建设开发策略。

"舒适计划":在区划调整工程逐步完成的过程中,多摩田园都市采取"舒适计划"策略,先吸引人口后建设相应的生活服务设施,追求"质"的提高。

提升生活服务设施:在各个街区的主要车站附近建造百货公司、购物中心、运动设施、社区活动中心、医院等生活服务设施,提升街区整体价值。

扩大开发范围:设置联系车站和居住区的公交线路,完善车站前广场建设,战略性地对路网和公交站点进行建设,进一步扩大居住区面积。

引进教育设施:积极引进大学和私立学校等教育设施,创造逆向客流,增加乘客流量和活动需求,提高轨道交通利用效率。

住宅更替促进项目:为了应对早期居民的高龄化现象,推出 A · LA · IE 项目,通过更新住宅吸引年轻家庭入住,同时提供老人住宅和看护服务,促进人口流动。

持续品牌策略:通过品牌策略和经营战略,维持高品质住宅区形象,从城市经营的视角出发,持续进行各种经营策略,吸引更多人口入住和投资。

综上所述,初期阶段着重吸引人口定居,推动高品质独立式住宅区的建设,形成高品质住宅区形象。中后期阶段注重提升生活服务设施质量和规模,通过引进教育设施和完善交通系统,促进人口流动和轨道交通利用效率的提高。

(3)沿线土地整备与城市更新——二子玉川站

①建设历程。

二子玉川站的建设历程如下。

1889 年,市町村和町村制度建立,玉川村迎来了它的诞生。

1907 年,玉川电铁开始运营,为当地交通注入新的活力。

1909 年,玉川第一游乐园开业,为周边居民和游客提供了休闲娱乐的场所。

1922 年,玉川第二游乐园开业,为社区增添了更多的文化娱乐选择。

1925 年,二子桥的竣工和玉川池的开放为当地景观锦上添花。

1927 年,玉电沟之口线建成,玉川站和沟之口站的启用进一步提升了该地区的交通便利性。

1954 年,二子玉川园的开业为当地居民提供了一个愉悦的休闲胜地。

1969 年,玉川高岛屋 S. C 开业,成为当地商业的重要组成部分。

1997 年,二子玉川站进行了改造,提升了交通枢纽的功能。

2004 年,柳小路的开业为社区增添了新的购物和娱乐场所。

2007 年,二子玉川东区启动城市重建计划,为区域的进一步发展奠定了基础。

2010 年,Futakotamagawa Rise Oak Mall Bars Mall 的开业以及 Futakotamagawa Rise Tower& Residence 的竣工为该地区增色不少。

2011 年,二子玉川崛起购物中心和山茱萸广场的开业为当地居民提供更多购物和社交选择。

2015 年,二子玉川东区第二区城市重建项目完成,标志着该地区在城市更新方面取得了新的进展。

②二子玉川崛起的城市发展。

实施主体:二子玉川崛起议会。

场所:东京都世田谷区(二子玉川站东地区),其规划图如图 6-8 所示。

背景经过:该地区位于东京郊区的私铁车站二子玉川站的东侧,处于国分寺悬崖线和多摩川之间。1980 年前后，商业区逐渐衰落，二子玉川园（游乐园）关闭（1985 年），城市正在失去活力。因此，当地志愿者获得了重建的动力，并使用二子玉川园的旧址实施了城市重建项目（第 1 期于 2007 年施行，详情见表 6-1 和表 6-2；第 2 期于 2012 年施行，详情见表 6-3和表 6-4）。此外，在第一阶段（2011 年）完成后，成立了“二子玉川崛起委员会”，由每个街区的铁路运营商和管理协会组成，旨在创造活力和提高城镇品牌，并且还致力于举办城镇管理活动等。

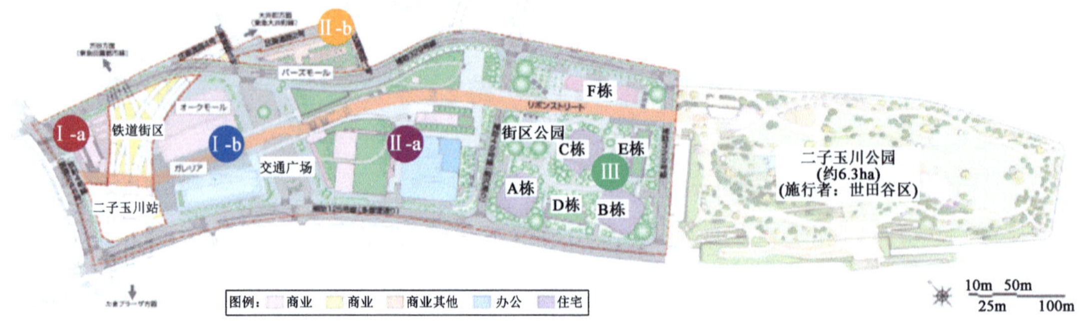


图 6-8　二子玉川地区规划预想图

来源：https://www.rise.sc/whatsrise/plan/。

**设施建筑物的概要（第 1 期）**　　表 6-1

| 事业名称 | 施行面积 | 施行者 | 总建筑面积 | 施行地区 |
|---|---|---|---|---|
| 二子玉川东地区第一种市区再开发事业 | 约 8.1hm² | 二子玉川东区城市再开发协会 | 约 266600m² | 东京都世田谷区玉川一丁目、二丁目和三丁目 |

**第 1 期项目规划**　　表 6-2

| 建筑区域 | 占地面积（m²） | 总建筑面积（m²） | 结构和规模 | 主要用途 | 高度（m） |
|---|---|---|---|---|---|
| I -a（2010 年 11 月） | 2950 | 约 17200 | 钢结构，部分钢结构钢筋混凝土，地下 1 层，地下 8 层，塔屋 1 层 | 店铺 | 约 46 |
| I -b（2010 年 11 月） | 13417 | 约 106700 | 钢结构，钢筋混凝土结构，地下 2 层，地上 16 层，塔屋 2 层 | 店铺、事务所、停车场 | 商业楼约 46、业务楼约 82 |
| II -b（2010 年 4 月） | 3472 | 约 9400 | 钢筋混凝土结构，地下 1 层，地上 3 层 | 店铺、事务所、停车场 | 约 14 |
| III（2010 年 7 月） | 25180 | 约 133300 | 钢筋混凝土结构，地下 1 层，地上 42 层，塔屋 2 层 | 店铺、住宅、停车场 | 低层部：11～25<br>高层部：103～150 |

来源：https://www.rise.sc/whatsrise/plan/。

**设施建筑物的概要（第 2 期）**　　表 6-3

| 事业名称 | 施行面积 | 施行者 | 总建筑面积 | 施行地区 |
|---|---|---|---|---|
| 二子玉川东第二地区第一种市区再开发事业 | 约 3.1hm² | 二子玉川东第二地区市区再开发协会 | 约 157000m² | 东京都世田谷区玉川一丁目 |

第 2 期项目规划 表 6-4

| 建筑区域 | 占地面积($m^2$) | 总建筑面积($m^2$) | 结构和规模 | 主要用途 | 高度(m) |
|---|---|---|---|---|---|
| Ⅱ-a(2015 年) | 28083 | 约 157000 | 钢筋混凝土结构,钢结构,地下 2 层,地上 30 层,塔屋 2 层 | 店铺、事务所、酒店、俱乐部、停车场 | 约 137 |

来源:https://www.rise.sc/whatsrise/plan/。

具体内容:通过城市重建项目,正在开发商业设施(建筑面积约 22000 坪,1 坪≈3.3$m^2$),办公室(建筑面积约 26000 坪),住宅(约 1000 户),公交总站和酒店等。整个场地进行了约 10000$m^2$ 的绿化,包括约 6000$m^2$ 的屋顶绿化,重建与自然的和谐相处。同时还旨在通过创造与市中心不同的工作空间来减少通勤拥堵,并刺激市中心至郊区的新需求。此外,二子玉川崛起委员会还从事城镇管理活动,如举办各种活动,如利用现场自然风光举办儿童体验活动。

(4)经验

①高品质轨道交通服务重塑城市空间,高活力新城社区反哺轨道客流。

田园都市线为串联涩谷核心区与都市圈西南部多摩田园都市的市郊放射通勤走廊,通过快慢车混行,压缩沿线组团与都市圈核心区的时空距离,支撑中长距离通勤需求,使 15~30km 范围内的居住区仅需 20~40min 即到达涩谷副中心就业集中区域。早高峰(6—9 时)上行方向 100%(40 列次)与地铁半藏门线直通运行,减少枢纽站点换乘量,直达核心区内各热点区域,巩固提升市郊铁路通勤功能定位与服务水平。田园都市线的高品质轨道交通服务为城市空间重塑与优化提供了强大动力。

高品质住宅开发与环境营造满足了居民需求,提升了获得感与幸福感,吸引中高收入人群,逐步形成高活力、高入住率新城社区。这些社区的高入住率反过来增加了市郊铁路的客流量,进一步保障经济效益。截至 2019 年,田园都市线日均客运量达 127.7 万人次,客运强度超过 4 万人次/km,单位运营里程的车票收入为中心城区东京地铁等线路的 1.5 倍。高品质轨道交通服务与活力新城社区相辅相成,共同推动城市的可持续发展。

②轨道交通企业主导的“轨道 + 物业”全过程一体化开发。

多摩田园都市市郊铁路建设及沿线综合开发采用民营轨道交通企业主导的“轨道 + 物业”全过程一体化开发机制。由东急电铁牵头,联合沿线地方及土地所有者成立土地区划调整协会,实施新城开发与铁路建设一体化、土地事项统一代办模式。东急电铁在主导整体规划设计方案的基础上,统筹企业自有、自购土地与沿线参股土地,统一代办土地区划整理事项,完成对交通设施及地产开发建设用地的整备。这一模式有效协调多方利益,保障土地供应,促进了轨道交通与沿线物业的有机结合与共同发展。

③“土地区划调整”模式协调多方利益,保障用地需求。

在多摩田园都市早期谋划、规划筹备、开工建设的各个阶段,均提前、有序开展了土地收储与整备。预先收储与集约置换相结合的“土地区划调整”模式有力保障了田园都市线及沿线综合开发的土地需求。东急电铁以较低价格收储沿线零散土地,作为直接开发或土地置换的基础。沿线土地相继列入城市规划区,各片区成立土地区划调整协会,围绕土地供应、置换与回报开展利益协调。土地与物业置换回报模式以“地上权等价”为核心,有效激发了沿线土地所有者支持并参与综合开发的积极性。

④“有序开发、分段供应、业务多元”的可持续经营模式。

田园都市线沿线开发采取“有序开发、分段供应、业务多元”的可持续经营模式,保障稳定的现金流和再开发资金。根据沿线开发进度和市场需求分阶段推进土地整备,精准研判土地开发价值变化,灵活调控土地出让策略及物业开发、销售策略,采取用地出让(含宅基地、商业用地)、物业预售(含住房、商业)、物业现售等多样化的开发成果变现模式。民营轨道交通企业依托自主开发、自主持有的商业物业,大幅拓展多元化自主经营,与轨道交通的客流效益相辅相成,扩展业务维度、提升品牌价值。这一经营模式使得东急电铁成为一个拥有多种盈利板块的多元化企业。

## 6.4 模式3:轨道交通既有线优化与郊外新城开发

### 6.4.1 发展背景与必要性

20世纪60—70年代,日本处于经济高速发展和快速城市化时期。日本的城市化以沿太平洋的三大城市圈——东京城市圈、大阪城市圈和名古屋城市圈为主,全国各地的人口不断涌入这三大城市圈,使得城市圈中心区变得十分拥挤,住房短缺的问题越来越严重。为解决在中心区工作的人的住房问题,在大城市圈郊区兴起了大规模的新城建设运动。

### 6.4.2 郊外新城开发的参与主体

日本新城建设中的开发主体较为多元,包括都道府县住房部门、市町村级政府、地方公共团体/都市再生机构、民间力量等,铁路公司、房地产公司等民间企业均有所参与。例如多摩新城以市场开发为主导,与东京都政府、东京都住宅供给公社通力合作;关西文化学术研究都市由京都、奈良和大阪政府以及都市开发公司、民间企业共同实施。

从开发方式来看,68%的新城是通过区划整理的方式完成建设的;其次为在《新住宅市街地开发法》和《土地区划整理事业法》指引下,以开发许可方式建设的新城,占全部新城数量的13%。1965年之后日本新城的住宅开发主要由新城开发公司承担，负责征收土地和建设工程施工，推动土地区划整治成为新城开发的主要手段。这一时期主要是推动土地发展权的交换与交易，将基础设施配置与住宅用地开发建设进行统一的调整，提升新城区域内完备的城市功能。其中，给排水和道路基础设施的建设费用由日本政府、都道府县政府和开发公司机构分别承担三分之一，建设费用的分担也往往成为需要重点协调的问题之一。

### 6.4.3　郊外新城的开发策略和主要内容

日本的新城政策开始于20世纪60年代，伴随经济的恢复和迅猛发展，日本进入高速城镇化时期，产业和人口在三大都市圈高度集中。为满足高涨的住房需求和缓解大城市人口聚集压力，开始在大阪、东京都市圈内开展地域整治规划和新城开发建设活动（大阪府千里新城、东京都多摩新城）。1970—1975年是日本新城建设最为迅速，也是经济和城镇化发展最迅猛时期。伴随经济周期的变化和城镇化进程推进，日本新城的开发建设大致可划分为五个阶段，其开发策略和主要内容如下。

（1）第一时期（1955—1965年）：启动期

战后经济崛起使东京都和大阪府人口急剧增加，1962年东京都市圈人口迁入达到39万人，大阪府人口迁入约20万人。这一时期新城建设的主要目的是在大都市郊区增加住房供给，解决城区住宅拥挤与不足，同时阻止中心区无序蔓延。由于新城开发初期基本未考虑就业岗位的提供，形成一些睡城。规划新城也往往在农田和森林地区，或是由几个工程地点组成，布局较为分散。

（2）第二时期（1965—1975年）：高峰期

与日本高速城镇化的进程一致，新城开发的数量和面积在20世纪60年代中期到70年代中期迎来高峰。这一阶段受到人口增长和城市边界蔓延的推动，特别是1968年第二次首都圈整备计划，将以"抑制"为主的人口控制策略调整成为"充实郊区""形成多核心复合体"等新的首都圈地域整备策略，将生活、商业、教育等公共服务设施向郊区新城疏散，鼓励人口向特大城市外围地区疏散。与此相对应，新城建设来推动大城市近郊区的开发愈演愈烈。1965年之后建设的新城面积有较大增加，1965—1969年期间建设的新城平均面积最大，达到121hm$^2$。1970—1974年间新城建设达到高峰，共建设新城526个。代表性新城包括规模最大的多摩新城，以及西神新城、千叶新城、成田新城、北摄·神户新城和筑波科学城等。

（3）第三时期（1975—1980年）：调整期

前一阶段新城开发中涉及大量住房建设和土地扩展，很快导致政府财政不足，开发进程停滞下来。多摩新城自1965年规划方案审议通过以来，建设赤字高达134亿元，尚有已征购但未开发土地244hm$^2$,建设资金赤字由东京都的划拨财政资金予以填补。同时日本经济开始下行,人口向大都市区的迁移开始减速,新城住宅供给从追求数量转向质量要求。追求品质提升、个性化和多样性的时代,成为这一时期新城开发的主要目标,代表性新城为港北新城等。

(4)第四时期(1980—1995年):拓展期

伴随社会经济发展从重大产业向高附加值的产业转型,以及产业结构发生巨大调整,新城开发类型发生转变,在新城中开始注入就业场所和形成新的产业。此时,建立健全商业、工业、教育、研究、休闲及居住功能,建立健全交通枢纽和大型综合邻里社区成为主要目标。代表性新城包括筑波科学城、关西文化学术研究都市、长冈新城、磐城新城等。

(5)第五时期(1995年至今):收缩期

20世纪90年代日本泡沫经济破灭之后,建设用地供给停滞导致不良资产增加和利息负担加重。此外,日本的老龄化程度加重,2000年人口开始出现负增长,对新增住房和宅地的需求下降。更重要的是,日本从20世纪90年代中期开始大举推行"都市再生"计划,旨在通过恢复东京等大城市核心区的活力来提升区域竞争力。这些都造成位于城市边缘地带的新城新区逐步走向衰落,出现少子老龄化和基础设施老旧化等诸多问题。

### 6.4.4 案例分析——多摩广场站

多摩广场位于神奈川县横滨市青叶区美丘一丁目,处于多摩田园都市中心位置。多摩田园都市的开发始于1953年城西南地区开发宗旨书,开发总面积达到5000万m$^2$,是日本最大的民间开发事业,其中多摩广场(原横滨市港北区元石川町)于1968年开始出售住宅。多摩广场初期居住规划面向高收入人群的美丘住宅街以及公团住宅。其公团住宅共有47栋住宅楼,形成总户数达1254户的大型居住区。在多摩广场车站周边设有东急百货、东急SC(东急购物中心)、神奈川县住宅供给公社的多摩广场站前大楼以及伊藤洋华堂等。

(1)背景

自从20世纪80年代后期"泡沫经济"破裂以来,日本已逾十年经济增长放缓。在日本经济陷入衰退期的大背景下,多摩广场车站周边由于道路及站前广场等设施落后,用地功能单一,相应的商业、文化、服务等配套设施分散等原因,地区发展几乎陷入停滞。

1988年发表的"多摩田园都市21计划"中,从道路、信息、服务、景观等城市规划的基本要素入手,在质和量两方面对之前的城市规划进行重新评估,希望将多摩田园都市发展成高自立性的多功能城市。2001年日本政府为复苏经济及纠正不良问题推出"都市再生"(urban renewal)政策。2002年11月,在由东急电铁等土地权所有者所构成的本地城市规划协会主导下制定了多摩广场站周边地区再开发计划,再开发于2006年正式开工。

(2)目标

该地区是多摩广场站周围从北向南延伸的区域,是20世纪50—70年代土地调整项目开发的城市地区。此外,它被定位为区域基地,并且是有望在未来推进土地利用并增强商业和文化功能的地区。

该区域规划的目标是提高车站周围区域的便利性,创造良好的城市环境,以及发展必要的城市基础设施,并引入商业和文化等城市功能,以引导其适合作为区域基地的功能。

(3)多摩广场站建设历程

1966年,多摩广场站建成并投入使用。尽管位于代表东急电铁的车站前,但自开业以后的20年,车站周围的开发和多摩广场住宅综合体的建设一直在进行。然而,尽管具有优越的地理位置,该区域却被指定为住宅使用区和临时利益区。

在车站南口的土地继续使用的情况下,当地土地所有者和东急公司于1986年成立了"多摩广场地区规划促进联络协议会",并开始研究未来城市发展的方向。经过与横滨市的协商,2002年进行了使用区域的更改,并制订了多摩广场站区域的规划。多摩广场站一体化商业项目作为多摩田园都市的中心开始开发。

自2005年开始,该项目分阶段进行开发建设,最终于2010年10月7日盛大开业。在此过程中,2007年1月,通过天桥连接的南广场盛大开业,实现了人车分流。同年10月,露台广场的第一期(A栋Ⅰ期)正式开业。

2009年10月,露台广场的第二期(A栋Ⅱ期)开业,同时北广场(东急购物中心)进行了更新。2010年10月,露台广场的第三期(A栋Ⅲ期)也顺利开业。

2013年3月中旬,和多摩广场站一体化开发的东急公寓成功上市,为整个项目的发展增添了新的活力。这一系列的发展使得多摩广场站及其周边地区成为一个融合商业和住宅的繁荣中心。

(4)相关土地整备与城市更新

①车站改造。

通过利用铁轨上方的空置区域来巩固和改善车站周围必要的城市功能,整合和振兴轨道交通南北地区(图6-9)。

a.利用铁轨上方的空置区域安装人工地面,整合铁路设施、商业设施和地下交通广场的自由通道和停滞空间,使得车站周围必要的城市功能得到开发、轨道交通对面的南北广场被整合在一起,从而振兴车站及周边区域。

b.在促进包括车站在内的周边地区城市发展方面,在地区规划中对墙面和交通广场等区域设施的位置进行了限制,并签订了协议以补充地区规划,以统一相关权利人的城市发展意图。

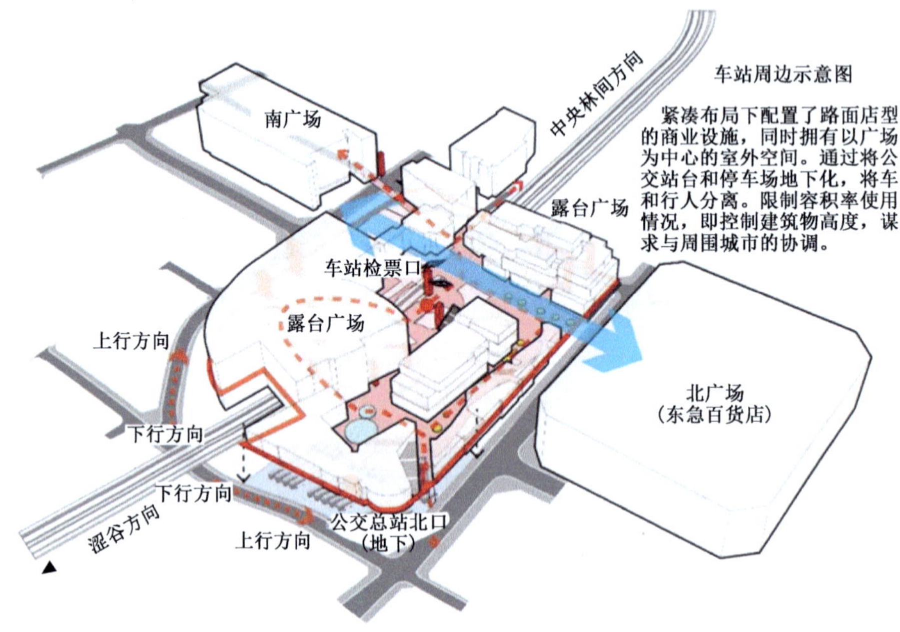


图 6-9　多摩广场站改造及周边示意图

来源：https://www.mlit.go.jp/toshi/content/001351576.pdf。

②多摩广场站周边地区再开发功能区优化，如图 6-10 所示。

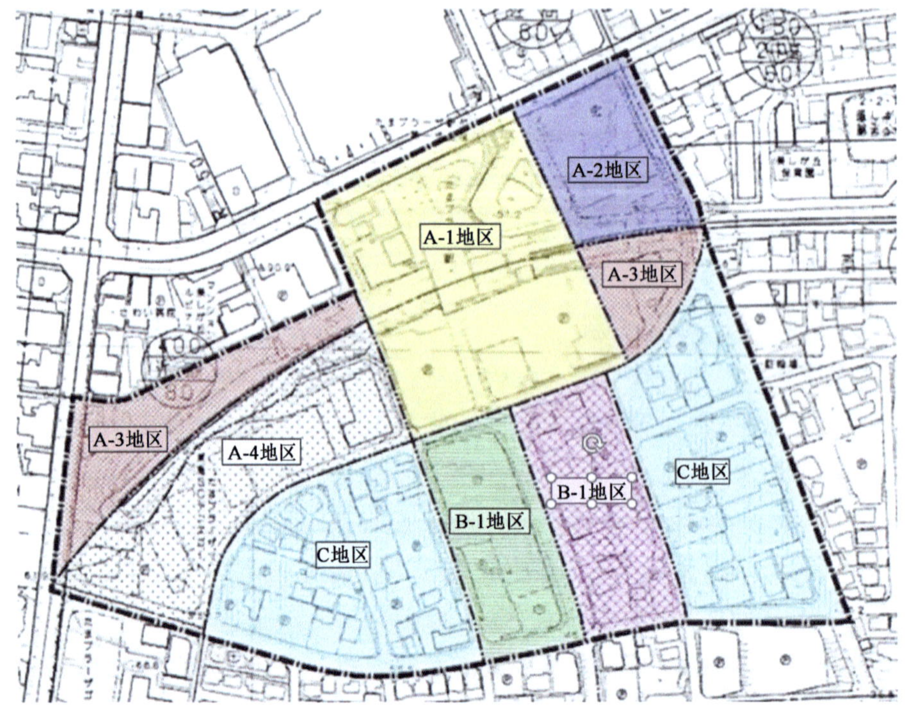


图 6-10　多摩广场站周边功能区划分

来源：日本东京市郊新城再开发模式分析——以多摩广场再开发为例。

a. A-1、A-2、A-3、A-4 地区。

A-1、A-2 地区位于多摩广场站中心约 150m 范围内，作为横滨北部地区的核心，集合有高度发达的商业、办公以及文化等功能，中心位置的 Tamaplaza Terrace 结合旧车站的改造进行车站和商业一体化综合开发，从而实现车站与商业的无缝衔接。同时各商业空间之间通过人行天桥相连，形成连续性的步行商业空间。另外 A-3 和 A-4 地区，作为 A-1 和 A-2 地区的补充，结合商业、办公以及文化等功能，设置部分城市型住宅。

b. B-1、B-2 地区。

以从车站南口向南面延伸的城市道路新石川第 84 号线为站前标志性轴线，沿路布置商业设施，形成连续性的商业街，并与站前的环线轴以及地区外环线轴共同组成区域骨架。同时结合一、二层的商业设施在中层以上设置公寓及停车场。

c. C 地区。

将原来卡拉 OK 店等的私人停车场用地改为城市型住宅用地，并配套设置部分商业设施，提高土地利用率。以快捷的交通、便利的配套、优美的自然环境，使得居住区的价值得以提升到最高。

(5)经验

①新城新区的盛衰与宏观社会经济环境直接相关。

新城新区的建设初衷是因高速城镇化而导致的人口集聚。然而，其后的发展却受到宏观经济环境和社会特征的直接影响。日本经验显示，其经历了城镇化集聚发展、郊区化和城市再生三个主要阶段，人口结构也从人口快速增长转变为老龄化和人口负增长。对中国而言，审视新城新区问题时也需考虑宏观环境的客观因素，尊重新城发展的内在规律、发展时序和周期，有针对性地解决不同阶段新城新区所面临的问题。

②新城新区建设应切实做到以人为本。

新城新区的建设应以提供美好生活为原则，以人的实际需求为根本出发点，注重功能配套和软环境建设。日本政府根据大多数居民在中心城区就业的实际情况，在距离中心城区核心地带 30km 左右的区域选址新城。同时，考虑到居民主要使用轨道交通出行，公共服务设施如商业、文体、邮局、绿地等都以地铁车站为核心来布置，以最大限度地提供便利。这与中国现有大量实用性差的形象工程形成鲜明对比。

③应以刚性需求为支撑，逐步投入建设。

新城新区的发展必须有刚性需求的支撑，在需求的引导下，合理开展建设，构建城市的生命力和持久性。与中国普遍的超前规划和过度开发不同，日本的新城建设特点是规模较小，建设周期长达几十年，基础设施逐步配套。中国的新城新区开发也应尊重客观规律和需求，建设规模应与人口规模相匹配，循序渐进地进行开发。

④应充分运用市场的力量。

引入多元化主体对新城新区进行规划建设,可以分担政府的资金压力、投资风险和管理负担,同时通过市场机制可以提升公共服务质量,增加新城新区对市民的吸引力。市场化力量可以矫正政府推进过程中的不理性行为,避免过度行政主导的城镇化。合理引导市场力量,有助于实现多赢局面。

⑤新城建设要与轨道交通建设一体化推进。

以轨道交通引导新城建设是日本新城发展的显著特征,大多数新城沿着轨道交通线路布局。这加强了新城与中心城区的联系,提高了居民的出行便捷度。日本的轨道交通和新城开发形成了一体化推进的模式,以土地开发的回报来补贴轨道交通的建设和运营,形成多赢的良性循环。

## 6.5 本章小结

本章重点讨论了日本TOD概念及其在城市发展中的应用,并对TOD概念近30年来的扩展进行了分析。同时,还比较了TOD与“花园城市”和“线性城市”等模式的相似性,并探讨了TOD在美国和中国的特色。另外,本章还介绍了三种既有线存量空间更新模式,包括轨道交通枢纽的站城一体化开发融合更新、轨道交通既有线优化与沿线存量空间更新以及轨道交通既有线优化与郊外新城开发,并针对这些模式进行了案例分析和整理,并得到以下经验:

(1)轨道交通枢纽的站城一体化开发融合更新。在枢纽站城一体化融合开发方面,应注意以下五个重要方面:①以车站为中心的高密度开发,提高城市便利性和运送转换力;②车站与城市的一体化,促进城市洄游性,增进城市对人们的吸引力;③实现功能聚集,引入高度功能复合和文化设施,创造城市魅力和繁华;④塑造标志性形象,打造有影响力的标志性形象,创造城市独特个性;⑤环保,活用自然能源,减轻环境负荷。

(2)轨道交通既有线优化与沿线存量空间更新。对于沿线开发,应制定包含品牌建设与经营管理的沿线总体规划,明确沿线的总体形象,并通过引入拥有多样化功能的住宅、文化设施、教育设施、休闲设施等各种设施来实现这一目标。推进沿线开发至关重要,需要遵循规划内容,确保整体规划的顺利推进。应发挥中国轨道交通企业作为大型国企的体制机制优势,一是在长周期、大投入的综合开发全过程中保持战略定力,合理管控实施风险,坚定贯彻执行城市规划和相关政策;二是在地方政府主导的土地整备基础上,赋予轨道交通企业牵头综合开发“组局”权限,发挥市场主体作用,以市场化手段推动建设、运营、管理与资源调度、多元主体引入与多元利益协同,实现良好经济效益,保持财务可持续。

(3)轨道交通既有线优化与郊外新城开发。关于新城开发,新城的盛衰与宏观社会经济环境密切相关。高速城镇化导致人口集聚是新城新区建设的初衷,其后的发展受到宏观经济环境和社会特征的直接影响。新城新区的建设必须以满足人民美好生活需求为出发点,注重功能配套和软环境建设。需要逐步投入建设,以刚性需求为支撑,遵循发展时序和周期,推进新城新区的合理发展。充分运用市场力量可以引入多元化主体进行规划建设,从而减轻政府的资金压力和管理负担,并提升公共服务质量。新城建设与轨道交通建设一体化推进,通过轨道交通引导新城建设,增加新城与中心城区的联络效率,促进人口向新城的集聚,提高居民的出行便捷度。同时,轨道交通与土地开发相结合的开发模式也能够提高资金投入产出效率和土地利用效率,形成多赢的良性循环。

这些模式在不同方面都具有重要意义。枢纽开发有助于提高城市便利性和运输转换力,沿线开发则着眼于打造沿线总体形象,吸引各类设施引进,而新城开发则需要以人为本,逐步投入建设,充分运用市场力量,并与轨道交通建设一体化推进。这些规划模式为城市规划者提供了指导和启示,以应对不同阶段的挑战,实现城市的可持续和有序发展。

# 第 7 章
CHAPTER 7

# 轨道交通既有线优化支撑城市更新的发展策略

中国城市轨道交通既有线网和系统正面临着更新改造和换代升级的历史挑战。目前,中国城市轨道交通建设发展已取得很大成就。自 20 世纪 60 年代首条地铁线路建成以来,中国城轨交通发展迅速,已成为近 60 座城市的重要交通工具。截至 2023 年底,运营线路达 338 条,总长度超过 11200km。然而,经过多年运营,部分线路和系统的相关设施设备逐渐老化。已开通 15 年以上的线路设施设备接近设计使用寿命,10 年以上的线路也将陆续进入设备更新周期,改造需求迫切。另一方面,随着运营年限增加、外部环境与乘客需求变化,既有线改造成为保持城市轨道交通系统持续功能的关键。因此,轨道交通既有线改造升级是轨道交通与时俱进,不断实现高质量、可持续发展的重要途径。目前国内刚处于起步阶段,相关政策、制度、标准均不完善,需要出台既有线改造升级规划指导意见与管理办法,明确既有线改造升级项目的范围及分类,提升既有线改造升级系统性、科学性和整体性。

既有线在公路、铁路、管道、电缆或其他运输行业中经常提到,是指原先已经建造好的线路。在城市轨道交通领域,通常是要进行新建或改造线路时,称已经通车正式运行的原有线路为城市轨道交通既有线。既有线改造是以构建综合、绿色、安全、智能的立体化现代化城市交通系统为目标,对影响运营安全、运输效能及乘客满意度的既有线进行设施设备的更新改造以及功能的升级提升,旨在提升系统整体效能和安全性,全面提升系统运行的网络化、智能化、绿色化、融合化、自主化水平,以及提高安全水平、服务品质、运营效能与经济效益。

既有线改造通常分为三种情况,分别是到期(限)更新、功能提升、延伸扩建。线路到期(限)更新是指涉及既有线路设施设备因使用年限到期或达到更新条件而需进行的改造。线路功能提升是指针对既有线路的功能和服务水平进行提升,以满足日益增长的乘客需求和提升运营效率。线路或局部线网延伸扩建是指在既有线路基础上进行线路的延伸或扩建,以扩大城市轨道交通网络的覆盖范围。

日本在既有线改造方面采取了多项措施并积累了丰富的经验,这些经验和做法对于中国城市轨道交通既有线改造及沿线城市功能更新具有重要的借鉴意义。本章主要从日本经验总结与借鉴,以及轨道交通既有线优化改造措施等两方面论述城市轨道交通既有线优化支撑城市更新的发展策略。

## 7.1 日本经验总结

### 1)规划引领

日本在都市圈规划中设定了明确的目标,如通过人口、资源的合理布局以及产业的合理布局来防止城市拥堵,缩小地区差距,并进一步推动城市更新和开发聚焦于轨道交通站点的周边区域。此外,日本通过综合性城市规划政策,加强轨道交通与城市更新的联动,推动站点周边地区的综合开发。因此,在进行轨道交通既有线优化时,也应结合城市更新需求,制定明确的规划目标,确保改造工作与城市发展方向相契合。

特别值得注意的是都市交通审议会制度。该制度是运输省于1955年设立,作为运输大臣的咨询机构,负责对今后的东京都心地铁的一体化建设、运营进行审议。设定此制度的原因是当时日本正面临着轨道交通一体化发展的瓶颈。一方面是由交通营团负责的东京都心地下铁路的建设,因筹集不到建设资金,导致地下铁路的建设毫无进展成为一大难题;另一方面是如何结合东京都心地下铁路的规划、建设,增强郊外向都心方面的运输能力是另一个难题。在1956年的城市交通审议会第1号批复中,明确提出东京的地铁应实施有计划性的、统一的建设和运营,且要求地铁与郊外私铁营实现互联互通。该批复导致的直接结果是私铁各运营公司均以撤下线路向中心延伸申请,换取与地铁实施互联互通运营规划。

在第一次答申(1956年)当时,对面第一方面的投融资问题,运输省在第一号批复中提出"东京都心的地铁建设和运营由交通营团和东京都交通局实施",让东京都交通局加入了建设都心地下铁路的行列。并批复了东京都心的地下铁路的线路规划。此外,当时面临的另一个难题是如何结合东京都心地下铁路发展,增强郊外向都心方向的运输能力。对此,运输省在第一号批复中提出"私铁与地铁实施互联互通化运营模式",不耗资巨额投入开发新线等,而是建设由郊外向都心方向起衔接作用的铁路线,通过互联互通化来增强运输能力。当时,各私铁公司也没有足够的资金来投资建设直达都心内的延伸线,所以,对于运输省的批复,因没有利益冲突,交通营团和东京都交通局以及私铁各公司纷纷表示同意。

### 2)政策支撑

(1)第二次世界大战前东京市的城市规划和铁路规划

第二次世界大战前东京市的城市规划和铁路规划虽然早期就存在应构建市内与市郊一体化的铁路线网的理念,但是,当时在东京,国铁、东京市以及各私铁公司,并未按照共同的城市规划开展建设,所以未能形成一体化的铁路网。

根据1888年公布的《东京市区改正条例》制定的《东京市区改正规划》,据说是日本第一个城市规划,其中包含了铁路规划。在该铁路规划中,提出应将横滨与新桥之间以及上野与高崎之间的既有铁路等五条铁路线相互衔接起来,并在这些铁路线的中间(东京站)设置车站,以改善客运和货运的便捷性。在之后的1903年,东京市在《市区改正条例》中,又确定了七条快速轨道交通线,但该计划不够具体,缺乏可行性。

1919年日本颁布了《城市规划法》,于次年的1920年施行,同时取消了《东京市区改正条例》。但是,《城市规划法》中并没明确给出诸如什么规模的区域应该建设成为什么样的城市等的具体内容。每个城市都需要自行决定将哪些区域纳入城市规划的对象,打造什么样的城市等,东京也是如此。随着东京市中心陷入饱和状态后迅速向外拓展,帝国铁路协会和土木学会围绕城市应该如何发展,首先展开了研究。并在该项研究中提出,对于市郊,在进行房地产开发之前,应该先制定未来城市规划,并应提前做好铁路、轨道、道路、运河、港口和公园等的建设(该城市规划的范围为东京目前23个区的面积)。并规划了郊区线路的私铁和城区线路的地下铁路直接对接的方案。换言之,城市铁路规划从一开始就借鉴了欧美倡导的线路布局模式,认为郊区铁路和城区铁路应直接相连。然而,由于受1920年经济大萧条和1923年关东大地震的影响,服务于市中心的地下铁路的建设仅实现了一部分。

进入20世纪30年代后半期,为了应对郊区的城市化发展和郊区人口增长,东京都开始将东京郊外地区纳入城市规划的对象范围,并开始考虑发展市郊铁路,这为从整个东京都市圈的视角来讨论交通规划创造了良机。

东京市对运营城区地铁意向强烈,并获得了运营市营地铁的许可证。而对于市郊铁路与民营铁路的跨线贯通,东京市则以隧道断面、供电系统、车体规格以及轨距不同等理由,认为城区地下铁路系统以山手线(JNR的环线)为终点站,而郊区则由民营铁路为主提供运输服务最为有效。然而,当时由于财政问题,东京城区的地下铁路未能得到修建。

1938年,颁布了《陆上交通事业调整法》,旨在从政策层面对铁路、轨道、公交等陆地公共交通系统进行综合性的调整(交通治理)。当时,担任市郊运输的私铁,在市场竞争的激励下,如火如荼地推进铁路线建设和房地产开发,其结果同走向不同运营商的线路之间,出现了竞争降低票价等有损公共利益的社会问题。为了对都市圈的铁路进行一体化运营、实现相互间可自由换乘以及票务制度的统一,研究和讨论了向欧洲学习,成立特殊法人对城市交通进行一元化的管理以及让各私铁与国铁缔结运输协定等。

然而，国铁、东京市、私铁各方的要求发生冲突，主城区内的有轨电车和公交汽车是由东京市统一运营管理，而山手线内的地下铁路则由1941年成立的半公半私的特殊法人“帝都高速度交通营团”统一运营管理。所以，私铁想要从郊外进入市中心比较困难。此外，国铁与私铁的合作始终无进展，市郊线路均由各私铁公司各持经营权实施运营。

(2)第二次世界大战后各铁路企业对建设地下铁路的举措

“帝都高速度交通营团”（简称“交通营团”）是根据1938年制定的《陆上交通事业调整法》成立的“交通事业协调委员会”的答复，为对东京市的地下铁路进行有计划性的一元化建设和运营，于1941年由国家组建。在组建“交通营团”时，国家考虑到让东京周边的私铁互相合作，允许私铁参股，东武铁道、京成电铁、东急电铁、京急电铁、小田急电铁、京王电铁、西武铁道纷纷响应并投资。在“交通营团”成立后，接管了三家私营公司和东京市拥有的东京地下铁路的所有许可证、运营线路、车辆及其相关设施。

第二次世界大战后，“交通营团”着手建设地铁丸之内线。由于该线的建设资金采用国家“财政投融资”（由政府金融机构投资、融资），而国家的“财政投融资”对象又仅限于公共团体，所以在1951年，修改了《帝都高速度交通营团法》，将“交通营团”的资本结构变更为仅由国家和东京都构成，使其有资格获得国家的“财政投融资”。同时对私铁等的民间资本进行了收购、偿还等，完全排除了民间资本。

在第二次世界大战后的1948—1955年，京成电铁、东武铁道、京滨急行电铁、东京急行电铁、小田急电铁、京王电铁的各家民营铁路公司，分别向运输省提交了申请，要求许可将各自的都心直达线延伸至山手线内侧的市中心。

东京都从第二次世界大战前就对在城区运营地铁持有强烈意向，在第二次世界大战后也毫无改变。在当时的内务省、众议院的支持下，主张撤销交通营团，将地铁的经营管理移交东京都交通局，并为了对东京的地铁进行统一建设和运营，于1956年发表了《都营高速铁道建设规划》。

(3)机制创新

日本的既有线改造经验为中国轨道交通既有线优化支撑城市更新提供了有益的借鉴。通过土地利用效率的提升、多主体利益的协调与合作以及土地整备与容积率的调整等措施，推动轨道交通既有线的优化工作，实现城市更新的目标。

①废除“百尺”限制与容积率管理。日本通过废除“百尺”限制，引入容积率上限管理机制，为城市空间的高强度开发和超高层建筑的建设提供了制度保障。此外，日本通过容积率奖励机制，激励开发商为社会贡献更多的公共开放空间。同时，通过容积率转移制度，实现未利用容积率的灵活应用。中国可以借鉴这些做法，在轨道交通既有线优化过程中，通过容积率奖励和转移等手段，推动周边地区的综合开发和城市更新。在轨道交通既

有线优化时,可考虑适当调整容积率限制,优化土地利用效率,提升站点周边地区的开发强度。

②TOD 理念的应用。日本在涩谷站等项目中充分体现了以公共交通为导向的开发理念,通过高强度、高密度的商业综合体建设,优化步行网络,提升土地利用效率。因此,在轨道交通既有线优化过程中,加强站点周边地区的综合开发,打造集商业、居住、文化等功能于一体的综合性区域。

③多主体利益协调与合作,以及利益相关方的协调。日本在城市更新过程中,注重政府、开发商、土地权利人等多方的利益协调,通过土地区划整理事业和市街地再开发事业等城市更新推进模式,以及容积率奖励等激励措施,实现各方利益的平衡。中国在进行轨道交通既有线优化时,也应充分考虑各方利益,通过有效的协调机制,确保改造工作的顺利进行。日本在大型城市再开发项目中,常常寻求开发商的参与,通过公私合作模式(PPP)实现项目的共同推进。中国可以借鉴这一模式,在轨道交通既有线优化过程中,引入社会资本,推动项目的实施和运营。

④土地整备制度。日本在市街地再开发事业项目中,通过高度利用地区制度和特定街区制度等城市更新激励机制,提高建筑项目的容积率上限,确保原土地所有人获得各自的楼板面积所有权后,仍有较多额外的楼板面积(即"保留楼板")。中国可以借鉴这一制度,在轨道交通既有线优化过程中,通过土地整备和容积率调整,实现土地利用效率的提升。

## 7.2 中国轨道交通既有线优化发展策略

中国轨道交通既有线优化整体思路包括六方面:一是消除隐患、提升安全可靠度。针对既有线路存在的安全隐患进行全面排查与整改,确保轨道交通设施设备的完好性和可靠性;加强安全管理体系建设,完善应急预案和响应机制,提高应对突发事件的能力,确保乘客和运营人员的安全。二是多措并举、提升运营效能。通过优化列车运行图、提高列车准点率、加强客流组织等措施,提升轨道交通的运营效率和服务水平;合理调整线路布局和运力配置,满足乘客多样化的出行需求;推广使用先进的运营管理系统和技术手段,如智能调度、大数据分析等,实现运营管理的精细化和智能化。三是持续完善、改善乘车环境。加大对既有线路车站和车辆设施的改造力度,提升车站的通风、照明、卫生等条件,改善乘客的乘车体验;推动车站综合开发,打造集商业、办公、休闲等功能于一体的综合交通枢纽;加强无障碍环境建设,确保老年人、残疾人等特殊群体能够便捷地乘坐轨道交通。四是强化融合、提升网络协同。加强轨道交通与其他交通方式之间的衔接和换乘,构建综合交通体系,提高城市交通的整体效率;推动交通一卡通在更多城市和地区的互联互通;

加强轨道交通线网内部的协同和调度,实现线路之间的无缝衔接和高效换乘。五是技术赋能、提升绿色智慧化水平。推广使用新能源和清洁能源车辆,减少轨道交通对环境的影响,推动轨道交通系统的智能化升级;加强轨道交通信息化建设,提高信息服务的准确性和及时性,为乘客提供更加便捷、高效的信息服务。六是创新驱动、促进产业升级。鼓励技术创新和产业升级,推动轨道交通装备和技术的自主研发和国产化进程,探索适合中国城市轨道交通发展的新模式和新路径;加强与国际先进轨道交通企业的合作与交流,引进先进技术和管理经验,提升中国城市轨道交通的整体竞争力。

### 1)线网规划整体和局部优化

(1)统筹与城市发展需求和交通需求的关系,明确整体优化目标

整体的线网结构规划应在提升城市运行效率与促进城市可持续发展的基础上,根据城市圈层空间结构的交通需求和居民出行时间目标来确定。这一规划过程需紧密结合城市的发展蓝图,确保交通设施与城市扩张、人口分布、产业发展等要素相协调。一般来说,在城市核心区,线网宜选用普线,以提供高频次、广覆盖的公共交通服务,满足居民日常通勤、购物、休闲等多样化出行需求;而连接城市核心区域和外围组团的线网,则宜由快线构成,以缩短长距离出行时间,增强城市核心区的辐射力和外围组团的吸引力。

线网的形态设计应充分考虑城市核心区及客流廊道的空间分布特点,一般采用"环线+放射线"的线网结构。环线作为城市交通的"动脉",应紧密联系城市核心区的主要功能区,如商业中心、行政中心、文化中心等,实现这些区域之间的快速通达与高效换乘。放射线则应以环线为起点,向外围组团延伸,形成覆盖全城、连接内外的交通网络。这样的线网结构不仅有助于缓解城市核心区的交通拥堵,还能促进外围组团的经济发展与人口集聚,实现城市整体发展的均衡与协调。

在规划过程中,还需特别关注既有线网的优化与改造。结合日本都市圈轨道既有线改造的成功经验,应充分考虑既有线网的运载能力、运营效率、乘客舒适度等因素,通过技术升级、设施改善、运营优化等手段,提升既有线网的服务质量与运行效率。同时,还应加强与城市更新、土地开发等工作的协同,推动交通设施与城市空间的融合发展,实现交通与城市发展的良性互动。

(2)运能配置和储备应满足运营组织要求

运能配置应基于不同城市圈层网络运营组织的特性和需求进行合理调整,确保能够满足各运营组织当前及未来的运输需求。在核心区域,由于人口密集、交通流量大,应配置高运能的列车和增加发车频次,以满足高峰时段的运输压力;而在城市外围或郊区,则可适当降低运能配置,以优化资源利用。

在储备方面,运能储备需充分考虑各运营组织中远期的发展目标,确保在城市和交通快速发展过程中能够灵活应对。应根据城市发展进程、人口增长趋势、交通需求变化等因

素,定期对运能储备进行评估和调整。同时,可借鉴日本等国的经验,如通过设立特定城市铁路建设储备金制度等方式,为运能增强工程提供稳定的资金来源,确保运能储备的充足性和可持续性。

此外,在运能配置和储备过程中,还应注重与城市更新、土地利用等政策的协同,通过优化土地利用、提升交通便捷性等方式,进一步挖掘和提升城市轨道交通的运能潜力。

(3)局部优化应与整体相协调

新建或进行既有线改造的线路不仅需要紧密贴合城市和交通发展的长远目标,而且必须与现有路网实现无缝协调与高效衔接。在优化局部线路的同时,需充分考虑其对整个交通系统的影响,确保局部改进措施能够融入并强化整体路网的运输能力和服务品质。例如,可以借鉴日本都市圈在轨道交通线网调整与优化方面的经验,通过增强运能、提高快速性和准时性等措施,既满足局部区域的特定需求,又确保整个交通系统的流畅运行。此外,还应注重与城市规划政策的协同,如利用容积率奖励和容积率转移等制度,促进轨道交通沿线土地的高效利用,从而进一步提升整体路网的效能。

### 2)列车运营组织优化

(1)统筹城市与轨道交通间的供需关系

运营组织规划需要全面统筹城市轨道交通网络运营组织和城市空间发展组织之间的供需关系。在规划中,应着眼于提升城市核心区线网的密度,以增强城市轨道交通的运能和效率,同时适度向市郊区域延伸线网长度,以更好地服务城市边缘地带和新兴发展区域,满足城市中远期的发展需求。此外,还需参考日本都市圈轨道交通的发展经验,如东京都市圈在不同城市化阶段对轨道交通线网的调整与优化策略,确保局部线路的优化与整体网络的发展相协调,包括增强运能、提高快速性和准时性等措施,以适应城市人口结构、居民出行特征以及机动化出行需求的演变。通过这些综合手段,可以有效促进城市轨道交通与城市空间的融合发展,实现供需关系的动态平衡和持续优化。

(2)统筹不同功能层次轨道交通融合发展

在运营组织规划中,需要统筹考虑新建线路与既有线改造的关系,促进两者的有机融合,以实现多线路的协同工作和高效运营。通过优化线路布局和功能定位,构建分工明确、秩序合理的多层次城市轨道交通网络体系。这包括强化骨干线路的运输能力,提升次干线和支线的服务水平,形成覆盖广泛、衔接顺畅的城市轨道交通网络。同时,还需注重与其他交通方式的协调配合,如公交、出租车、步行和自行车等,完善多交通方式的城市交通出行网络,为市民提供更加便捷、高效的出行服务。在改造过程中,可以借鉴日本都市圈轨道交通既有线改造的经验,如通过增强运能、提高快速性和准时性等措施,优化既有线的运营效果,满足城市发展的需求。

### 3）车站和设施改建

（1）对既有车站进行改建或扩建

基于既有车站的现状及所面临的问题，如区域职住不平衡、换乘客流过大等局部性问题，以及整体线网所面临的问题，应结合城市总体中远期发展目标，有针对性地进行局部或整体的改建或扩建。在改建或扩建过程中，应注重提升车站的容量和效率，优化车站布局，以满足日益增长的客流需求。同时，还应充分考虑城市更新和土地整备的相关政策，如容积率奖励和容积率转移等，以推动车站周边地区的综合开发和城市空间的优化利用。通过改建或扩建，旨在打造一个更加便捷、高效、舒适的乘客出行环境，促进城市轨道交通的可持续发展。

（2）合理组织进出站、换乘客流

运营组织应合理组织进出站和换乘功能所产生的客流，确保乘客流动顺畅且高效。在进出口设置、流线规划等方面，需根据既有线存在的实际问题进行深入分析与合理改造。这包括优化车站的进出口布局，提升乘客进出站的便捷性；同时，重新规划站内流线，减少乘客换乘时间，提高换乘效率。在改造过程中，应充分考虑车站的荷载能力，确保满足单个车站的客流需求，并通过科学合理的客流组织，提高整个线网的运营效率。借鉴日本都市圈轨道交通既有线改造的经验，如涩谷站的综合开发项目，通过高强度高密度的商业综合体建设、步行网络平台的优化以及交通设施的改进等措施，可以大幅提升车站的集散能力和换乘效率，为乘客提供更加舒适、便捷的出行体验。

（3）提升车站的服务水平

从多方面提升既有车站的服务水平，包括车站舒适度设计、智能信息导向系统优化、车站票务服务便捷化、无障碍设施的完善、安全服务的强化以及注重可持续发展等方面。通过合理的空间布局、舒适的候车环境设计，提升乘客的乘车体验；利用先进的智能信息导向系统，为乘客提供清晰、准确的出行指引，减少换乘时间和迷路情况；优化票务服务流程，如推广电子支付、自助购票机等，提高购票和进出站效率；完善无障碍设施，如增设电梯、坡道、盲文标识等，确保各类乘客都能便捷地使用车站；加强安全服务，如增加监控设备、加强巡逻力度、提供紧急救援服务等，保障乘客的安全；同时，在车站设计和运营中融入可持续发展理念，如采用节能材料、推广绿色出行方式等，减少对环境的影响。

这些措施的实施不仅能够显著提升乘客的乘车舒适度和满意度，使轨道交通车站更好地服务城市居民，提高城市的整体交通体验，还有助于推动城市更新和发展。通过车站服务水平的提升，可以吸引更多市民选择轨道交通作为日常出行方式，进而缓解城市交通拥堵问题，促进城市空间的优化布局和可持续发展。同时，这也是响应提升轨道交通服务质量、推动城市更新发展的重要举措。

此外，还可以借鉴日本在提升土地利用率、促进城市更新方面的制度保障和具体措施,如实施容积率奖励、容积率转移等政策,优化车站周边土地利用,推动车站与城市功能的深度融合,进一步提升车站的服务水平和城市的整体交通体验。

(4)改善站点周边的交通组织,提高站点的可达性

改善站点周边的交通组织,主要是以该站点为交通枢纽的核心,通过科学规划和优化,围绕其进行公交、共享单车、步行等多种交通方式的换乘衔接。具体而言,应设立清晰、便捷的换乘站点和指示系统,确保各种交通方式之间的无缝衔接,提高整个交通网络的运行效率和覆盖面,从而显著提升站点的可达性。

在规划过程中,可以借鉴日本都市圈轨道交通既有线改造的经验,如涩谷站再开发项目所体现的 TOD 理念。通过构建综合交通枢纽,将不同交通方式有机整合,并注重步行网络的优化,如建立大范围加强辐射线路和环状线路的步行网络平台,确保铁路两边行人道路的连续性,消除坡度和高低差等障碍,为乘客提供安全、舒适的换乘环境。

同时,改善站点周边的基础服务设施也是提升站点交通吸引力和发生量的重要手段。这包括增设必要的商业、餐饮、休闲等服务设施,以及完善无障碍设施、提升照明和绿化水平等,为乘客提供更加便捷、舒适、愉悦的出行体验。通过这些措施的实施,可以进一步提高站点的吸引力和影响力,促进城市交通的可持续发展。

#### 4)空间开发和土地利用规划

(1)结合轨道交通线路,进行城市土地利用规划,提升沿线土地的价值

在城市轨道交通既有线改造优化过程中,应紧密结合轨道交通线路的特点和优势,进行科学合理的城市土地利用规划。通过规划沿线区域的交通节点,充分利用轨道交通带来的交通便利性,使轨道周边的商民用建筑能够更好地接入和利用这一优势资源。这不仅能够提升居民的出行效率,还能促进商业活动的繁荣,进而带动周边地区的经济发展。

同时,规划并优化轨道交通站点,打造高效便捷的交通枢纽,实现不同交通方式之间的无缝换乘。这样的设计能够吸引更多人流汇聚,为商业活动提供充足的客源,从而进一步激发沿线地区的经济活力。在此过程中,还应注重提升沿线土地的开发强度和价值,通过合理的土地利用和规划,实现土地资源的优化配置和高效利用。

此外,可以借鉴日本都市圈轨道交通线网发展的经验,如东京都市圈在第四次城市化期间通过人口向市中心回流、交通 IC 卡的普及等措施,提升了轨道交通的利用率和沿线土地的价值。这些经验为中国城市轨道交通既有线改造和城市更新提供了有益的参考。在实际操作中,应结合具体情况,制定切实可行的土地利用规划方案,推动城市轨道交通与城市规划的深度融合和协同发展。

(2)开发沿线土地,建设商业、住宅及配套,形成以轨道交通为导向的城市更新

基于既有线改造和上文所述的土地利用规划,可以更加精确地规划沿线土地的利用情况,通过高效、集约的方式提高沿线区域的人口密度和建筑物密度,从而最大化地利用

土地资源。在这个过程中,应重视提高土地的使用效率和价值,推动沿线地区的经济繁荣和社会发展。

在提高人口和建筑物密度的同时,应积极采用混合用途规划的策略,将住宅、商业、办公和公共设施等多种功能有机结合,打造出一个多功能的城市区域。这样的规划不仅可以满足居民多样化的生活需求,还能有效提升沿线地区的活力和吸引力。

此外,应深入践行“轨道交通+土地整备+物业开发+城市运营(站城人一体)”的新TOD模式。以轨道交通为核心,通过合理的土地整备和物业开发,推动城市空间的优化和更新。同时,注重城市运营的持续性和综合性,确保站城一体化发展的顺利实施,为城市带来更加长远的效益和影响。

通过开发沿线土地、建设商业、住宅及配套设施,并融合多种城市功能,可以形成以轨道交通为导向的城市更新模式,推动城市的可持续发展和繁荣。

### 5)政策支撑

(1)协调既有线更新的多主体博弈

既有线更新主要涉及的利益相关方包括政府、政府背景的住宅开发机构、民营资本开发商等项目实施主体,以及受项目影响的居民、企业和社区等。对于政府而言,推进既有线更新旨在完善城市和交通基础设施,提升公共设施水平,并以此为契机激发城市的经济活力,提升城市竞争力。

对于商业和住宅开发机构等市场主体来说,轨道交通线网的优化改造能够带来巨大的客流和商机。在此过程中最大限度地利用这一优势,实现商业和住宅项目的增值。因此,需要与政府紧密合作,共同参与到既有线更新的规划和实施中来。

为了实现多主体之间的利益最大化,需要建立有效的协调机制。政府应发挥主导作用,通过制定相关政策和规划,明确既有线更新的目标和方向。同时,应积极听取市场主体和受影响居民的意见和建议,确保项目的可行性和可接受性。在项目实施过程中,政府还应加强对市场主体行为的监管和规范,防止其过度追求商业利益而损害公共利益。

此外,可以借鉴日本在轨道交通既有线更新中的经验,如通过容积率奖励等激励措施,鼓励市场主体积极参与项目改造;通过建立多主体利益协调与合作模式,实现政府、市场主体和受影响居民之间的共赢。通过这些措施,可以协调好既有线更新的多主体博弈,推动项目的顺利实施,并最大程度地发挥轨道交通对城市发展的积极作用。

(2)实施多主体利益协调与合作模式

既有线改造优化鼓励多主体(包括政府、有政府背景的住宅开发机构、民营资本开发商等项目实施主体,以及受项目影响的居民、企业等)进行协调与合作。在这一过程中,政府主要负责制定相关政策和实施监管,确保既有线改造项目的顺利进行和公共利益的最大化;国营开发机构和民营资本开发商则在政府的鼓励和引导下,积极实施投资与创新,推动项目的落地实施。

更详细地来说，在进行既有线优化时，应充分吸纳包括私人部门在内的各方意见，激发民间活力。通过国营开发机构和民营资本开发商的主导作用，结合政府部门的鼓励和资金政策支持，形成多主体共同参与的合作模式。在这种模式下，各方利益主体能够通过有效的沟通和协调，共同解决项目实施过程中遇到的问题和挑战，实现共赢发展。

同时，为确保多主体利益协调与合作模式的顺利实施，还应建立完善的利益分配机制和风险共担机制。通过明确各方的权益和责任，确保利益分配的公平性和合理性；同时，通过风险共担机制，降低单一主体承担的风险压力，提高项目的整体抗风险能力。这样的合作模式将有助于推动既有线改造项目的顺利进行，为城市的可持续发展注入新的活力。

(3)鼓励社会参与城市更新规划，形成共建共享的城市发展模式

在既有线改造优化期间，鼓励社会各界广泛参与城市更新规划，这包括居民、企业、非政府组织等多方力量。通过吸纳这些不同利益群体的意见和建议，可以使城市更新计划更加全面和细致，更好地满足不同利益方的实际需求。这种参与机制不仅保证了信息的透明性和决策过程的公正性，还极大地增强了社区参与者的归属感和认同感，促进了共建共享的城市发展模式。

为了推动社会各界的积极参与，政府可以出台相关政策措施，如举办听证会、公众论坛等，为居民和企业提供一个表达意见和诉求的平台。同时，强调企业和发展商在城市更新中的社会责任也至关重要。作为城市建设的重要力量，应在追求经济效益的同时，更加注重社会和环境的影响，确保城市更新项目不仅提升城市面貌，还能促进社会和谐与可持续发展。

借鉴日本都市圈轨道交通既有线改造的经验，如在涩谷站再开发项目中，政府、企业和居民等多方主体通过协调合作，实现了土地资源的高效利用和城市空间的优化布局。因此，在中国城市轨道交通既有线改造过程中，也应积极推广这种多主体协同的模式，形成政府引导、市场运作、社会参与的良性互动机制，共同推动城市的持续发展和繁荣。

(4)建立完善的投融资体系

在鼓励社会各界参与既有线优化和城市更新改造的过程中，应积极探索并实践创新的投融资方式。可以借鉴公私合作(PPP)模式，鼓励政府与社会资本建立长期合作关系，共同投资、建设和运营城市更新项目。此外，还可以考虑发行城市债券、设立专项基金等融资手段，吸引更多的私人资本流入城市更新领域，从而有效减轻政府在轨道交通建设及既有线改造方面的财政负担。

同时，为了保障投融资活动的顺利进行，需要建立完整的投融资体系。该体系应涵盖项目的筛选、评估、立项、融资、建设、运营等多个环节，并明确各方责任与权益，确保资金的安全、高效使用。通过体系的建立，可以推动更多的社会民营资本积极参与城市基础设

施建设,实现政府与民营资本的优势互补和协调发展。这不仅有助于提升城市更新的效率和质量,还能促进经济的持续健康发展,实现政府、企业和社会的共赢局面。

在具体实践中,可以参考日本在轨道交通既有线改造和城市更新方面的成功经验。例如,日本通过制定相关政策和法规,为公私合作提供了法律保障;同时,还设立了专门的基金和机构,负责项目的融资、建设和运营等工作。这些经验和做法对于中国城市轨道交通既有线改造和城市更新工作具有重要的借鉴意义。

# 参考文献

[1] 孙小明.战后日本都市圈建设研究[D].长春:吉林大学,2017.

[2] 金本良嗣,德岡一幸.日本の都市圏設定基準[J].応用地域学研究,2002,7:1-15.

[3] GARDNER T. Changesin Metropolitan Area Definition,1910-2010[R],2021.

[4] 易承志.大都市与大都市区概念辨析[J].城市问题,2014(3):90-95.

[5] 马璇,张振广.东京广域首都圈构想及对我国大都市圈规划编制的启示[J].上海城市规划,2019(2):41-48.

[6] 马燕坤,肖金成.都市区,都市圈与城市群的概念界定及其比较分析[J].经济与管理,2020,34(1):18-26.

[7] 崔成,明晓东.日本大都市圈发展的经验与启示[J].中国经贸导刊,2014(16):21-24.

[8] 张季风.日本如何进行都市圈建设:以东京圈为例[J].人民论坛,2020.

[9] 冯建超.日本首都圈城市功能分类研究[J].长春:吉林大学,2009.

[10] 王凯,周密.日本首都圈协同发展及对京津冀都市圈发展的启示[J].现代日本经济,2015(1):65-74.

[11] 游宁龙,沈振江,马妍,等.日本首都圈整备开发和规划制度的变迁及其影响——以广域规划为例[J].城乡规划,2017(2):15-24.

[12] 梁城城.日本城市更新发展经验及借鉴[J].中国房地产,2021,710(9): 68-79.

[13] 彭茹燕,王柏源,王敬.日本城市更新对我国土地利用管理的启示[J].中国土地,2023,(10):54-57.

[14] 曹哲静.东京轨道交通与城市空间协同发展的历史演进和经验启示[J].国际城市规划,2023,38(6):145-155.

[15] 贺鹏,毛保华,李妍,等.城市群交通与土地利用互动策略研究[M].北京:中国铁道出版社有限公司,2023.

[16] 同济大学建筑与城市空间研究所,株式会社日本设计.东京城市更新经验——城市再开发重大案例研究[M].上海:同济大学出版社,2019.

[17] 张朝辉.日本都市再生的发展沿革、主体制度与实践模式研究[J].国际城市规划,2022,37(4):51-62.

[18] 袁亮亮.城市轨道交通建设项目投融资问题研究[D].广州:华南理工大学,2017.

[19] 他山之石|日本私铁补助机制的发展历程及现状[EB/OL].(2022-06-12)[2024-04-22].https://www.sohu.com/a/556408018_121123909.

[20] 滕梓源.企业主导的城市轨道交通与土地一体化开发研究[D].北京:北京交通大学,2021.

[21] 蓼沼慶正.大都市圏の鉄道整備における公設民営による上下分離[J].運輸政策研究,

1999,1(3):037-046.

[22] 孙壮志,周晓勤,胡思继. 日本城市轨道交通的相关制度[J]. 铁道工程学报,2002(4):16-19,11.

[23] 叶霞飞,胡志晖,顾保南. 日本城市轨道交通建设融资模式与成功经验剖析[J]. 中国铁道科学,2002(4):128-133.

[24] 関西高速鉄道株式会社. なにわ筋線[EB/OL]. (2023-07-19)[2024-04-22]. http://kr-railway. co. jp/naniwa. html.

[25] 青木亮. 鉄道投資と公的支援:最近の首都圏における鉄道建設を中心に[J]. 東京経大学会誌(経営学),2014,274:261-273.

[26] 独立行政法人鉄道建設・運輸施設整備支援機構. 神奈川東部方面線[EB/OL]. [2024-04-22](2023-07-19). https://www. jrtt. go. jp/project/kanagawa-east. html.

[27] 横田茂. 都市鉄道の整備手法の活用促進方策についての研究:都市鉄道等利便増進法に着目して[J]. 運輸政策研究,2012,15(3):18-28.

[28] 金子伸生. 相鉄・JR 直通線および相鉄・東急直通線事業の概要[J]. Japan Railway Engineers Association,2014,57(7):38713-38716.

[29] 日建设计站城一体开发研究会. 站城一体开发:新一代公共交通指向型城市建设[M]. 北京:中国建筑工业出版社,2014.

[30] 邓奕. 反思日本新城建设 50 年[J]. 北京规划建设,2006,(6):128-130.

[31] 连欣,周君,赵蕃蕃. 日本经验对新常态下我国新城新区建设的启示[C]//中国城市规划学会,贵阳市人民政府. 新常态:传承与变革——2015 中国城市规划年会论文集(12 区域规划与城市经济). 中国城市和小城镇改革发展中心,2015:14.

[32] 方弘毅,姚敏峰. 日本东京市郊新城再开发模式分析——以多摩广场再开发为例[J]. 福建建筑,2016,(5):1-6.

[33] 杨成颢. 日本轨道交通枢纽车站核心影响区再开发研究[D]. 泉州:华侨大学,2018.

[34] 北田静男,周伊. 日本站城一体开发演变及经验——以东京都市圈为例[J]. 城市交通,2022,20(3):45-54.